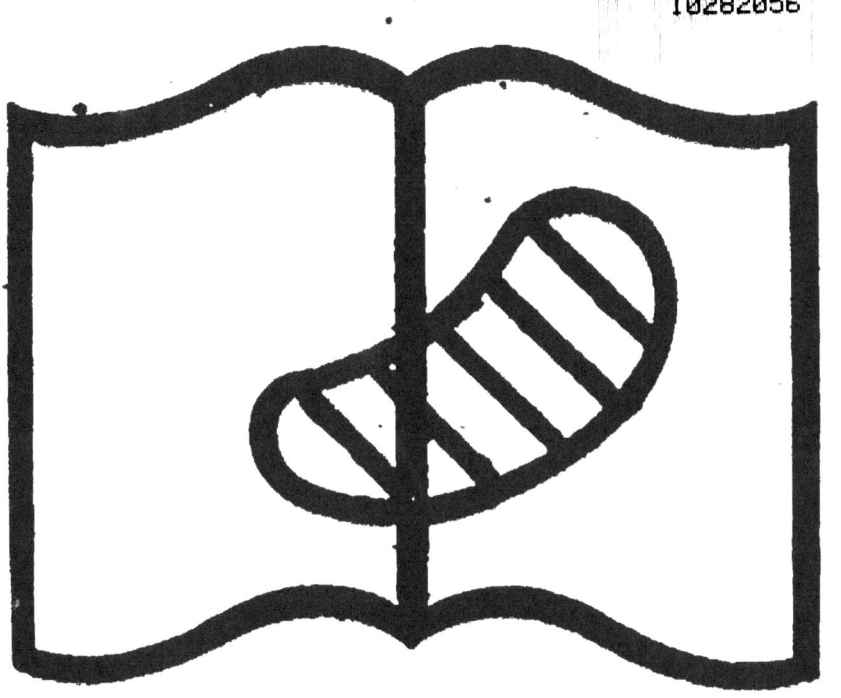

Illisibilité partielle

VALABLE POUR TOUT OU PARTIE DU DOCUMENT REPRODUIT

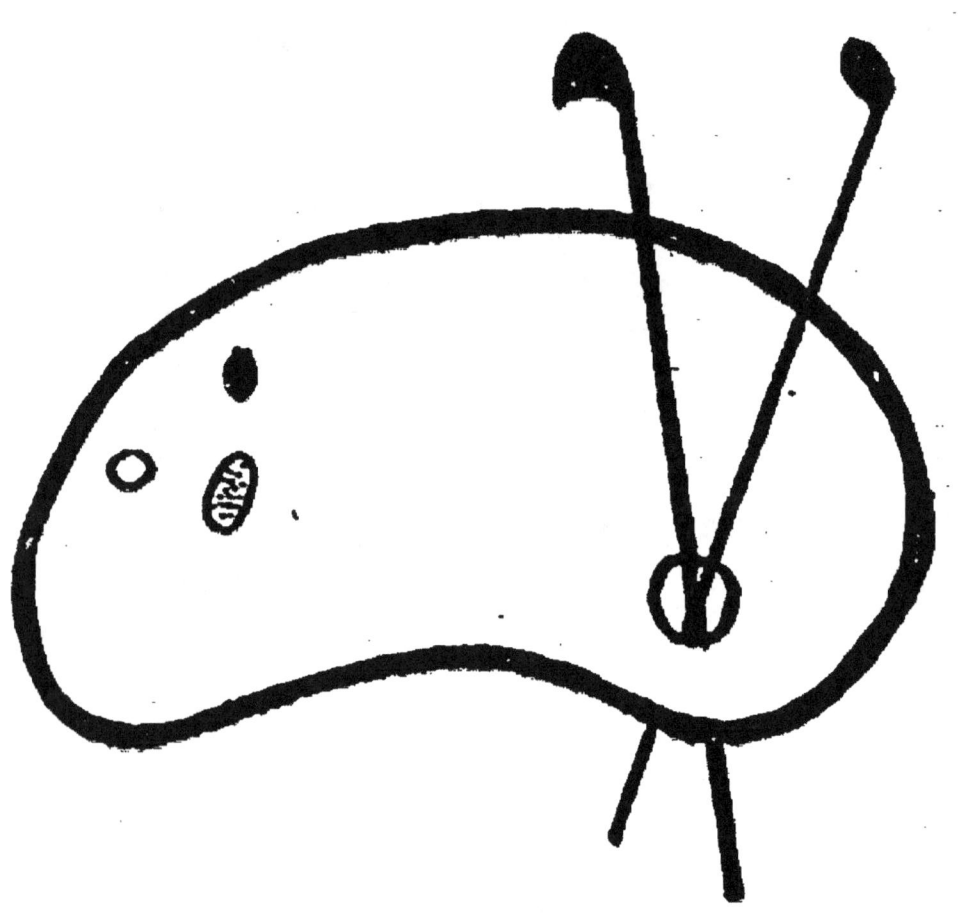

COUVERTURE SUPERIEURE ET INFERIEURE
EN COULEUR

MÉMOIRE
DU PAYS ET DES ÉTATS
DE BIGORRE

PAR

Louis de FROIDOUR

Grand-Maître des Eaux et Forêts au Département de Toulouse

PUBLIÉ

AVEC INTRODUCTION, NOTES ET COMPLÉMENS

PAR

Jean BOURDETTE

PARIS
H. CHAMPION, LIBRAIRE
9, quai Voltaire, 9

| ARGELÈS-EN-LABÉDA | PAU et CAUTERETS |
| FAURE, libraire | CAZAUX, libraire |

TARBE
BAYLAC, LIBRAIRE
—
1892

AUTRES OUVRAGES de Jean BOURDETTE

PARUS OU A PARAITRE

---

1. *Le Labédà : Récits*, vol. in-8°. — Se trouve à Argelès-en-Labédà, chez Faure, libraire. — Prix : 3 fr.
2. *Les Annales du Labédà*, 2 vol. in-8°.
3. *Les Vicomtes de Labédà*, vol. in-8°.
4. *Les Seigneurs d'Ourout*, forte broch. in-8°.
5. *Les Seigneurs de Biéouzac (ou Vieuzac)*, broch. in-8°.
6. *Géografie du Labédà*, fort vol. in-8°.
7. *Histoire de la communauté d'Arbéost*, broch. in-8°.
8. *Grammaire de l'idiome labédanais*, vol. in-8°.
9. *Vocabulaire labédanais*, 2 vol. in-8°.

Tarbes. — Imp. Clément Larrieu.

MÉMOIRE

DU

PAYS ET DES ÉTATS DE BIGORRE

MÉMOIRE
DU PAYS ET DES ÉTATS
DE BIGORRE

PAR

Louis de FROIDOUR

Grand-Maître des Eaux et Forêts au Département de Toulouse

PUBLIÉ

AVEC INTRODUCTION, NOTES ET COMPLÉMENS

PAR

Jean BOURDETTE

PARIS
H. CHAMPION, LIBRAIRE
9, quai Voltaire, 9

ARGELÈS-EN-LABÉDA	PAU ET CAUTERETS
FAURE, libraire	CAZAUX, libraire

TARBE
BAYLAC, LIBRAIRE

—

1892

AUTRES OUVRAGES de Jean BOURDETTE

PARUS OU A PARAITRE

---

1. *Le Labédà : Récits*, vol. in-8°. — Se trouve à Argelès-en-Labédà, chez Faure, libraire. — Prix : 3 fr.
2. *Les Annales du Labédà*, 2 vol. in-8°.
3. *Les Vicomtes de Labédà*, vol. in-8°.
4. *Les Seigneurs d'Ourout*, forte broch. in-8°.
5. *Les Seigneurs de Bidouzac (ou Vieuzac)*, broch. in-8°.
6. *Géografie du Labédà*, fort vol. in-8°.
7. *Histoire de la communauté d'Arbéost*, broch. in-8°.
8. *Grammaire de l'idiome labédanais*, vol. in-8°.
9. *Vocabulaire labédanais*, 2 vol. in-8°.

INTRODUCTION

I

« Louis de Froidour, Écuyer, Seigneur de
« Sérisy, Conseiller du Roi en ses conseils,
« Président, Lieutenant-Général civil et crimi-
« nel au Bailliage et en la Maîtrise des Eaux
« et Forêts du Comté de Marle et la Fère,
« Commissaire Député par Sa Majesté pour la
« Réformation Générale des Eaux et Forêts au
« Département de la Grande-Maîtrise de Tou-
« louse » :

Tels sont les noms et les titres que l'auteur de ce *Mémoire* se donnait lui-même en 1670.

Froidour fut du nombre de ces hommes supérieurs que Colbert savait discerner et employer, et dont le concours aussi dévoué qu'intelligent lui permit d'accomplir les grandes œuvres qui ont illustré son ministère.

A l'avénement de Colbert, l'Administration des Eaux et Forêts était si rudimentaire, qu'on peut dire qu'elle n'existait pas. Quand il voulut l'organiser, il chargea Froidour d'opérer, pour sa part, dans le vaste *département* de Toulouse, qui embrassait tout le Languedoc, et, en outre, toute la région du Sud-Ouest, entre la Garonne, les Pyrénées et l'Océan, ce qu'il appelait la *Réformation des Forêts*, et qui consistait d'abord à reconnaître les vrais propriétaires des Forêts, et ensuite à conserver et maintenir celles qui seraient en bon état, et à restaurer celles qui seraient en voie de destruction.

Dans les temps anciens, nombre de forêts ayant été usurpées soit par les Seigneurs, soit par les Communautés laïques ou religieuses dont elles avoisinaient le territoire, la première chose à faire était, en effet, de reconnaître quels étaient les vrais propriétaires. Froidour reçut les pouvoirs nécessaires pour obliger les possesseurs à lui représenter les titres en vertu desquels ils en jouissaient, pour les confirmer en leur possession et propriété, s'il y avait lieu; et, dans le cas contraire, ordonner la restitution des Forêts à la Couronne.

Ce travail immense, commencé fin de 1666, avec les collaborateurs qu'on lui avait adjoints, savoir : MM. de Bézons et Tubeuf, comme Commissaires, et d'Héricourt, comme Procureur du Roi, Froidour le mena avec tant d'activité, qu'il était complètement terminé en l'année 1671, non longtemps après la promulgation de la célèbre Ordonnance d'Août 1669.

Cette Ordonnance, on le sait, fut comme le Code Forestier de l'époque ; rédigée, principalement, d'après les mémoires que Froidour avait fournis au ministère, elle posait, pour la première fois, les vrais principes de l'administration forestière. Elle a servi de base à la législation forestière qui l'a remplacée.

Froidour ayant rempli la première partie de sa tâche, il lui restait à faire exécuter l'Ordonnance de 1669, ce qui n'était pas sans d'énormes difficultés, parce que les habitans de la région ayant jusqu'alors usé et disposé de leurs Forêts comme il leur plaisait, avaient une forte répugnance à se soumettre à un régime qui contrariait leurs habitudes, et dont ils s'exagéraient d'ailleurs les exigences. Froidour cependant réussit à les satisfaire, par les adoucissemens qu'il trouva moyen d'apporter à l'exécution de l'Ordonnance, sans en abandonner aucun des principes.

En récompense de ses services, le Roi le nomma Grand-Maître des Eaux et Forêts au département de Languedoc, Guienne, Béarn, Basse-Navarre, Soule et Labourd, par lettres du 13 Février 1673. Il remplit cette charge avec la plus extrême habileté, jusqu'à sa mort, qui arriva en 1685. Il était né en Picardie. Un de

ses biografes écrit que sa famille était originaire du Languedoc. C'est une erreur suffisamment démentie par le nom même de Froidour, qui indique, pour origine, une province de langue française. Ce biografe est plus heureux et plus vrai quand il dit : « Froi-
« dour est du petit nombre de ceux qui, par
« leurs travaux pratiques, et les écrits destinés
« à en propager la connaissance, ont pour
« ainsi dire créé les premiers en France, la
« science des Eaux et Forêts. » Cet éloge est bien mérité.

II

Froidour laissa des écrits très nombreux. Toulouse en possède la plus grande partie, déposés, les uns, aux Archives Départementales, les autres, aux Archives du Parlement, et d'autres encore à la Bibliotèque de la ville. Un cahier de format petit in-4°, portant le n° 646 parmi les manuscrits de la Bibliotèque, contient deux de ces écrits ; le premier, tout entier de la main de Froidour, est intitulé *Mémoire du Pays et Comté de Bigorre ;* le dernier, écrit d'une autre main, *Mémoire du Pays et des Etats de Nébouzan.* C'est le premier, et le plus important des deux, que je publie dans le présent volume, pour la satisfaction d'un petit nombre de compatriotes qui aiment notre vieille Bigorre, comme je l'aime moi-même, et pour l'honneur de cette province, qui, plus ferme que le Béarn, son voisin, repoussa l'infection hérétique, au prix des sacrifices les plus cruels, et nous transmit intact l'inestimable dépôt de la Foi.

Ce *Mémoire* rappelle par son titre la *Sommaire Description du Pays et Comté de Bigorre*, de Guillaume Mauran, écrite peu après 1614, dont notre érudit compatriote M. Gaston Balencie nous a donné, en 1887, une belle édition enrichie de Notes souvent plus attrayantes que le texte. Froidour a-t-il connu l'œuvre manuscrite de Mauran? Ce n'est pas probable; en tout cas, l'histoire de la Bigorre, qui tient la plus grande place dans la *Sommaire Description*, n'en occupe guère, ou même est absente, dans le *Mémoire* qui dépeint la Bigorre telle qu'elle était apparue à Froidour, dans les nombreux voyages que ses fonctions l'avaient obligé d'y faire. Il n'est pas daté; mais comme il mentionne le voyage du Duc du Maine à Barège, il fut nécessairement composé entre 1675, année de ce voyage, et 1685, année de la mort de Froidour.

Voici quel en est le plan.

Dans une première partie, l'auteur expose la géografie du pays, et nous fait connaître :

Les bornes de la Bigorre, ses parties et ses Communautés;

Les rivières qui l'arrosent;

Le Labédâ et l'industrie pastorale de ses habitans;

La Plaine, avec sa culture et ses hautins;

Les Côtes et leurs produits;

Les sept villes de la Bigorre;

Et la vallée de Campan et ses productions.

Dans la seconde partie, l'auteur considérant la Bigorre sous les rapports administratif, judiciaire et politique, traite successivement :

De l'Administration de la Justice;

Du Maître des Ports;

Du Maître Particulier des Eaux et Forêts;

Et des États de Bigorre.

Il termine son *Mémoire* par le Rôle des Feux de Taille de toutes les Communautés de la Bigorre.

Froidour n'est pas ce qu'on appelle un grand écrivain, et n'eut jamais la prétention de l'être, mais il appartient au Siècle de Louis XIV, et il s'en ressent. On remarquera son stile simple, clair, facile, sans mots ni frases à effet. Le *Mémoire* lui imposait la tâche d'*exposer* et de *décrire*. Il l'a supérieurement accomplie, montrant les choses avec tant de précision et de netteté que le lecteur croit les avoir sous les yeux. Si l'on en voulait quelques exemples, je citerais, entre autres, les suivans :

L'usage des eaux en Bigorre (p. 21);

La *merveille* des eaux à Bagnères (p. 55);

Le Paccage et Nourrissage du bétail en Labédâ (p. 30);

La culture et les hautins de la Plaine (p. 49);

Et le fonctionnement des États de Bigorre (p. 175).

Froidour ne se borne pas à nous instruire, il nous égaye tantôt avec les ridicules et la vanité des Béarnais aux Bains de Bagnères, tantôt avec les querelles de prééminence entre le Comte de Toulonjon, Sénéchal de Bigorre, et les Gouverneurs de Guyenne.

Il attire notre intérêt sympathique sur Audijos, ce vrai patriote gascon, méconnu ou diffamé par les historiens Davézac et Lagrèze qui l'ont indignement travesti en brigand.

Il nous fait frémir d'épouvante et de pitié quand il décrit la panique et la misère des Bagnérais, terrifiés par le tremblement de terre de 1660.

Nous voudrions vivre dans cette Bétique des Pirénées, parmi les heureux montagnards de la vallée de Campan, aux mœurs simples et douces, gouvernés par des lois justes et sages.

A tous ces mérites plus que suffisans pour arracher le *Mémoire du Pays et des États de*

Bigorre, à l'injuste oubli qui l'ensevelissait depuis deux cents ans, il faut encore ajouter le mérite singulier de faire revivre trois véritables curiosités bigourdanes, dont nous avons perdu le souvenir, comme de tant d'autres choses de notre passé.

La première c'est l'ancienne division de la Bigorre en cinq Quarterons et sept Vallées, avec l'énumération de toutes les Communautés qui composaient chaque partie. Aujourd'hui que la Géografie de la France et de ses Provinces, avant 1789, est généralement ignorée, et qu'elle est soigneusement exclue de nos Écoles, comme si la France ne datait que de la Révolution, où retrouver cet élément négligé, et pourtant essentiel, de notre histoire? Froidour nous épargne la peine d'une recherche qui le plus souvent n'aboutirait pas.

La deuxième c'est la description du Château et Jardins créés à Séméac par le Comte de Toulonjon : merveille anéantie par les Révolutionnaires condamnés par leur principe même à la tâche stupide de toujours détruire, mais qui heureusement revit tout entière dans le *Mémoire* de notre auteur.

La troisième est une véritable nouveauté : Froidour nous apprend que, de son temps, les Montagnards cultivaient un grain appelé *mouzéna*, duquel ils se nourrissaient pendant sept à huit mois de l'année. J'ai pu réussir à déterminer ce grain, depuis longtemps délaissé.

Cette analise du *Mémoire du Pays et des Etats de Bigorre* serait incomplète, si je passais sous silence la manière singulière dont Froidour juge les montagnes Pirénées et les montagnards qui les habitent.

Ces beautés naturelles des montagnes que chaque année des milliers de visiteurs ne se lassent pas d'admirer et ne quittent qu'en se promettant d'y revenir, ces beautés, dis-je, laissaient Froidour parfaitement insensible. Les montagnes lui paraissent *affreuses*, et il le dit tout net. Ses contemporains les jugeaient de même. Cent ans après lui, l'Intendant d'Etigny écrivait, dans une lettre adressée au Ministre, que le lieu de Luchon était entouré de *Montagnes affreuses*. Cette appréciation choque notre goût, parce que nous oublions que chaque époque a sa manière de voir et de sentir.

Quant aux montagnards pirénéens, Froidour nous dit crûment qu'à part ceux de la vallée de Campan, ils sont tous, d'un bout de la chaîne à l'autre, *brutaux, perfides, cruels, nourris parmi les meurtres et les assassinats, sans plus de raison que les ours*. On peut s'assurer, p. 82, que je cite fidèlement. Froidour n'ayant pas étudié les montagnards chez eux, je le sais, n'a pu en parler que par ouï-dire, et il n'est ici que l'écho, non-affaibli à coup sûr, des Magistrats de Toulouse qui s'en étaient fait l'opinion la plus déplorable, d'après un acte autentique présenté à l'homologation du Parlement, peu avant son arrivée dans leur ville. Les montagnards de nos Vallées ayant eu l'idée, très louable assurément, de s'unir pour la répression des malfaiteurs, le notaire chargé de rédiger leur acte d'union, s'avisa sottement, pour le mieux motiver, d'affirmer que tous les crimes possibles et imaginables dont il se complut à faire une longue énumération, dans son préambule, se commettaient chaque jour en Labédâ; et c'est la déclaration de cet idiot qui, par ricochet, a valu aux montagnards d'être exécutés en deux lignes brutales par Froidour mal informé (1).

Le *Mémoire* de Froidour est écrit tout d'une suite et sans aucune coupure, en sorte qu'il est malaisé de s'y reconnaître. J'ai pris la liberté de le partager en Chapitres, en donnant un titre à chacun.

Des Notes m'ont paru nécessaires en divers endroits pour expliquer le texte, ou même pour

---

(1) Le lecteur qui serait curieux de lire cet acte d'union, le trouvera page 264 du livre intitulé : *Le Labédâ, Récits*, par Jean BOURDETTE.

le contredire. On estimera peut-être que j'en ai été prodigue, et cependant je n'ai pas tout expliqué.

A la suite du *Mémoire* viennent Cinq Complémens, dont les amis de la Bigorre me sauront quelque gré. Les deux premiers sont de Froidour lui-même, et les trois derniers de son Éditeur.

Le premier est intitulé : *Règlement des Forêts du Pays et Comté de Bigorre.* Cet écrit fut imprimé et distribué à toutes les Communautés de la Bigorre; il n'y en reste plus actuellement un seul exemplaire, pas même à la Bibliotèque de Tarbe. Heureusement on l'a conservé à la Bibliotèque Nationale, à Paris, et aussi à la Bibliotèque de Pau. Il était fort estimé des forestiers du vieux temps.

Le deuxième est consacré à la *Maîtrise Particulière des Eaux et Forêts de Tarbe.* On y verra le Ressort complet de cette Maîtrise. Ce n'est pas sans beaucoup de recherches que j'ai pu découvrir à quelles communes actuellement existantes se rattachent un grand nombre de Communautés, comprises et nommées dans ce Ressort, et aujourd'hui déchues et réduites à l'état de simples hameaux.

Le troisième contient la Liste, aussi complète et aussi exacte que possible, des *Sénéchaux de Bigorre* et des *Officiers de la Sénéchaussée.*

Le quatrième fait connaître les noms des *Gouverneurs Lieutenans-Généraux de Guyènne*, de leurs *Lieutenans-Généraux* et autres *Officiers*, des *Intendans de Guyènne*, jusqu'en 1716, et des *Intendans de la Généralité d'Auch*, depuis leur création, en 1716, jusqu'à leur suppression, en 1789.

Enfin, le cinquième et dernier est un tableau réduit de l'*Ancien Diocèse de Bigorre* ou *de Tarbe*, d'après le *Pouillé* du même Diocèse publié dans le *Souvenir de la Bigorre*, tomes I, II, III (années 1881, 1882, et 1883).

En terminant, il m'est doux de payer un tribut public de remerciemens et de reconnaissance à M. l'abbé Joseph Dulac, chanoine de la cathédrale de Tarbe, auteur, entre autres ouvrages, de la *Flore des Hautes-Pyrénées*, et d'un livre de *Fables* souvent charmantes et toujours imprégnées de son vif esprit. Faisant trêve à des travaux plus dignes de son talent, il a bien voulu prendre le soin, fatigant et fastidieux pour tout autre qu'un ami, de surveiller l'impression de ce volume, non sans m'aider, en plus d'une occasion, de ses précieux conseils toujours écoutés. Par la gracieuse communication de ses Listes des Sénéchaux et Officiers de la Sénéchaussée, transcrites de l'Histoire inédite de Bigorre, du paléografe Larcher, il m'a permis de rendre les miennes beaucoup moins imparfaites que toutes celles qu'on a déjà publiées.

Je dois aussi des remerciemens à M. Gaston Balencie, qui, avec sa profonde connaissance de ce que j'appellerai nos *anciennetés bigourdanes*, m'a obligeamment donné la solution de plusieurs problèmes de topografie.

—

AVIS

1° On s'est permis dans ce volume quelques simplifications d'ortografe, dont les unes sont du fait de l'auteur, et les autres de l'éditeur.

2° A la fin du volume, on trouvera des *Corrections* qu'on est prié de faire.

MÉMOIRE
DU PAYS ET DES ÉTATS DE BIGORRE

PARTIE I

DESCRIPTION DU PAYS

CHAPITRE I

Bornes, figure, dimensions et ressorts de la Bigorre

La Bigorre est une petite province assise à l'extrémité du Royaume, sur la frontière d'Espagne. Elle confronte au midi, la vallée d'Aure (1), qui est de France, et l'Aragon, qui est un des royaumes qui composent l'Espagne ; au septentrion, le Bas-Armagnac

---

(1) A parler exactement, la vallée d'Aure est au levant, et non au midi, de la Bigorre.

et le Pays de Rivière-Basse (1) ; au levant, les pays de Nébouzan, Fittes et Réffittes, Pardiac, Astarac et Rivière ; et au couchant, le Béarn (2).

Sa circonférence représente à peu près la figure d'une gourde ; elle est large au fond, c'est-à-dire du côté du midi ; se rétrécit insensiblement par les côtés en descendant, se rélargit ensuite, et finit enfin en pointe au-dessous de Vic-Bigorre, qui en fait à peu près l'extrémité.

Elle est du Gouvernement général de la Province de Guienne, pour le fait des Armes ;

Du ressort du Parlement de Toulouse, pour le fait de la Justice ordinaire ;

Du ressort de la Chambre des Comptes de Pau, pour ce qui concerne le Domaine ;

De celui de la Cour des Aides de Montauban, pour ce qui regarde les Tailles et les Impositions ;

---

(1) La Rivière-Basse faisait partie de l'Armagnac, et celui-ci ne joignait la Bigorre que par Rivière-Basse.

(2) La Bigorre et le Béarn, en devenant l'une le département des Hautes-Pirénées, et l'autre celui des Basses-Pirénées, ont continué d'être séparés par les mêmes limites qui les séparaient autrefois, sinon depuis l'époque où ces deux pays, sous les noms de Bigorre et de Béarn, devinrent des provinces du Royaume de France, au moins pendant les derniers siècles qui ont précédé l'établissement des Départemens. Par suite, le Béarn est le seul pays limitrofe à qui la Bigorre n'ait rien emprunté pour se former en département. Quant aux emprunts faits au Nébouzan, aux Fittes et Réffittes, aux Quatre-Vallées, à Rivière-Verdun, au Cominge, à l'Astarac, au Pardiac et à Rivière-Basse, voyez plus loin ces noms aux *Origines du Département*, dans la seconde partie du *Complément*.

Et du département de l'Intendance et de la Généralité de Bordeaux, pour ce qui regarde les Finances.

C'est un ancien fief portant titre de comté, mouvant du Roi, qui ayant été possédé longtemps par les comtes de Bigorre, est passé par alliance dans la maison de Béarn; de celle-ci en celle de Foix, en celle d'Albret et de Bourbon-Vendôme, et a été enfin réuni au Domaine de France, par l'avènement d'Henri le Grand à la couronne.

Ce Comté est considérable par son étendue, ayant de longueur, depuis les ports d'Espagne jusques à Maubourguet, qui est en Rivière-Basse et qui en fait l'extrémité, treize lieues de Gascogne (1); et de largeur, tantôt plus et tantôt moins, ayant aux endroits les plus larges sept lieues, et aux moindres deux lieues et demie à trois lieues (2).

---

(1) Mauran, dans sa *Sommaire Description*, estime la longueur, entre les mêmes limites, à quatorze lieues, qui font 81 kil. 859, à raison de 5 kil. 847 par lieue de Bigorre.

(2) La grande largeur du levant au couchant était entre le lieu de Montastruc et le lieu de Luquét, soit 40 à 41 kil.

CHAPITRE II

Les Quarterons et les Vallées

Il est, aussi, considérable par la grande quantité de villes, bourgs et villages qu'il contient.

La ville capitale est celle de Tarbe, et il y en a quatre autres principales (1), savoir : Bagnères, Lourde, Vic et Rabasténs; chacune desquelles a dans sa dépendance, en son voisinage ou en commodité de commerce, ce qui s'appelle dans le pays *quarteron*, comme qui dirait dans son *quartier* ou *canton*, plusieurs villes, bourgs et villages dont j'ai pris le rôle étant sur les lieux, ainsi qu'il suit (2) :

Quarteron de Tarbe :

Allier	5 Aureilhan
Angos	Aurensan
Arcizac-Adour	Azéréch
Arricau (Ricau)	Barbazan-Débat (3)

(1) La ville capitale Tarbe, et les principales : Bagnères, Lourde, Vic et Rabasténs, étaient appelées *mestressas bilas*, chacune étant *cap de cartou*, ou chef-lieu de quarteron.

(2) L'auteur n'ayant suivi aucune espèce d'ordre, ni géografique, ni alfabétique, en énumérant les lieux, ce qui l'a fait tomber en plusieurs omissions, je me suis permis de les ranger alfabétiquement, sans d'ailleurs y ajouter ni retrancher; et cela, pour faciliter le contrôle.

(3) Les Labédanais et Bigourdans appellent *coustat de daban*,

Barbazan-Déssus
10 Bazèt
Bernat-Débat
Bernat-Déssus
Bernadets (près Tournay ou Bernadets-Déssus)
Betmont
15 Bordères
Bordes (près Tournay)
Bouilh-Darré
Boulin
Bours
20 Bugar
Burg
Cabanac
Calabantè
Castètbayac
25 Castètbiéilh
Cazaléy (1)
Chiis
Clarac
Coussan
30 Fréchou et Fréchét
Gardères
Gonès
Goudou, bourg
Hiis
35 Horgues
Ibos, ville
Juillan
Laloubère
Lansac
40 Laslades
Léspouéy
Luc
Luquét (près Gardères)
Marquerie

ou simplem: *rban*, le levant; *coustat de darrè*, ou simplement *darrè*, le couchant; *coustat de débat*, ou *débat*, le nord; et *coustat de déssus*, ou *déssus*, le midi.

Quand deux lieux portent le même nom simple, on les distingue en ajoutant à ce nom l'un des quatre mots ci-dessus, suivant leur orientation. Ainsi Barbazan-Débat c'est Barbazan du nord, Barbazan-Déssus c'est Barbazan du midi, etc.

On trouve encore ces quatre mots à la suite de quelques noms de famille : *Cazdou-Débat*, etc.

Quelquefois *débat* et *déssus*, entrant dans un nom, doivent se traduire par *d'en bas, d'en haut*. Ex.: *Arcizas-Dessus* ou d'en-haut.

(1) Cazaléy, ancien village du quarteron de Tarbe, figure aussi pour un feu dans le *Rôle des feux*. « Il doit être compris aujourd'hui dans le territoire de Sarrouilles. » (G. BALENCIE.)

15 Mascaras
Momères
Montastruc
Montgaillard
Montignac
50 Moulédous
Odos
Oléac-Débat
Oléac-Déssus
Orieux
55 Orignac
Ossun (près Azéréch)
Ouéillous
Ourléch
Ours (Ours-belle-île)
60 Ouzon
Péyraube
Péyriguère
Pouyastruc
Pouyratou (1)
65 Saint-Martin
Sabalos
Salles-Adour
Sarrouilles
Séméac
70 Sinzos
Souas
Souyeaux
Tarbe
Viélle-Adour
75 Villenave près Béarn (2)

Quarteron de Bagnères :

Antist
Asté
Argelès (près Bagnères) (3)
Bagnères, ville
5 Baudéan
Bonnemaison
Campan, bourg
Escots
Escounets
10 Gérde
Labassère

(1) Pouyratou, ancien village du quarteron de Tarbe, figure aussi, pour un feu, dans le *Rôle des feux.* « Il dépend de la commune de Marquerie, canton de Pouyastruc. Larcher le nomme *Pouyerat en Marquerie.* » (G. BALENCIE.)

(2) L'auteur a omis les communautés suivantes : *Ihés*, qui est aussi omis, dans son Rôle des feux, et *Lizos*, inscrit dans ce Rôle pour 4 feux et 2 quarts.

(3) C'est ce petit village, de 260 habitans, que l'Administration des Postes aurait pu nommer Argelès-de-Bigorre, au lieu de donner ce déterminatif à Argelès-en-Labéda, qui n'est pas en Bigorre, à proprement parler.

Mérilheu 15 Pouzac
Moulère (1) 16 Trébons (2)
Ordizan

Quarteron de Vic :

Andrést Barbachén
Artagnan Bazillac

(1) Molère, petit village de 74 habitans, entre Bénqué, Tilhouze et Capbern, était-il bien de la Bigorre ?
Je croirais volontiers qu'il était du Nébouzan : 1° parce qu'il n'est pas nommé dans le Rôle des feux de la Bigorre ; 2° parce qu'il n'est pas nommé dans la liste des lieux de la Bigorre, dans le Dictionnaire de l'abbé d'Expilly ; 3° parce que les trois villages ci-dessus, qui l'entourent, étaient en Nébouzan.

(2) Dans d'autres livres ou documens, le quarteron de Bagnères est composé, outre cette ville, des douze villages suivants, ses voisins : Argelès, Asté, Baudéan, Bonnemazon, Campan, Escots, Gerde, Labassère, Merlheu, Ordizan, Pouzac et Trébons.
Le paléographe Larcher, dans son *Pouillé du Diocèse de Tarbe*, 1760, caractérise, comme suit, par leurs produits, les paroisses qui composaient l'archiprêtré de Bagnères :

Antist. *Mesturèt* (pain de maïs).
Asté. *Sébas* (ognons).
Baudéan. *Carbou* (charbon).
Campan. *Burre* (beurre).
Gerde. *Caoulèts* (choux).
Labassère. *Blat* (blé).
Merlheu. *Castagnas* (châtaignes).
Montgaillard. *Bétèt* (veau).
Ordizan. *Toupias* (pots de terre).
Pouzac. *Galayas* (jeunes brebis engraissées).
Trébons. *Rabas* (raves). (*Souvenir de la Bigorre*, t. III, p. 132.)
Il aurait pu commencer par :
Bagnères. *Aygas* (eaux).

5 Bordun (1)
Cachon (Caixon)
Camalès
Escaunéts
Gayan
10 Génsac
Lafitole
Lagarde (près Siar-
   rouy)
La Réule
Liac
15 Marsac
Montfaucon, bourg
Nouilhan
Ourouch (Oroix)
Pintat
20 Puyo
Saint-Lézér
Sanous
Sarniguét
Séron
25 Siarrouy
Talazac
Tostat
Ugnouas
Vic, ville
30 Villenave près Marsac

Quarteron de Rabasténs :

Antin
Averéde (Aubaréde)
Bouilh-Daban
Bourg près Ségalas
5 Castéra près Soréac (2)
Cotlongues
Dours
Jacque
Labarte près Trou-
   léy (3)
10 Lacassagne
Lamarque de Rustan
Laméac
Léscurry

---

(1) Bordun, ancien village, voisin mais distinct du lieu de Lafitole, dont il était l'annexe pour le service religieux, et dont il est actuellement une section, est inscrit au Rôle des feux.

(2) Castéra, entre Léscurry, au nord, et Soréac, au midi; actuellement réuni à Lou, sous le nom de Castéra-Lou, canton de Pouyastruc.

(3) Labarte, ancien village, près de Trouléy, avec lequel il forme la commune de Trouléy-Labarte, canton de Rabasténs.

Lubrét (près St-Luc)
Pouéy (3)
15 Louit
25 Rabasténs, ville
Lubi
Saint-Luc
Marseillan
Sarriac
Mazérolles
Sère-de-Rustan.
Mun
Soréac
20 Mansan
30 Téulé (Téoulé) (4)
Osméts
Trouléy
Péruilh (1)
Tuy
Péyrun et Sos (2)
33 Villembits (5)

Quarteron de Lourde :

Adé
Barri de Bénac
Abérà (Averan)
10 Bartrés
Arcizac des Angles
Bénac
Arrayou
Bisquèr (Visquèr)
5 Arroudèt
Bourréac
Astugue
Escoubès (près Pouts)
Ayné (6)
15 Gès des Angles
Barlés
Hibarète

(1) Péruilh, ancien village près Bouilh-Darré, auquel il est réuni sous le nom de Bouilh-Péruilh, canton de Pouyastruc.

(2) Sos ou Soos, village près Péyrun, dont il est actuellement une section.

(3) Poy ou Pouy, ancien village près de Chelle-Debat, dont il était autrefois une annexe pour le service religieux ; c'est aujourd'hui une section de Chelle-Debat, avec 50 habitans.

(4) Téulé ou Téoulé, ancien village, aujourd'hui section de la commune de Ségalas, canton de Rabasténs. (BALENCIE, dans *Souvenir de la Bigorre*, t. II, p. 256, note.)

(5) Est omis, dans le quarteron de Rabasténs, le lieu de Ségalas, qui figure dans le Rôle des feux pour 1 feu.

(6) Ayné, ancien village, aujourd'hui section de la commune de Jarrét, canton de Lourde.

Jarrét
Julos
Lahitte
20 Lamarque (près Pontac)
Lanne (près Bénac)
Lanso (1)
Layrisse (près Bénac)
Lérét (2)
25 Lézignà
Loubayac
Loucrup
Louéy

Lourde
30 Louzourm (3)
Lous Angles
Nuilh (Neuilh) (4)
Orincles
Ossun des Angles
35 Paréac
Péyrouze
Pouts (près Escoubès)
Pouy-Ferré
Saint-Pé de Générés
40 Sère des Angles (5)

Outre les quarterons de ces cinq villes, il y a encore, dans la Bigorre, sept vallées qui composent le territoire qu'on appelle le Labédà (Lavedan), savoir :

(1) Lanso, ancien village, actuellement réuni à Sère des Angles, sous le nom de Sère-Lanso, canton de Lourde.

(2) Lérét, hameau composé des trois maisons Mourét, Coume et Gèyre, est actuellement une section de la commune de Jarrét, canton de Lourde.

(3) Louzourm, ancien petit village, actuellement section de la commune de Jarrét, canton de Lourde.

(4) En 1313, Neuilh ou Nuilh était compté dans les lieux de l'Estréme de Castèt-lou-Bou ; il fait encore partie du sindicat de la vallée de Castèt-lou-Bou. Cependant le règlement de 1342, qui répartit les parroisses en archiprêtrés, place celle de Neuilh dans l'archiprêtré des Angles, et non dans celui de Juncalas. D'ailleurs, au point de vue géografique, Neuilh n'est pas de la vallée de Castèt-lou-Bou.

(5) L'auteur a omis les lieux d'Astugue et Crast, qui sont inscrits au Rôle des feux pour 11 feux.

La vallée d'Azun, la vallée de l'Estréme de Sales, celle de la Rivière de Sén-Sévin (Saint-Savin), celle de la Rivière de Dabant-Aygue, celle de l'Estréme de Castèt-lou-Bou, celle de Bat Soriguère et celle de Barètge (1).

Chacune desquelles aussi a ses dépendances, dont pareillement j'ai pris le rôle sur les lieux ainsi qu'il suit :

(1) En gascon labédanais :

Bat signifie Vallée; ainsi *Bat-Surguère*, c'est vallée de Surguère; *Estréma* se dit de certaines vallées latérales par rapport à la vallée principale, par ex. *Estréma de Sales*.
Ribèra signifie versant cultivé d'une vallée, mais non *vallée* et encore moins *rivière*. Ainsi : *Ribèra de Sén-Sabi*.

Il ne faut donc pas dire : la *vallée de Bat-Surguère, la vallée de l'Estréme de Sales, la vallée de la Rivière de St-Savin*, etc.

En Labédà, on caractérise proverbialement certaines vallées et certains lieux, par leurs produits. Ainsi on dit :

Bacas d'Azù, Vaches d'Azun ;
Azous de Bat-Surguèra, Anes de Bat-Surguère ;
Olhas de Barètja, Brebis de Barètge ;
Burre de Gazos, Beurre de Gazos ;
Poumas d'Arras, Pommes d'Arras ;
Poumas de Sén-Sabi, Pommes de Saint-Savin ;
Halhous d'Ayros è de Salas, Noix d'Ayros et de Sales ;
Castagnas de Gès, Châtaignes de Gès.

On dit aussi : *camas de Caoutarés, brente d'Azù, cap de Barètja*, par allusion aux qualités fisiques ou intellectuelles des habitans : jambes de Cauterés, ventre d'Azun, tête de Barètge.

1° *Lieux dépendans de la vallée d'Azun :*

Arcizàs-Soubirou (1)
Arras
Arréns
Aucun
5 Bun
Gailhagos
Marsous
8 Sirèch (2)

2° *Lieux assis en l'Estrème de Sales :*

Agos
Argelès en Labédà (3)
Ayzac
Biéouzac (Vieuzac) (4)
5 Bidalos (Vidalos) (5)
Gès en Labédà
Ost (6)
Ouzous
Sales en Labédà
10 Sère en Labédà

(1) Arcizàs-Soubirou porte aujourd'hui le nom d'Arcizàs-Déssus (ou Arcizàs-d'en-haut).

(2) Depuis le temps de M. de Froidour, trois villages ou hameaux de la vallée d'Azun ont été érigés en commune et viennent s'ajouter aux lieux énumérés par lui. Ce sont Arbéost et Herrère (ou Ferrières) dans la vallée supérieure de l'Ouzoun, et Estagn (prononcez *Estagne*), dans la Bat d'Estagn.

(3) Dans le pays on dit *Arguilès* ; aujourd'hui on francise le nom en *Argelès*. Les anciens disaient *Argelès-en-Labédà*, pour distinguer cet Argelès de tout autre. La Poste dit très équivoquement *Argelès-de-Bigorre*.

(4) Biéouzac ou Vieuzac est réuni à Argelès, sous le seul nom d'Argelès, depuis l'année 1824. Pourquoi l'Administration des chemins de fer du Midi a-t-elle baptisé du nom de Argelès-Vieuzac la station d'Argelès ?

(5) Bidalos et Agos sont réunis en une seule commune sous le nom de Agos-Bidalos.

(6) Ost et Ayzac sont aujourd'hui réunis en une seule commune sous le nom de Ayzac-Ost.

3° *Lieux dépendans de la Rivière de Sén-Sévin :*

Adast	Néstalas
Arcizàs-Daban (1)	Sén-Sévin
Balagnas	Souloum
Cauterés	9 Us (2)
5 Làou	

4° *Lieux dépendans de la Rivière de Dabantaygue :*

Arbouch	Biéla et Jézat (6)
Aréyt (3)	Biélalongue
Artaléns et St-Andréy	Bordes près Arbouch (7)
Ayros (4)	Cagots et Bièr (8)
5 Béoucén (5)	10 Courèt (Plà de) (9)

(1) Le vrai nom d'Arcizans-Avant c'est Arcizàs-Daban, c'est-à-dire Arcizàs d'Orient; ceux qui ont traduit *daban* par *avant* ont fait une faute.

(2) Us est quelquefois nommé *Us-en-Gérrét* dans les vieux documens.

(3) Aréyt, hameau composé d'un château et quelques maisons; aujourd'hui section de Préchac.

(4) Arbouch et Ayros, autrefois deux communautés distinctes, sont réunis en commune sous le nom d'Ayros-Arbouch.

(5) Tous les vieux documens écrivent *Beaucen*, ortografe très voisine de la vraie, qui est *Béoucén*. Il ne faut pas un s à la fin.

(6) Biéla et Jézat sont deux hameaux qui dépendent de Béoucén.

(7) Il serait plus exact de dire Bordes près Bièr, car Bièr est tout juste entre Bordes et Arbouch.

(8) Cagots est un hameau voisin de Bièr et qui en dépend.
Bièr et Bordes sont réunis en une commune sous le nom de Bièr-Bordes.

(9) Le Plà de Courèt, ou simplement Courèt, est un hameau de deux maisons, entre Boo et Silhen, et dépend de la commune de Boo-Silhen. (Voyez plus loin la note relative à Courèt, à l'*Archiprêtré de Préchac*, dans la 1ʳᵉ partie du Complément.

Nouilhà (1)
Préchac
Sén-Pastous
Silhén
15 Soui (2)

5° *Lieux assis en l'Estréme de Castèt-lou-Bou* :

Bérbérust (3)
Castèt-lou-Bou (4)
Chéoust
Gazost
5 Géou
Gèr
Juncalas
Lias
Lugagnà
10 Ourdis
Ourdou
Ousté
13 Sén-Criac

6° *Lieux assis en la vallée ou Bat Soriguère* :

Aspi
Biyér (Viger)
Omex
Ossén
5 Ségus

(1) Nouilhà, ancien village, qui aujourd'hui dépend de Béoucén. Dans ce nom, et dans tous les noms gascons, *lh* doit se prononce comme les *ll* mouillés en français.

(2) Soui, autrefois distinct d'Artaléns, lui est réuni pour former la commune d'Artaléns-Soui.

Lieux omis par l'auteur :

Boo, village voisin de Silhén, et aujourd'hui réuni avec lui sous le nom de Boo-Silhen ;

Ourtiac, village dans le val d'Izabi, voisin de Villelongue, dont il est aujourd'hui une section ;

Cohite, fief ou terre noble avec manoir et quelques maisons, qui dépend actuellement de Béoucén.

(3) Bérbérust et Lias sont aujourd'hui réunis en une seule commune sous le nom de Bérbérust-Lias.

(4) Le village de Castèt-lou-Bou s'appelle aujourd'hui Cot-d'Oussan ou Cotdoussan.

7° *Lieux assis en la vallée de Barètge* (1) :

    Bètpouéy
    Biéla
    Biélanabe près Lus (2)
    Biéy
5 Biscos
    Bizos
    Esquiéze
    Estèrre

    Grust
10 Lus
    Saligos
    Sassis
    Sazos
    Sère en Barètge
15 Sérs
16 Sén-Marti (3)

(1) Les lieux de Barètge, au nombre de dix-sept, y compris le village de Chèze, omis par l'auteur, étaient partagés en quatre *bics*, savoir :

Le *Bic det Plà* ou *Bic de la plaine*, renfermant Lus, Esquièze, Biélanaba, Sère, Bizos et la moitié d'Estèrre ;

Le *Bic débat* ou *Bic du nord*, contenant Saligos, Chèze et Biscos ;

Le *Bic de Darrè-Ayga* ou *Bic du couchant*, comprenant Sassis, Sazos et Grust ;

Et le *Bic dera Bat-Sus*, ou *Bic de la vallée d'en haut*, comprenant Biéla, Bètpouey, Sérs, Biéy, Sén-Marti, et l'autre moitié d'Estèrre.

Depuis le temps de Froidour, Gèdre et Gavarnie, deux hameaux de Lus, ont été érigés en communes distinctes.

(2) Biélanaba n'est plus qu'un hameau qui dépend de Lus.

(3) Le village de Sén-Marti, dans le Bic dera Bat-Sus, a été détruit par une avalanche en 1601 et n'a pas été rebâti.

CHAPITRE III

Rivières de la Bigorre

Le Pays de Bigorre est considérable encore par la quantité de rivières dont il est arrosé.

La plus belle est celle de l'Adour, laquelle ayant pris naissance dans les monts Pirénées à l'extrémité de la province, sous le port du Tourmalét, qui fait la communication des vallées de Bagnères et de Campan, avec celle de Barètge (1), et s'étant grossie par une infinité de petits ruisseaux qui y aboutissent et qui arrosent ces deux vallées de Bagnères et de Campan, et celle de Baudéan, traverse le pays d'un bout à l'autre, de manière que faisant allusion au nom de gourde dont j'ai dit ci-dessus que la Bigorre avait la figure, cette gourde par son orifice va la verser et la répandre dans les pays de Rivière-Basse et de Chalosse (2).

---

(1) Par la vallée de Campan et le col du Tourmalét (2.122 m. d'altitude), on allait, à pied et à cheval, dans la vallée de Barètge, dès avant 1675; quelques années après, le chemin fut amélioré et élargi; aujourd'hui le col donne passage à la belle route termale des Eaux-Bonnes à Luchon.

(2) Dans la vallée de Campan, *Adour* est un nom générique qui désigne les torrents; comme dans le Labédà le mot *gabe* ou *gave*.

La seconde rivière est celle de l'Arros qui, sortant de la montagne de Valle Ségur, au comté de Rivière, vient traverser le Nébouzan et ensuite la Bigorre dans le bout d'en bas, en descendant à la droite de l'Adour (1).

La troisième est l'Echés, qui a sa source dans le milieu de la province, entre Bagnères et Lourde, arrose les contrées qui sont à la gauche de l'Adour, et se jette dans cette même rivière à Maubourguet en Rivière-Basse, où finit la Bigorre (2).

La quatrième est le Gave, qui est la rivière de Pau. Cette rivière prend naissance dans les vallées du Labédà, et se forme de quantité de ruisseaux qu'on appelle tous Gave, l'un le Gave de Lus, parce qu'il passe à Lus, lieu principal de la vallée de Barètge ; un autre le Gave d'Azun, et ainsi des autres. Tous ces

---

Le fleuve Adour est formé de trois Adours qui sont : 1° l'*Adour de Grip*, qui descend du col du Tourmalét; 2° l'*Adour de Paillole* ou *de la Stoube*, qui descend du pic d'Arbizon, et se joint au précédent au hameau de Sainte-Marie ; et 3° l'*Adour de Lespoune*, qui vient du val de ce nom, et se réunit aux deux premiers, à Baudéan.

(1) L'Arros naît au pied du pic d'Arneille (1.272 m.), le dernier piton des Pirénées vers le plateau de Lanemézan. Il rejoint l'Adour à Riscle, hors de l'ancienne Bigorre et du département des Hautes-Pirénées. Son cours total est de 89 kilomètres, dont 45 dans le département. On donne le nom de Rustan (ou Rostan) à la vallée qu'il arrose.

Sa source est au couchant de la vallée de Neste, et non au couchant de Rivière-Verdun, qui n'avait pas le titre de comté.

Le nom de Valle Ségur doit désigner le pic d'Arneille ; il n'est plus usité, s'il l'a jamais été.

(2) L'Echés naît au pied nord du pic de Coudoussan (1.049 m.). Son cours est de 50 kilomètres.

ruisseaux venant à tomber l'un après l'autre successivement dans celui de Lus, qui les reçoit tous en avançant chemin vers le Béarn, la rivière se trouve considérable à Saint-Pè de Générés, qui est à l'extrémité de la Bigorre, joignant cette province, et va ensuite baigner les murs de la ville de Pau (1).

Il y a dans le Béarn plusieurs rivières ou ruisseaux qui portent aussi ce même nom de Gave, sans doute parce qu'ils ont de même leurs sources dans les Pirénées, et parce qu'ils tombent tous successivement, les uns après les autres, dans ce premier, peu au-dessus d'un lieu appelé Pèyre-Hoúrade, dans les Landes, et vont enfin, une lieue et demie ou environ au-dessous, perdre leur eau dans l'Adour, qui, après avoir arrosé la Bigorre, le pays de Rivière-Basse, la Gascogne et

---

(1) Dans le Labédà et le Béarn, le mot *Gabe* désigne tous les torrents de quelque importance qui descendent des montagnes ; et le mot *riéou* ou *arriéou*, les petits.

Le grand Gave, ou simplement le Gave, naît du glacier du Marboré par la cascade de Gavarnie. Il reçoit successivement :

1° A sa droite : le *Gave de Héas*, à Gèdre ; le *Gave de Barada*, à Pragnères ; l'*Arriéou de la Lize* et le *Gave du Pastan*, à Lus ; le *Gave de l'Izabi*, à Villelongue ; le *Nès* ou *Gave de Castèt-lou-Bou*, à Lugagnà ; enfin la rivière *Ousse*, à Pau ;

2° A sa gauche : le *Gave des Tourrettes*, en amont de Gavarnie ; le *Gave d'Ossoue*, en aval de Gavarnie ; le *Gave d'Aspé*, en amont de Gèdre ; le *Gave de Cestréde*, en aval de Gèdre ; le *Gave de Cauterès*, à Nestalas ; le *Gave d'Azun*, à Argelès ; le *Gave du Bergons*, en amont de Boo ; l'*Arriéou de Bat-Surguère*, en amont de la montagne du Béout ; puis, en dehors du Labédà, le *Riéou la Génie*, à Saint-Pè ; l'*Ouzoun* ou *Gave des Ferrières*, à Nay, et le *Gave d'Oloron* ou *d'Aspe*, à Pèyre-hourade.

Le Gave passe à Pau, mais ce n'est pas une raison pour l'appeler Gave de Pau ; il faut dire *Gave du Labédà*.

les Landes, va donner un port à Bayonne et se jeter en la mer.

Toutes ces rivières, en l'état qu'elles sont dans la Bigorre, ne sont pas propres pour l'établissement d'une navigation. Outre qu'elles sont trop rapides et que ce ne sont que des torrens perpétuels, et surtout dans les montagnes, où elles se précipitent par bonds et font mille cascades, elles sont remplies de grosses pierres et de gros cailloux qui en embarrassent le cours; mais elles sont bonnes pour le transport et pour le flottage du bois de chauffage à bois perdu. On en tirerait une grande utilité s'il y avait des bois, dans ce pays, en assez grande abondance pour en fournir à ceux qui sont plus bas, et si ces contrées basses en avaient besoin. Mais on commence à en avoir disette dans les montagnes de la Bigorre : les forêts y ont été ruinées avec tant d'excès et d'abus, que le bois se vend à Bagnères et à Campan aussi chèrement qu'à Toulouse, quoiqu'il n'y ait que la peine de le couper et de le prendre et de le voiturer, parce qu'il n'y en a plus qu'à l'extrémité des plus hautes montagnes des Pirénées, et tout le pays d'en bas en abonde.

J'ai vu l'expérience de ce flottage à Bagnères, où les habitans, qui ont des forêts en commun dans la plus haute montagne de toutes les Pirénées (1), en font descendre le bois par le moyen des ruisseaux qu'il

---

(1) L'auteur veut parler du Pic du Midi de Bigorre, qui, en effet, a passé pendant longtemps pour la plus haute montagne des Pirénées. Mais il a perdu cette gloire depuis qu'on s'est avisé de mesurer sa hauteur et celle des autres montagnes. Il ne s'élève qu'à 2.877 mètres, tandis que le Vignemale, le Marboré et d'autres, dépassent 3.000 mètres.

y a : mais si ces forêts pouvaient se rétablir au point qu'elles pussent fournir du bois de sapin propre pour les bâtimens, on pourrait, sans grande peine et avec une médiocre dépense, rendre les rivières capables de les flotter.

L'avantage le plus considérable que le pays tire de ces rivières, est qu'on s'en joue partout comme l'on veut, et que, comme elles ont leurs sources fort élevées et ont une très grande pente, on en tire tout autant de canaux qu'on veut, et même dans les plus hautes montagnes et sur les précipices, pour y faire des prés. On les fait aussi rouler autour des villes pour servir de fortification; on les fait passer par le milieu des rues, pour les nettoyer et pour les autres commodités du public; on les fait même passer dans la plupart des maisons particulières pour la commodité des particuliers; on les disperse par toutes les campagnes pour embellir et pour arroser les jardins, les terres, les prés, les pâturages, pour servir à faire tourner les moulins pour moudre les grains, pour moudre le tan, pour scier le bois à bâtir, pour forger le fer, pour mettre le cuivre en œuvre, pour fouler et faire les draps, pour faire le papier, et, en un mot, pour toutes sortes de commodités, de façon qu'on peut dire *que pour voir tous les usages qu'on peut faire de l'eau, il faut voir la Bigorre.*

Mais que ne dois-je pas dire de ses excellens Bains d'eau chaude de Barètge et Lus, de Bagnères et de Cauterés? Je me réserve à en parler lorsque je ferai les descriptions particulières de ces lieux, qu'il semble que la nature n'a disgraciés par la mauvaise situation où ils se trouvent, que pour les favoriser d'ailleurs par le présent qu'elle leur a fait de ces eaux si salutaires et si utiles au public, et que pour les rendre d'autant plus recommandables par tout le royaume et chez nos voisins.

CHAPITRE IV

Les Bâtimens de la Bigorre

Pour ce qui regarde les bâtimens de la Bigorre, ils sont faits de cailloux et d'autres pierres dont les rivières sont remplies; les murs, pour la plupart, sont couverts d'un crépi ou incrustation de mortier; les portes et les fénétrages sont de marbre.

Les seconds étages, en beaucoup d'endroits, sont bâtis de bois de sapin, qui est le seul dont on use pour les bâtimens, et tout y est couvert d'ardoise; de sorte qu'on peut dire qu'il ne se peut guère voir des bâtimens plus agréables. C'est une espèce de petite merveille, quand d'une vue l'on y découvre quelque ville et quelques villages des environs, qui sont partout fort fréquents, et surtout quand le soleil luit et qu'il rend argenté le bleu mouvant de l'ardoise. Mais la commodité du dedans ne répond pas à la beauté du dehors (1).

(1) Madame de Motteville, qui visita le Labédà en avril 1660, dit de Juncalas :

« Nous allâmes dîner à Joncala, beau bourg qui dépend de la vicomté de Labédà; nous y mangeâmes de bonne viande, mais particulièrement du beurre le plus excellent du monde. Leurs maisons sont belles. Ils ont de la pierre qui paraît tenir de la nature du marbre; ils disent que c'en est, mais qu'il est brut. Quoi qu'il en soit, elle est belle et fait leurs maisons fort propres, qui sont en dedans accomodées de bois, et couvertes d'ardoise. » (*Mémoires de Mme de Motteville*, t. IV, ch. LIII, p. 185, édition Hachette.)

CHAPITRE V

La Montagne : Culture des Prés, et Pacage et Nourrissage du Bétail

Du reste, pour dépeindre les natures du pays et donner à connaître ses commodités, ses richesses et ses besoins, il faut faire distinction de trois sortes de contrées dans la Bigorre, savoir : de la *Montagne*, du *Pays des Coteaux* et de la *Plaine* (1).

La Montagne constitue les sept vallées du Labédà, et une partie du quarteron de Bagnères. Le quarteron de Lourde, et partie des quarterons de Tarbe, Vic et Rabasténs, qui sont le long, et à droite et à gauche des rivières de l'Adour, de l'Arros et de l'Échés, sont en Pays de Coteaux. Et ces trois dernières villes, avec la plus grande partie des lieux qui composent leurs quarterons, sont dans la Plaine.

Les montagnes sont fort âpres, et, en un mot, ce sont les hautes Pirénées, qui bornent la France contre l'Espagne, dont pour ainsi dire la hauteur et l'âpreté ne se peuvent comprendre que par ceux qui les ont vues. Tout ce qui se trouve parmi ces mon-

(1) Cette division de la Bigorre, toute naturelle, est des Bigourdans eux-mêmes, et Froidour la leur a empruntée.

tagnes à l'exposition du midi consiste en des rochers tout nus qui sont affreux à voir (1); le reste consiste en des forêts de hêtre, de sapin et d'autres bois de moindre qualité, qui sont toutes ruinées; en de grands pâturages, en quantité de préries et quelques terres ouvertes, c'est-à-dire cultivées et labourées.

Les vallées y sont fort étroites, fort serrées, et même de difficile abord en plusieurs endroits; ce qui a donné grande audace aux peuples de ces contrées, dans les derniers mouvements qui y sont arrivés, qui ont fait tant de bruit dans le royaume et chez nos voisins. J'en parlerai dans la suite. Elles ne portent ni froment, ni vin, ni fruits (2), ou du moins si peu et de si

---

(1) Les montagnes de la Bigorre sont incontestablement des plus belles de toute la chaîne des Pirénées, sinon les plus belles. Il ne paraît pas que M. de Froidour s'en soit aperçu; Cela peut étonner, mais, cent ans après lui, le célèbre intendant d'Etigny croyait et écrivait, en parlant de Bagnères-de-Luchon, que c'était *un lieu entouré des plus affreuses montagnes.*

Chaque époque a sans doute sa manière de sentir: c'est la seule conclusion à tirer d'une appréciation qui nous choque aujourd'hui.

(2) « Ni fruits! » Si M. de Froidour avait parcouru les vallées du Labédà, il aurait pu voir que les arbres fruitiers y réussissent très bien, malgré le peu de soin qu'on en prend; et qu'ils y produisent beaucoup de fruits et de bonne qualité. Citons le *noyer*, le *châtaignier*, le *cerisier*, le *noisetier*, le *néflier*, le *pommier*, le *poirier*, le *cognassier*, le *prunier*. La *vigne* et le *pêcher* y viennent aussi, mais moins bien. Les pommes de reinette de Saint-Savin et celles d'Arras jouissent, depuis longtemps, d'une grande réputation: l'introduction en est due aux moines de Saint-Savin.

Tous ces arbres sont à plein vent et livrés à eux-mêmes, sans aucune culture.

mauvaise qualité, que ce n'est pas la peine d'en parler. Il y croît du seigle, de l'avoine, du blé sarrazin, du gros et du petit millet, et de la mouzéne (1), qui

On trouve aussi, mais sur les montagnes seulement, la *framboise*, la *groseille rouge*, l'*airelle* (en labédanais *ayou*, fruit du *Vaccinium myrtillus* L.), et la *fraise*, ces deux dernières en quantités prodigieuses.

Ce qui manque aux Labédanais, c'est de savoir cultiver les arbres à fruits. Au lieu d'un professeur d'agriculture qui va leur faire de vaines conférences, où d'ailleurs ils ne vont pas, il faudrait leur envoyer un bon maître-jardinier d'Angers, qui leur enseignerait, par l'exemple et la pratique, à choisir les meilleures variétés et les plus précoces, à tailler les arbres, et à établir des espaliers.

(1) Le *Seigle*, l'*Avoine* et le *Blé Sarrazin*, sont trop connus de tout le monde, pour qu'il soit utile d'en rappeler les noms botaniques.

Le *petit Millet*, c'est le *Millet commun*, ou *Panicum miliaceum* de Linné. Quant au *gros Millet*, qu'était-il, je ne sais : peut-être une variété à gros grains du précédent ; peut-être le *Panicum italicum* L., ou *Panis d'Italie*, qui ressemble beaucoup au Millet commun ; peut-être encore le *Sorgho* (*Holcus Sorghum* L., ou *Sorghum vulgare* Pers.), appelé encore *Millet d'Inde*, *gros Millet*, *Mil à balais*, avec la graine duquel plusieurs peuples de l'Asie font un pain agréable et de facile digestion, et dont les panicules servent, dans notre midi, à faire des balais.

Pour sortir de doute, on s'adresserait inutilement aux cultivateurs, qui ne s'inquiètent guère de définir les plantes qu'ils cultivent ; ou aux maîtres de la science botanique, qui dédaignent, ou ignorent même, les détails pratiques. Au reste, je ne sache pas qu'on cultive aujourd'hui, dans les Vallées, le *gros Millet*, quel qu'il soit.

Quant à la *mouzéna*, quelle peut être la plante ainsi nommée, et généralement cultivée dans nos vallées, au temps de Froidour ? Je suis natif du Labédà et me pique de bien connaître la langue qu'on y parle ; aucun grain n'y est, de nos jours, est une espèce de grain que nous ne connaissons pas dans les grasses provinces de la France, mais autant seulement qu'il en faut pour nourrir sept à huit mois de l'année les habitans, qui y sont fort nombreux, et

appelé de ce nom, et j'ai pu m'assurer qu'il en est de même dans les vallées d'Aure et de Barousse, et même de Luchon.

J'ai cherché ce nom de grain dans les livres, sans l'y trouver: les botanistes et agriculteurs de la région, que j'ai consultés, l'ignoraient comme moi-même.

Pendant ces recherches infructueuses, j'avais pensé que le *Maïs*, qui actuellement nourrit les montagnards *pendant sept à huit mois* de l'année, pourrait bien être la *mouzéna* de Froidour. Mais le *Maïs*, au rapport de La Boulinière, interprète d'une tradition qui avait moins de cent cinquante ans, n'était pas connu en Bigorre quand Mgr de Poudenx fut nommé Evêque de Tarbe, et c'est lui qui l'y introduisit. (*Itinéraire*, t. III, p. 283.) Or, Mgr de Poudenx ne prit possession de son siège que le 17 mai 1691, dix ans après la mort de Froidour.

Le *Blé Sarrazin* etant appelé *mouriscou*, en Cominge et Nébouzan, plusieurs personnes ont conjecturé que *mouzéna* pourrait bien n'être qu'une forme altérée de *mouriscou*, et le grain cherché être le Sarrazin. Sans être de ceux qui trouvent *alfana* dans *equus*, je me serais peut-être rallié à cette opinion, si Froidour n'y avait mis un empêchement absolu, en nommant le Blé Sarrazin parmi les plantes cultivées, dans les Vallées, avec la *mouzéna*.

J'en étais là, quand, le 16 janvier dernier, un professeur distingué de Notre-Dame de Garaison, M. l'abbé Lamane, me causa la plus joyeuse surprise, en m'annonçant qu'on cultivait encore, autour du plateau de Lanemézan, sous le nom de *mouzéna*, au midi du plateau, et de *mouza*, au nord, un grain peu différent du Millet commun, et que ce grain était le *Panicum viride* de Linné, ou *Setaria viridis* de Palissot-Beauvais. « Cette plante, ajoutait M. Lamane, cultivée il y a vingt ans à Capbern, Lagrange, etc., y est peu à peu remplacée par d'autres de meilleur rendement. »

Ce renseignement précieux m'a été confirmé et complété

qui souvent ont mis six à sept mille hommes sous les armes; mais en récompense, les pacages et les prés y sont fort fréquens, fort abondans et d'un très grand rapport.

par les suivans, émanés de personnes habitant la région du plateau :

« On cultive encore à Lagrange, mais sur une très petite échelle, la plante dont vous me parlez, la *mouza*. Je crois qu'elle est encore cultivée à Pinas et à Uglas. » *(M. Galan, instituteur à Lagrange; lettre du 10 février 1890.)*

« Il y a cinq ou six ans, on cultivait encore, à Lagrange, dans beaucoup de maisons, ce que nous appelons *mouza*; mais aujourd'hui cette culture y est presque complètement abandonnée. J'espère bien, quand même, vous procurer un peu de cette graine, dans un des villages voisins. » *(M. Mailho, cultivateur à Lagrange; lettre du 14 février 1890.)*

« La plante graminée appelée *mouza* et *mouzéna* n'est point cultivée séparément, dans ma commune, ni dans les environs, mais mêlée au petit Millet, en petite quantité. Dans la partie orientale du canton, comme Pinas et Uglas, je crois qu'elle est cultivée seule. » *(M. Laran, instituteur à Tilhouze; lettre du 18 février 1890.)*

« Il y a toujours de la *mouzéna* dans le Millet de Pinas et des environs. Je joins à ma lettre un échantillon de ce mélange. Depuis que nos terres sont marnées, et mieux travaillées qu'autrefois, on ne cultive plus la *mouzéna* seule. Cependant, on peut en trouver sur le marché de Lanemézan, venant de toutes les localités environnantes, et surtout de Houéydèts, Campistrous, etc. » *(M. J.-P. Balencie, instituteur à Pinas; lettre du 26 février 1890.)*

« Avant de vous écrire, j'ai tenu à me procurer, pour vous l'envoyer, de la graine de *mouzéna*, et ç'a n'a pas été chose facile, car, depuis assez longtemps, on ne la cultive plus dans le pays, et alors même qu'on le faisait, on n'en semait guère que mélangée au petit Millet. Je crois cependant que, dans les environs de Saint-Laurent-de-Neste, on en cultive encore quel-

Ces prés sont le long des côteaux, sur les penchans des montagnes, et même en des lieux qui ne paraissent que des précipices. Ils se font par le moyen de l'eau, que l'on conduit par de petites rigoles que l'on

que peu. » (*M. R. Laporte, instituteur à Uglas; lettre du 1er mars 1890.*)

Si on veut bien se rappeler que tout le plateau de Lanemézan et les pays d'alentour, étaient en plein Nébouzan, et, des témoignages ci-dessus, rapprocher celui qui nous est donné par Froidour lui-même, que la *mouzéna* était cultivée dans le Nébouzan (voir plus loin, *Mémoire du pays de Nébouzan, chapitre V*), ne sera-t-on pas en droit de conclure que la *mouzéna* de Froidour est retrouvée?

On m'a objecté que nos pères de la Montagne pouvaient, à tant que faire, cultiver une plante plus avantageuse que la *Setaria viridis*, dont le grain est bon, tout au plus, pour la volaille. Aussi n'y ont-ils pas manqué, dès qu'ils ont eu connaissance d'une plante plus avantageuse, et la preuve en est dans la disparition de la *mouzéna* depuis l'introduction du *Maïs*. D'ailleurs, puisqu'ils ne cultivaient le petit Millet que pour leur nourriture, et ainsi font encore leurs descendans, pourquoi n'auraient-ils pas fait le même usage du grain de la *Setaria viridis*, qui ressemble assez au petit Millet, pour que Linné, qui s'y entendait, les ait faits congénères?

Quoi qu'il en soit, je laisse la parole à qui trouvera mieux.

Froidour, qui ne nomme pas le *Maïs*, ne nomme pas non plus le *Haricot*, cultivé avec le Maïs dans les vallées du Labédà; les deux plantes, semées ensemble, poussent ensemble, le Haricot s'enroulant autour du Maïs, qui lui sert de support. Cette culture simultanée est de tradition, et me fait croire que les deux plantes sont venues ensemble dans le Labédà. Disons ici que les Haricots d'Argelès-en-Labédà jouissent d'une réputation méritée.

La *Pomme de terre*, si généralement répandue aujourd'hui, n'est pas, non plus, nommée par Froidour, et cependant j'ai lieu de croire qu'on la cultivait en Labédà, mais pour la nourriture des porcs seulement. Dans mon enfance, j'ai entendu fait le long des montagnes, lesquelles répandant l'eau en bas, humectent la terre et la rendent fertile et abondante en herbe. Toutes ces conduites d'eau sont ordinairement abandonnées pendant l'automne et pendant l'hiver jusqu'à la Nôtre-Dame de Mars (1); mais pour lors, il est expressément défendu de faire entrer aucun bétail dans les prés, et chacun travaille à rétablir ses canaux, pour les arroser jusques aux environs de la Saint-Johan, auquel temps on ferme les ouvertures des rigoles, pour en tirer l'eau et les sécher, et pour laisser mûrir les foins pendant douze ou quinze jours.

Ces premières herbes n'ont pas plus tôt été fauchées, qu'on remet l'eau dans les prés pour y faire venir de nouveaux herbages, et on l'y retient jusqu'aux environs de la Saint-Michel. Pour lors, on les dessèche

conter, par les vieillards, qu'autrefois les hommes, quand ils en voulaient manger, se cachaient soigneusement, la plante étant réputée grossière, et même malsaine pour l'homme. Elle n'est entrée, dans l'alimentation, franchement et ouvertement, que depuis Louis XVI, et par Louis XVI lui-même.

P.-S. La *mouzéne* n'était pas aussi complètement oubliée que j'avais d'abord pu le croire. Un bienveillant et très érudit correspondant veut bien m'informer que le nom et la chose (j'entends la *Setaria viridis*) se sont conservés à Saint-Pé (Hautes-Pirénées), où d'ailleurs on donne ce grain aux oiseaux. Il me communique, aussi, cette citation, toute d'à-propos : « Mouzène (à Garlin), espèce de millet, *setalia glauca* (sic). — Mélange de grains d'espèce inférieure, dont la farine sert à nourrir les animaux domestiques. » (Lespy, *Dictionnaire béarnais*.)

(1) Annonciation de la sainte Vierge, le 25 mars; la Saint-Jean, le 24 juin; la Saint-Michel, le 29 septembre.

pour la seconde fois, on en laisse mûrir le foin et on le coupe ensuite.

C'est en ces préries et ces pacages que consiste la plus grande richesse de ces contrées montagneuses, où il se fait un très grand nourrissage de bœufs, vaches, chevaux, brebis, moutons et chèvres, et, en un mot, de toutes sortes de bestiaux; et voici l'ordre qui s'observe pour leur nourriture :

Presque aussitôt que les neiges ont commencé de fondre, on les tire des granges où ils ont passé l'hiver, et chacun les met dans ses prés jusqu'à la Notre-Dáme de Mars. Pour lors, l'entrée des prés leur étant défendue, comme je l'ai déjà remarqué, on les fait monter dans les pacages communs, et à proportion que la fonte des neiges découvre les montagnes, on les fait passer successivement des plus basses dans les plus hautes, ce qui se fait ordinairement à la Saint-Johan, pour y passer l'été. On y demeure jusques à la Saint-Michel. En cette saison, les pasteurs les font descendre pour leur faire manger les herbes des prés qui ont été fauchés, et successivement celles qui croissent dans les terres où l'on a levé des grains. On les tient ensuite dans les basses montagnes jusques à ce que la neige les en chasse; et comme les peuples de ces contrées ont des granges répandues par toutes les vallées au voisinage de leurs prés, qu'ils ont remplies de foins, ils logent leurs bestiaux et les distribuent en chacune, en telle quantité qu'elle soit proportionnée à ce que la grange peut fournir de foins, pour les y nourrir et entretenir pendant l'hiver. Il faut observer qu'il y a cette différence, entre ces vallées et la plupart des autres qui sont le long des Pirénées, qu'il y a toujours suffisamment de fourrages pour la nourriture du bétail qu'on y tient, et qu'on n'y est pas obligé de le faire descendre dans les plaines (1), comme il se fait presque partout ailleurs.

Il est vrai que, cette année n'ayant été pour ainsi dire qu'un hiver perpétuel, la disette du fourrage y a été si grande que la famine a été parmi le bétail. Il s'en est perdu beaucoup, que la faim a tué, et on a été obligé, pour sauver le reste, de recourir aux plaines; mais pareille chose ne s'est jamais vue, ou du moins, il n'y en a pas de mémoire.

Au reste, comme au commencement du printemps et à la fin de l'automne les bestiaux paissent, la plupart du temps, parmi les neiges, les habitans de ces montagnes sont obligés de leur donner du sel à manger, pour les réchauffer et pour les purger. Ils en consument à cet usage une très grande quantité, et comme il leur est impossible de conserver leur bétail, en quoi consiste tout leur bien, sans ce secours, c'est la raison sans doute pour laquelle ils ont joui, jusques à présent, de la franchise et de la liberté de prendre du sel en Espagne, en Béarn ou ailleurs, ainsi que bon leur semble (2), et pour laquelle le mot de *gabelle* et de *gabeleur* leur est en abomination.

(1) Les plaines de la Bigorre.
(2) Par la communication que j'ai prise de l'inventaire des titres du pays, j'ai trouvé que, par arrêt du Conseil du 17 janvier 1609, les habitans de Bigorre sont maintenus en la liberté d'user du sel de Béarn, à la charge qu'ils n'en pourront commercer ni le transporter hors de leur province. (*Note de l'auteur.*)

CHAPITRE VI

Suite de la Montagne : Audijaus et la Gabelle

Chacun sait ce que la haine du mot de *gabelle* a produit, depuis quelques années, par la retraite que le peuple de ces contrées a donné au fameux Audijaus.

C'est un gentilhomme de la Chalosse (1) qui, voyant que les fermiers de la gabelle ou des convois de Bordeaux, établissaient des bureaux pour empêcher l'usage du sel d'Espagne et du Béarn, dans toutes les contrées d'alentour où il se distribue, s'avisa, de son chef, de s'y opposer, non pas en suppliant ou en remontrant aux Intendans de la Province, au Conseil, ou au Roi même, les anciens privilèges de la Guienne, mais par la violence et par la force ouvertes.

Il commença par le meurtre des commis et des gardes établis à ces bureaux. On en remit d'autres en la place des morts, et on en augmenta le nombre pour les fortifier davantage ; mais il leur fit une guerre si cruelle, que les mesures que l'on prit dans la province

(1) Petit pays de l'ancienne Gascogne, dont les villes principales étaient : Saint-Sevér, Aire, Dax, Hagetmâou (ou Hagetmao), aujourd'hui dans le département des Landes, et Arzac, actuellement dans les Basses-Pirénées.

pour le mettre à la raison, s'étant trouvées courtes, on fut obligé d'y faire venir des troupes du Roi, et de lui mettre en queue un régiment de dragons, qui le chassa de son pays, et le poursuivit jusques en Labédà, où il se sauva.

Je ne m'arrêterai point à dire tout ce qu'a fait ce gentilhomme depuis 1664, que sa guerre commença, jusques à présent, pour faire quelques entreprises sur le royaume ; ni les actions vigoureuses, extraordinaires et surprenantes, qu'il a faites en diverses occasions, pour garantir sa vie et pour se sauver. Cela n'est pas de mon sujet.

Mais il est vrai qu'à même temps qu'il fut entré dans le Labédà, et qu'il eut exposé aux peuples de ces montagnes la cause de sa retraite, ses discours, animés de la résolution qu'il faisait paraître, de vouloir mourir avec eux pour la conservation de leurs franchises et de leurs privilèges, et surtout de l'affranchissement de la gabelle, eurent tant d'effet, qu'en un instant toutes les vallées prirent les armes.

Il se trouva donc soutenu par six ou sept mille bons hommes, qui ne parlaient que d'aller massacrer tous les gabeleurs, en un pays inaccessible, qui se défend de lui-même, et qui a une porte de derrière qui lui donne un refuge assuré en Espagne.

Si ce gentilhomme avait eu l'esprit, ou s'il avait pu venir à bout de se saisir de la ville et du château de Lourde, où il n'y avait qu'une morte-paye (1), il

---

(1) Morte-paye : nom que l'on donnait autrefois à un soldat entretenu à demeure dans une garnison tant en paix qu'en guerre. (*Dictionnaire de l'académie*, 1878.)

aurait été en état de faire beaucoup de mal. Or il ne tint pas à lui que ces peuples ne vinssent piller la ville de Tarbe, sous prétexte qu'il y avait un bureau de Douane, qu'il traitait du nom de Gabelle, et ne ravageassent ensuite toute la Plaine ; mais le bonheur qui accompagne le règne de notre grand Monarque, voulut que pour lors' nous fussions en paix avec l'Espagne, que tout le royaume fût calme, et qu'il n'y eût que les gens d'affaires à qui on y fît la guerre, et que de plus les troupes du Roi prévenant Audijaus, s'assurassent de ladite ville et dudit château de Lourde, où aboutissent toutes ces vallées.

Ce même bonheur voulut aussi que le marquis de Saint-Luc, lieutenant-général de la province, qui depuis la mort du duc d'Epernon y faisait fonction de Gouverneur, n'étant pas trop assuré, non plus que les troupes qu'il avait amenées et dont il avait très mauvaise opinion, cette guerre se terminât sans effusion de sang, par un accommodement dont le comte de Toulonjon (1), cadet de la maison de Gramont, fort accrédité dans toutes ces contrées, fut l'entremetteur.

Audijaus fut obligé de se retirer en Espagne, mais il a toujours conservé l'amitié de ces peuples, il a toujours commercé parmi eux, il y a toujours trouvé retraite ; et si dans les commencemens de cette année on les a obligés à lui faire la guerre, il faut convenir

---

(1) Henri de Gramont, marquis de Séméac, comte de Toulonjon et vicomte d'Asté, frère d'Antoine de Gramont, maréchal de France, fut sénéchal et gouverneur de Bigorre, et mourut sans postérité en 1680.

qu'ils n'en ont fait que le semblant, regardant toujours cet homme comme leur libérateur (1).

En mon particulier, je puis parler, aussi bien que personne, de la haine extrême qu'ont tous les peuples qui habitent les Pirénées pour le nom de *gabelle*. Il m'en a pensé coûter la vie dans la vallée de Luchon en Cominge. J'y étais allé en 1667, au mois de septembre, pour en visiter les Bois; et pour mon malheur, deux jours avant que j'y entrasse, il était arrivé, dans le voisinage, quelque dispute entre les gardes de sel et

---

(1) Une ordonnance du maréchal d'Albret, gouverneur de Guienne, datée du 7 novembre 1674, enjoignait à toute personne d'arrêter le rebelle Audijaus, et de le lui mener ou conduire, mort ou vif, moyennant salaire de 3,000 livres.

Contraste curieux : M. de Froidour, haut fonctionnaire et dévoué à son gouvernement, nous montre son admirative simpatie pour Audijaus, son contemporain, qu'il a pu bien connaître ; tandis que Davezac-Macaya, un libéral, écrivant en 1823, traite de « brigand basque », cet implacable ennemi de la Gabelle ! (*Essais*, t. II, p. 235.) Cela prouve que Davezac-Macaya connaissait fort mal « ce gentilhomme gascon, qui, pendant quinze années, tint en échec la toute-puissance de Louis XIV, et souleva les Landes, la Bigorre, l'Armagnac, le Béarn et la Navarre, contre l'établissement de la Gabelle. Traqué, poursuivi comme une bête fauve par des régimens entiers et jamais pris, déclaré traître, rebelle, hors la loi, sa tête mise à prix, sans qu'il se soit trouvé dans toute la Gascogne un lâche pour la vendre, soutenu par le clergé et par le peuple, terrible aux gens de la Gabelle, sans quartier pour leurs partisans, batailleur, hardi, fier, intrépide, indomptable, en un mot vrai Gascon, Audijaus obligea le grand roi à traiter avec lui d'égal à égal, et alla se faire tuer glorieusement, à la tête d'un régiment français, sur un champ de bataille de la Catalogne. » (Rapport de la commission des *Archives historiques de la Gascogne*, dans *Souvenir de la Bigorre*, t. IV, p. 313.)

quelques femmes dont ils tuèrent une. Dans le moment qu'on aperçut parmi mes gens un garde qui portait une bandoulière, on crut que c'était un de ces gardes de sel, et incontinent les paysans s'assemblèrent et prirent les armes ; mais, de bonne fortune, ils apprirent à même temps que j'étais avec l'abbé de Binos (1), et avec quelques gentilshommes qui n'étaient pas soupçonnés de favoriser les gabeleurs. Ils envoyèrent savoir d'eux qui j'étais, et comme il leur fut rapporté que j'étais un commissaire du Roi qui venais travailler à la reformation des forêts, toutes les communautés, les unes après les autres, m'envoyèrent complimenter par leurs consuls, et m'assurer que j'étais le maître de la vallée, et que je pourrais y faire tout ce que je voudrais. Plusieurs m'apprirent l'extrême danger où j'avais été, et me déclarèrent franchement la disposition en laquelle ils étaient sur le sujet de la Gabelle. Ils me dirent naïvement, en peu de paroles, qu'ils ne subsistaient que par le bétail, que leur bétail ne subsistait que par le sel, et que leur ôter le sel c'était leur ôter la vie, et qu'ils aimeraient beaucoup mieux mourir les armes à la main, que de mourir de faim et de misère.

J'eus beau leur remontrer que, particulièrement pendant que nous étions en guerre avec l'Espagne, il était de l'intérêt de l'Etat qu'ils n'eussent point de commerce avec les Espagnols, et qu'ils ne leur portassent point l'argent du royaume pour avoir du sel,

---

(1) Binos, petit village du Cominge, qui fait aujourd'hui partie de la commune de Bachos-Binos. 200 habitans, canton de Saint-Béat (Haute-Garonne).

pendant que le Roi pouvait leur en faire donner, au même prix qu'ils avaient accoutumé de l'acheter des ennemis. Il me fut impossible de leur faire entendre raison sur ce chapitre; et c'est la disposition que j'ai reconnu généralement dans tous les peuples des Pirénées; ce qui me fait dire qu'on ne peut, sans être mauvais Français, mettre dans l'esprit du Roi ou de ses ministres, d'établir la Gabelle dans toutes ces contrées (1).

Mais il est temps que je finisse cette digression pour reprendre le fil de mon discours.

---

(1) Les montagnards n'avaient pas tort de vouloir continuer de rester libres d'acheter le sel soit des Espagnols soit des Béarnais, plutôt que du Roi. Dès que le Roi aurait le monopole de la vente, il fixerait à son gré le prix du sel, et on devrait le subir : ainsi pensaient les montagnards..... et le Roi aussi.

CHAPITRE VII

Suite de la Montagne : Culture des terres labourables

Après avoir expliqué de quelle manière on cultive les prés et comment on nourrit le bétail, il me reste à dire de quelle manière on cultive les terres labourables.

Premièrement, il faut se figurer que toutes les terres qu'on laboure sont dispersées le long des vallées et des côteaux, par petits lopins, et que le peuple y étant abondant et les vallées fort serrées en la manière que je les ai décrites, on va chercher, jusques au sommet des montagnes, tout ce qui se peut trouver capable de soufrir la charrue, la bêche ou la pique. La plus grande partie se laboure avec les bœufs et les vaches, et le reste, à force de bras. Ces travaux se commencent aux environs de la Saint-Michel ; on donne seulement un labour aux terres, on les charge incontinent après de fumier pour les amender, et il est bon de remarquer, en passant, qu'une des principales occupations des pasteurs et des paysans, est d'aller avec des paniers dans tous leurs pacages, parmi les montagnes et les précipices, et d'y ramasser avec soin la fiente des bestiaux, et de la rapporter à leurs granges, où ils en font amas, pour ensuite la répandre sur leurs terres.

Après que ces terres ont été fumées de la sorte, on les sème dans le mois d'octobre, et on leur donne un second labour pour couvrir les grains. Les récoltes sont tardives, à cause du grand froid qui règne par toutes ces contrées, en telle sorte que cette année, en l'heure que j'écris ce mémoire, à la fin du mois de septembre, la plupart des blés et des millets ne sont pas encore mûrs ou restent à couper; mais il faut observer que pour rendre les terres fertiles, après qu'elles ont une fois porté du blé, et une fois du millet ou quelqu'autre menu grain, on a coutume de les laisser reposer et de les mettre en prés pendant quelques années, pour ensuite les remettre en culture.

CHAPITRE VIII

Fin de la Montagne : Produits de vente Ports et Cols de communication

Comme j'ai remarqué que toute la richesse de ces contrées consistait au pacage et au nourrissage du bétail, il faut que je remarque aussi les commodités qu'elles en retirent.

Premièrement, par le moyen du fumier que font les bestiaux, on amende les terres et on en rend les moissons plus abondantes ; car comme les terres sont non-seulement fort maigres, mais aussi fort froides, de même que le climat, c'est une nécessité pour les rendre fertiles, de les engraisser et de les chauffer par le moyen du fumier, sans quoi elles ne seraient d'aucun rapport.

En second lieu, les paysans en tirent une grande quantité de laitage qui sert à leur nourriture. La crème sert à faire le beurre, dont partie se consume dans les vallées mêmes, et partie se vend dans la Plaine ; mais surtout il s'en fait un grand débit en la vallée de Campan, qui est une dépendance du quarteron de Bagnères, qui tient de la Montagne, et d'ailleurs cette vallée est si belle qu'elle mérite bien que j'en fasse un chapitre particulier, lorsque, dans la suite, je parlerai de chaque ville et des autres choses qui sont particulières à la Bigorre et qui y sont remarquables (1).

Le lait sert à faire le fromage, qui se consume entièrement dans les vallées, sauf celui qui se fait à Campan, dont il se fait un grand débit. Le petit-lait qui reste après qu'on en a tiré le beurre ou le fromage, qui est ailleurs la pâture des porcs, est ici le manger ordinaire de ces misérables montagnards, et notamment des pasteurs, qui le font bouillir avec quelques herbages, et sont bienheureux quand ils ont quelque morceau de gâteau de blé, de millet ou d'orge, cuit sous la cendre, à mêler parmi, car très-souvent le pain leur manque. Lorsque quelquefois il leur arrive de manger du lait, avant qu'on en ait tiré la crème et le fromage, ils y mêlent ordinairement autant d'eau ; et je puis dire que pour ce qui est de leur manger, l'on ne peut guère voir une plus misérable vie, ni une plus grande sobriété que la leur ; mais en récompense, ils ont une âpreté extraordinaire pour le vin, et c'est une marchandise de bon débit, chez eux. Les femmes y sont âpres comme les hommes et s'enivrent aussi de même (2).

(1) M. de Froidour, qui avait parcouru la vallée de Campan, ne connaissait pas *de visu* la *vallée d'Argelès* en Labédà, qui est incomparablement la plus belle des Pirénées, et de laquelle il ne dit pas un mot.

(2) « Je fus reçu par le Sous-Prieur, qui me fit très bonne
« chère en vin blanc et clairet ; et le petit goût que je trouvai
« au vin blanc m'en fit tant boire, que j'en eus la goutte toute
« la nuit.

« Panebeuf et Agède voulurent, le lendemain matin, m'em-
« pêcher d'en reboire ; mais je l'avais trouvé si bon, que, mal-
« gré eux, je voulus reprendre du poil de la bête ; je m'en fis

Quoique la quantité du bétail y soit grande, l'usage de la viande y est très rare ; tout est pour vendre ou pour labourer la terre. Leurs laines, et les peaux du peu de bétail qui se consume chez eux, se vendent à Lourde et à Tarbe. Mais leurs bœufs, vaches, moutons, brebis et chèvres, se vendent dans toutes les plaines d'alentour, c'est-à-dire dans la Basse-Bigorre, dans Rivière-Basse, dans le Bas-Armagnac, en Chalosse, ou en Gascogne, ou même en Espagne. Leurs chevaux descendent rarement dans les plaines : le débit le plus considérable qu'ils en font est du côté d'Espagne. Il n'est point de paysan qui n'ait quelques jumens dont ils tirent des poulains, et leur coutume est de les nourrir huit à neuf mois, et de les vendre à cet âge aux Espagnols, qui, quelques années après, nous les revendent comme de véritables chevaux d'Espagne.

« gaillard, et me mis en la plus belle disposition du monde
« pour prendre les eaux [de Bagnères]. »
Savez-vous qui est le *héros* de cette charmante anecdote si gaîment contée ? C'est M. de Froidour, celui-là même qui semble scandalisé que les Labédanais, car c'est d'eux qu'il veut parler, appelés par leurs affaires aux marchés d'Argelès ou de Lourde, se livrassent au plaisir de boire du vin, après n'avoir eu, chez eux, pendant des mois entiers, que du petit-lait ou de l'eau claire, pour toute boisson ! Assurément, c'est mal de boire au delà de la mesure ; mais le plus excusable n'est pas M. de Froidour, qui aimait mieux se donner une rude attaque de goutte, que de renoncer au plaisir *de se mettre en belle humeur*, avec le vin blanc du Sous-Prieur.
Ce Sous-Prieur, qui le régala si bien, c'était celui du couvent de l'Escala-Dieu. Et le récit est tiré d'une lettre de Froidour, datée de Bagnères-de-Bigorre, 23 septembre 1667, et adressée à son ami M. d'Héricourt, lettre qu'on trouvera dans le manuscrit n° 643, p. 431, de la Bibliothèque de Toulouse.

La vallée de Barètge communique avec celle de Campan, celle de Bagnères et avec la Plaine, par le port du Tourmalét; avec Lourde, par le Labédà; et avec l'Espagne, par le port de Gavarnie (1), qui aboutit à Tourle en Aragon, en la vallée de Broto. Toutes les autres vallées communiquent avec la Plaine par Lourde; celle d'Azun, avec l'Espagne, par le port d'Arréns (2), qui aboutit à Sallent, en la vallée de Téna; celle de la Rivière de Saint-Savin, par le port de Cauterès, qui aboutit à Panticoussa (3), en la même vallée. Ces deux derniers ports sont fâcheux et difficiles. Toutes les vallées se servent de l'un ou de l'autre, en un mot, de celui qui leur est plus commode ou plus voisin.

(1) Le *port de Gavarnie* ou de *Boucharo* est à 2.280 m. d'altitude.

(2) Le *port d'Arréns*, nommé aussi la *Hourquétte d'Arréns*, et encore col *de la Pèyre de Sén-Marti* (ou *Pierre de Saint-Martin*), a 2.295 m. d'altitude.

(3) C'est le *port du Marcaddou*, qui est à 2.556 m. d'altitude.

CHAPITRE IX

La Plaine : Climat, Bâtimens, Hautains Produits, Commerce

Pour ce qui est de la Plaine, c'est le plus agréable pays du monde pour y voyager. Il y fait beau en tout temps, parce que c'est un pays de grève et de cailloux ; en quelque part que l'on aille, l'on trouve partout des ruisseaux qui, par leur gazouillement, réjouissent l'oreille, comme par la beauté de leurs eaux, ils divertissent la vue.

La beauté extrême des bâtimens y est d'un grand ornement ; et d'ailleurs il y a du bois, des vergers de fruits, et ce qui y est de plus commun sont les vignes en hautains, qui sont fort fréquentes parmi toute cette contrée. Comme par toutes les autres plaines qui sont au-dessous des Pirénées, les gelées sont fréquentes dans le temps qu'elles sont dangereuses pour les vignes ; l'expérience a appris qu'elles avaient moins de prise sur les fruits, et qu'elles n'y apportaient pas tant de dommage, quand les vignes étaient élevées. Pour faire de ces sortes de vignes, on plante, de huit en huit pieds ou de dix en dix, des cépeaux de vigne, et auprès de chacun, un arbre sauvageon (1) à hauteur d'homme et en échiquier. La vigne venant à croître, s'appuie sur le sauvageon, qui s'élève aussi et étend ses branches à proportion que la vigne s'étend, de manière que le bois venant à croître, les vignes vont d'un arbre à l'autre et sont soutenues en l'air comme par des cordes. Pour empêcher que la trop grande abondance des branches de ces arbres ne nuise aux raisins, on les émonde tous les ans, à même temps que l'on coupe la vigne, ne laissant que les maîtresses branches qui soutiennent les cépeaux. J'estimais que si, au lieu de sauvageons, l'on y mettait des fruitiers, on aurait cet avantage que tous les ans on ferait récolte de vin et de fruits, qu'on y couperait aussi tous les ans le sarment, et que l'on tirerait des fagots, des branches superflues des arbres que l'on couperait. Mais on se sert ordinairement de sauvageons parce que cette sorte d'arbre dure plus longtemps que les fruitiers, et qu'on n'est pas obligé de les renouveler : ce qui ne se peut faire sans causer un grand dommage à la vigne.

Les vins clairets y sont gros et rudes, et même fort verts ; les vins blancs y viennent mieux et y sont meilleurs.

Il y a du froment, du seigle, et toutes sortes d'autres menus grains. Il y a aussi quantité de prés, et ce qui est aujourd'hui prés, du moins dans la Plaine haute, c'est-à-dire à la tête de la Plaine, sera l'année prochaine en terre.

---

(1) *L'arbre sauvageon* qu'on plante habituellement pour servir de support à la vigne, c'est l'*Erable champêtre;* on plante aussi le *Cerisier commun* ou *Merisier.*

L'usage y est établi, de même que dans la Montagne, qu'après qu'une terre a porté du grain deux, trois ou quatre ans au plus, on y répand l'eau, incontinent après la récolte, pour y faire naître des herbes; et sans d'autre façon, l'on fait des prés qui donnent des foins pendant trois ou quatre ans, au bout desquels ce qui était pré devient terre; mais cela ne se fait point en bas.

Les jardinages sont bons par toute la Bigorre, parce que la terre y est fort humectée; et, en un mot, il y a dans le pays de quoi nourrir les habitans, mais pas fort abondamment.

Il n'y a presque pas de commerce, chacun y vivant de son bien.

CHAPITRE X

Les Côtes ou Coteaux : Produits; Commerce entre la Montagne, la Plaine et les Côtes; Commerce de la Bigorre.

Le pays des Coteaux tient de la Montagne et de la Plaine. La fougère y vient partout. Elle sert de manger au bétail; elle sert à lui faire litière pour faire du fumier, dont on amende les terres; souvent on la brûle sur le champ qu'on veut semer. Le chêne y vient partout de complant, et sert à la nourriture des porcs, comme la lande et la fougère sert à celle des autres bestiaux; il y a des grains et des autres natures de biens nécessaires à la vie, plus abondamment que dans la Montagne, et moins que dans la Plaine. On y laboure partout, de même que dans la Plaine, avec des bœufs et des vaches.

En général, il y a un commerce perpétuel dans la Province, de la Plaine avec la Montagne et les pays de Coteaux, ceux-ci donnant à la Plaine les bestiaux, le laitage, les peaux et les laines, et l'autre, donnant aux Montagnes et aux pays de Coteaux, le blé, le vin, le lin, le chanvre, les draps et étoffes, et tout ce qu'il faut pour les subsistances, les médicamens, et les autres douceurs.

Mais tout ce qui attire dans la Bigorre de l'argent du dehors, consiste en quatre ou cinq points, premièrement la vente du bétail, ensuite la vente du beurre et du fromage, la fréquentation des bains de Bagnères, Barètge, Lus et Cauterès, les travaux que les paysans vont faire en Espagne, et le débit qu'on y fait de quantité de toiles que les Labédanais y portent. Mais après tout, il faut qu'on s'accoutume à une grande sobriété dans la Bigorre, et qu'on y donne une grande application au travail et au commerce, pour pouvoir s'acquitter de toutes les dettes qu'on y a contractées. J'ai vu des actes par lesquels j'ai vérifié qu'en 1655, les Etats du pays en général étaient engagés jusques à la concurrence de dix-huit cent soixante mille livres, qu'ils avaient emprunté pour la subsistance des gens de guerre qui y avaient été en quartier d'hiver (1), dont on m'a dit qu'il était encore dû la moitié; et les communautés en particulier ne devaient pas moins.

(1) Au commencement de janvier 1654, l'armée qui était en Catalogne, commandée par le maréchal d'Hocquincourt, fut envoyée, partie en Foix, et partie en Bigorre, par ordre du Roi, pour prendre ses quartiers d'hiver.

La Bigorre, qui n'avait jamais pu entretenir plus d'un régiment, fut accablée de huit régiments de cavalerie et quatre d'infanterie, qui séjournèrent huit mois en Bigorre, dépensant 9.000 livres par jour.

CHAPITRE XI

Les Villes : Tarbe, capitale de la Bigorre

Il est maintenant à propos de parler des villes, en particulier, et de ce que chacune a de remarquable.

Celle de Tarbe, qui est la capitale, est au milieu de la Plaine, sur la rivière de l'Adour, qui y fait mille canaux. C'est une ville qui en contient trois petites au lieu d'une, qui sont toutes murées et fermées, l'une contre l'autre, et distantes seulement, l'une de l'autre, de la portée du pistolet, et ne constituant chacune qu'*une rue*. La première est appelée Rue Longue et a, dans son enceinte, une autre espèce de quartier séparé et environné de murs, appelé Sède, où l'Eglise catédrale est bâtie, comme aussi l'Evêché et quelques maisons de Chanoines.

La seconde est appelée Bourg Vieux ; c'est où il reste un misérable château qui est l'ancienne demeure des comtes de Bigorre, et qu'on appelle à présent la Salle Comtale, qui servait ci-devant d'auditoire où l'on rendait la justice et où sont les prisons, mais qui est tellement ruiné, qu'on a été obligé de l'abandonner et de prendre l'hôtel-de-ville.

La troisième ville est appelée Bourg Neuf, dans l'enclos de laquelle il y a une espèce de faubourg fermé, appelé Portail Daban, dans lequel il y a un couvent de Carmes.

Toutes ces villes, ou du moins tous ces quartiers de ville, sont bâtis comme tout le reste de la province. Entre la Rue Longue et le Bourg Vieux, il y a un canton appelé Maubourguet, dans lequel il y a un couvent de Cordeliers; et il s'est depuis établi, dans le faubourg de Rue Longue, un couvent de Capucins, et un couvent de Pères de la Doctrine, qui tiennent collège.

L'église Catédrale est petite et malpropre; il y a des restes d'un mur assez bien bâti, mais qui n'a jamais été achevé. Elle est dédiée à Notre-Dame, sous l'invocation de saint Augustin. Le palais épiscopal n'est ni beau ni laid, il surpasse néanmoins de beaucoup les communs édifices du pays et est assez logeable (1). Le siège est vacant par la mort de Messire Marc Mallier du Houssay, qui avait succédé à son père qui s'était démis de son évêché en sa faveur, moyennant une pension de six mille livres, et l'évêché en vaut quatorze à quinze mille de revenu (2).

Le Chapitre est composé de huit archidiacres, quatorze chanoines, douze prébendiers et douze chapelains.

Les archidiaconés (3) sont de différens revenus,

---

(1) Le palais épiscopal, attenant par ses dépendances à la Catédrale, a été pris à l'Evêque, par les Républicains de 89, et affecté au siège de l'administration départementale; il est ainsi devenu l'hôtel de la préfecture.

(2) L'évêque Marc Mallier du Houssay gouverna le diocèse de Tarbe, depuis 1668 jusqu'en mai 1675, année de sa mort.

(3) Les huit archidiaconés étaient: celui de Labédà, dans la Montagne; ceux des Angles, de Rivière-Adour, de Rivière-Basse, de Bazillagués et de Montanérés, dans la Plaine; et ceux de Rustan et de Labarte, au pays des Coteaux.

depuis quinze cents jusqu'à trois mille livres; les prébondes, de divers revenus, depuis cent jusques à deux cents livres. Les chapelles sont de petite considération.

Tous ces bénéfices sont à la collation, partie de l'Evêque, savoir : tous ceux qui siègent en son côté ; et partie du chapitre, savoir : tous ceux qui siègent du côté du premier chanoine, et c'est le chanoine qui est de semaine qui confère.

Il y a, dans les paroisses, des chapelains ou prébendiers, qui sont, partie de la collation de l'Evêque, et partie des consuls de la ville.

Du reste, il n'y a ni manufacture ni trafic à Tarbe. Il y a seulement quelques artisans, qui sont ceux dont absolument on ne se peut passer, comme cordonniers, tailleurs, selliers ou bourreliers, serruriers, boulangers et quelques marchands apoticaires, épiciers et drapiers, en très petit nombre.

Il y a petit marché les mercredis et samedis, et grand marché le jeudi, seulement de quinze en quinze jours, où se débite ce qui vient des Montagnes et de la Plaine respectivement, et où les gens de la campagne viennent prendre les choses que les villes ont accoutumé de leur fournir.

La ville cependant est un assez grand passage. C'est le grand chemin de Bayonne, des Landes, de la Navarre et du Béarn, à Toulouse, au Languedoc, à la Provence et au Lionnais. Il y a un bureau de Douane, parce que le Béarn, pour ce qui concerne les entrées et sorties, est considéré comme pays étranger.

CHAPITRE XII

Suite des Villes : Bagnères et ses Eaux chaudes

Bagnères (1) est une petite ville assise sur l'Adour, au-dessous de la vallée de Campan, et trois lieues au-dessus de Tarbe. Elle est immédiatement sous une grande montagne où sont tous ses pâturages. Ce qui regarde la ville est entièrement défriché, le bas est réduit en prés et terres labourables, et le reste en bruyères et broussailles. Il y a seulement, dans les lieux les plus écarts, quelques restes de bois de hêtre en fort mauvais état.

C'est dans les montagnes du territoire de cette ville

(1) M. de Froidour ayant fait, en septembre et octobre 1667, un voyage à la fois forestier et d'agrément, dans une partie du Nébouzan, du Cominge et de la Bigorre, en écrivit, dans le cours même du voyage, une relation bien détaillée, en cinq longues lettres, dont les quatre dernières furent adressées à son ami M. d'Héricourt, Procureur du roi pour la réformation des Eaux et Forêts du département de Toulouse. Ces lettres, qui d'ailleurs ne sont pas de sa main, forment le *manuscrit* n° 613 de la Bibliothèque de Toulouse.

C'est dans la cinquième et dernière, malheureusement demeurée inachevée, au moins dans le manuscrit, que notre auteur, écrivant son *Mémoire sur la Bigorre*, en septembre 1684 ou peut-être 1685, a pris textuellement la description qu'il nous donne ici de Bagnères-de-Bigorre (p. 412 et suiv.).

Cette cinquième lettre n'est pas datée, mais elle est certainement d'octobre 1667.

que se trouve cette pointe si élevée, appelée vulgairement Pic ou Pèch (1) du Midi, qui est sans contredit la plus haute de toutes les Pirénées. C'est aussi en ce lieu qu'on peut dire que commence la plaine de Bigorre. Elle y est véritablement fort serrée, mais elle s'élargit insensiblement en proportion qu'on descend, que la rivière s'éloigne de sa source, et que les montagnes se baissent. La rivière, avec les eaux de quelques ruisseaux qui naissent aux environs, font mille différens canaux que les habitans du lieu pratiquent et conduisent, à discrétion, partout où bon leur semble, pour l'arrosement de leurs jardins, de leurs prés et de leurs terres. La ville en est environnée, de façon qu'en quelques endroits, il y a double et triple fossé d'eau vive, et au-dedans, non-seulement chaque rue est lavée par un canal qui y passe, mais même il y a, sous les maisons, de petits canaux qui fournissent de l'eau pour tous les besoins ; de sorte que, joignant à cela, la grande quantité qu'il y a de fontaines froides, tièdes et chaudes, qui sont en cette petite ville, l'on peut dire avec vérité qu'il n'y a aucun lieu dans le monde où la nature se soit étudiée davantage à faire voir la merveille de ses eaux.

Celle qui sert pour la boisson ordinaire vient d'une source appelée fontaine de Muni (2), qui naît à cent pas

---

(1) *Pèch, Pouch, Puch, Poéy, Poy, Pouéy, Pouy, Puy, Puig,...* formes diverses d'un même nom roman, signifiant la même chose que le français *mont.* Par suite, les noms de famille *Dupouy, Dupouey, Dupuy, Delpech,... Dupuch,* ont exactement la valeur de *Dumont.* Dérivés : *Pouchet, Pouchou, Pougat, Pouget, Puyo, Pujo, Puyolle, Puyade,* etc...

(2) Ce nom de *Muni* est absolument inconnu à Bagnères, et Froidour doit avoir fait erreur en cela. La fontaine dont il

de la ville, sous un rocher qu'on trouve sur le chemin de Campan. Elle est fort claire et fort froide, et si abondante que, vingt pas au-dessous, elle fait tourner deux moulins. L'on en a dérobé plusieurs canaux par lesquels ses eaux sont portées en divers endroits de la ville et des faubourgs, pour la commodité des habitans. Le plus considérable est à la porte de Campan, où il y a deux tuyaux qui versent l'eau dans un bassin de marbre, tout le corps du réservoir était de mêmes matériaux. Il y a une ancienne pierre de marbre entre autres, sur laquelle il y a une inscription en gros caractère romain, aussi entière que si on venait de l'écrire : *Numini Augusti Secundus Sembedonis filius vicanorum aquensium nomine et suo posuit* (1).

parle ne peut être que la *fontaine de la Sarre*, ainsi nommée à cause d'une scierie à bois qui se trouvait à 15 ou 20 mètres de la source ; elle jaillit au pied d'un monticule, appelé Pouéy, qui domine Bagnères, au midi.

Ce renseignement et la plupart de ceux qui vont suivre dans les notes relatives à Bagnères, m'ont été donnés par un bagnérais très érudit, M. Tarissan, ancien professeur, secrétaire de la Mairie d'Argelès en Labédà ; ils ont été confirmés et complétés par l'obligeant docteur Dejeanne, maire de Bagnères.

(1) Voici cette inscription exactement relevée et fidèlement traduite (*Souvenir de la Bigorre*, t. II, p. 81) :

NVMINI · AVGVSTI
SACRVM
SECVNDVS · SEMBEDO
NIS · FIL · NOMINE
VICANORVM AQVEN
SIVM ET SVO POSVIT.

Il y a trois Bains d'eau chaude dans la ville, dont l'un est appelé le *Grand Bain*, qui est le plus ancien de tous et qui, à ce qu'en dit le médecin du lieu, est chaud du troisième au quatrième degré (1), sulfureux, alumineux et nitreux, excellent pour les paralisies et pour fortifier les parties affaiblies. L'on s'y baigne rarement, à cause de la trop grande chaleur (2).

Le second est le *Petit Bain*, dont l'eau est chaude au troisième degré, vitriolée, alumineuse et nitreuse; elle est même purgative et bonne contre la paralisie; c'est pourquoi l'on en boit et l'on s'y baigne (3)..

Le troisième est le *Bain de Laforgue*, ainsi appelé parce qu'il est dans la maison d'un homme de ce nom,

---

Traduction : A la divinité d'Auguste, Secondus, fils de Sembedo, au nom des Vicois aquenses et au sien, érigea [ce monument] sacré.

Copie et traduction sont de l'abbé Joseph Dulac, écrivain en prose et en vers, latiniste, helléniste, botaniste, archéologue, épigrafiste, digne de siéger avec distinction dans trois des académies de l'Institut de France. Mais cet homme, qui sait tout, ignore absolument l'art de se faire valoir.

(1) Les médecins du temps de Froidour disaient d'une eau termale, qu'elle était *chaude au premier degré, au second degré, au troisième degré, au quatrième degré...*, pour ne pas parler comme le vulgaire, qui disait simplement *eau tiède, eau assez chaude, eau chaude, eau très chaude*. Ces messieurs ne pouvant avoir, en ce sujet et à cette époque, la précision scientifique atteinte depuis, se rattrapaient sur la prétention du langage.

(2) La source du Grand Bain, restée 130 ans abandonnée, est actuellement exploitée aux *Néo-Termes*, sous le même nom. Température, 46°.

(3) Aujourd'hui les *Bains de Lias* ou *de Cazaux-Lias*, rue de l'Archiviste. Il y a deux sources, dont la température est de 46° pour l'une, et de 42° pour l'autre.

qui a les mêmes qualités et les mêmes effets que le Grand Bain, sauf qu'il n'est pas si chaud (1).

Il y a, dans la basse-cour de cette même maison, une fontaine chaude au premier degré, ferrée, vitriolée, un peu nitreuse, qui n'est en usage que pour la boisson. Elle arrête les mois des femmes réglées, guérit celles qui ont de fréquentes pertes, et débouche la rate.

A l'extrémité de la ville, proche la porte du Foulon, il y a un autre Bain, appelé le *Bain des Chevaux*, qui est chaud du troisième au quatrième degré, sulfureux, nitreux et peu alumineux. Les hommes ne s'y baignent pas, mais ils boivent de son eau, qui est excellente pour rétablir les estomacs faibles. On y baigne les chevaux ruinés et affaiblis par le travail ou par la maladie, et ils se guérissent par les sueurs (2).

Dans le moulin Foulon, il s'est, depuis dix à onze ans, découvert une eau fort tempérée, chaude du premier au second degré, bitumineuse et fort nitreuse, excellente, à ce qu'en dit le médecin, contre la pierre

---

(1) *Bains de Lasserre*, situés rue de la Mairie, actuellement non exploités.

(2) Aujourd'hui la *fontaine Salies*. « Il y a quelques 15 à 20
« ans que cette source, située presque au milieu de la place
« des Termes, était entièrement libre, et abandonnée à tous
« les usages qu'il plaisait au public d'en faire. Elle était
« renommée pour la cicatrisation des plaies des chevaux et
« des ânes; et tous les jours on voyait, autour de cette fon-
« taine, quelques uns de ces intéressans quadrupèdes, sur
« le dos ou les genoux desquels on faisait tomber d'abon-
« dantes douches, au moyen d'arrosoirs à main. La tempéra-
« ture de cette source est très élevée (environ 51°), et les
« ménagères du quartier en profitaient pour y laver la vais-
« selle. » (M. Tarissan.)

et contre la goutte. L'on en boit fort, et l'on s'y baigne aussi (1).

Sortant de la ville par la porte du Foulon, on trouve, à trois pas, le *Bain des Pauvres*, ainsi appelé parce qu'ordinairement les pauvres s'y baignent, dont l'eau est chaude au troisième degré, beaucoup alumineuse, bitumineuse et sulfureuse. Elle ouvre et nettoie les plaies. Les personnes qui sont d'un tempérament fort froid, s'y baignent, de même que les pauvres (2).

Joignant ce Bain, il y en a un autre appelé *Bain de Téas* dont l'eau est chaude du deuxième au troisième degré, peu ferrée, plus vitriolée, nitreuse ou alumineuse. Il sert contre les paralisies et les humeurs froides, réchauffe et rétablit les membres débiles et refroidis (3).

Plus haut, sur le côteau de la montagne, est le *Bain de la Reine,* ainsi appelé parce que la feue Reine de Navarre, Johanne d'Albret, l'a fait bâtir. Son eau est de même qualité que celle du Bain de Téas, sauf

---

(1) La *source du Foulon* a conservé son nom. C'est une des plus célèbres de Bagnères. Elle est exploitée dans le grand Etablissement Termal, où ont été réunies, en 1818, les sources du Foulon, de la Reine, de Saint-Rocq, de Saint-Bartélémi, du Dauphin et des Yeux. Température, 35°.

(2) Actuellement *Bains de Cazaux*, entre les Termes et les Bains de Téas. Il y a deux sources, l'une a 49°, et l'autre a près de 52°.

(3) L'Etablissement *de Téas* possède aujourd'hui trois sources de température très différente : l'une a 51° centigr., une autre 38°, et la moins chaude, 23°. C'est probablement la seconde que l'auteur a connue.

qu'elle est moins alumineuse, et produit les mêmes effets; on en boit fort, et on s'y baigne de même (1).

Plus loin que celui-là est le *Bain des Hommes*, ainsi appelé parce qu'il n'y a que les hommes qui s'y baignent, ce qu'ils font même en hiver. Son eau est de même qualité que celles des deux précédens, sauf seulement que l'expérience a fait voir qu'elle ne valait rien pour les femmes (2).

A côté de ce Bain, mais plus bas, est celui de *Saint-Rocq*, ainsi appelé à cause de la chapelle Saint-Rocq, contre laquelle il se trouve placé. Son eau est bitumineuse et nitreuse, peu sulfurée et plus que tiède. Elle sert à résoudre les humeurs, et à ramollir et étendre les nerfs. On en boit fort, et on s'y baigne de même. Elle sert aussi à régler les femmes, par la boisson et par les bains (3).

Au-dessous de celui-là, proche de l'Hôpital et sur le bord du fossé de la ville, est le *Bain de la Goutte*, ainsi appelé parce qu'il sert de remède à la goutte. Il est chaud au troisième degré, beaucoup alumineux, peu

(1) Température de cette source, 46°.
(2) Le *Bain des Hommes* fut nommé *Bain du Dauphin*, lorsque, à l'occasion de la naissance du dauphin, en 1781, les États de Bigorre, d'accord avec la ville de Bagnères, firent construire un pavillon qui contenait les bains et la douche. 10 ou 11 ans plus tard, les bons patriotes, à qui ce nom déplaisait, le changèrent en celui de *Bains des Sans-Culottes* : était-ce parce qu'on ôtait sa culotte pour s'y baigner? Vers 1818, la source fut conduite aux Termes, où elle est exploitée sous l'ancien nom de *Source* ou *Bain du Dauphin*. Température, 49°.
(3) J'ai déjà dit que la *Source Saint-Rocq* a été conduite, vers 1818, aux Termes, où elle continue d'être exploitée sous son même nom. Température, 46°.

bitumineux ou sulfureux. Il dessèche les humeurs, et fortifie les nerfs et les membres (1).

Vingt ou trente pas au-delà, entre la chapelle de Saint-Bartélémi et l'Hôpital, il y a, sur le bord du chemin, une petite fontaine froide qu'on m'avait dit être bonne pour le mal des yeux; mais j'ai su qu'elle était inutile.

Plus loin, tournant autour des murs de la ville, il y a, dans un petit jardin, une autre fontaine appelée la *Fontaine de Lanes*, chaude au premier degré, vitriolée et nitreuse, et propre à rafraîchir les reins et le foie (2).

La *Fontaine de Salut*, qui est assez proche des Capucins de Médous, est de même qualité, sauf qu'elle n'est que tiède, et a aussi les mêmes effets (3).

En parlant des qualités et des vertus de toutes ces eaux, je n'ai parlé que sur ce que m'en a dit le médecin de Bagnères, qui ne manque pas de dire tout ce qu'il peut pour faire valoir ses Bains. Si j'ai manqué de quelque chose en cela, il ne faut pas m'en blâmer. Mais outre tous ces bains, il y a encore je ne sais combien d'autres eaux chaudes qu'on laisse perdre et qui sont inutiles.

(1) Le *Bain de la Goutte* s'appelle actuellement *Bain du Petit-Prieur*, situé en face de l'Hôpital. Il renferme deux sources, dont les températures sont 38° et 32°.

(2) Actuellement les *Bains Carrère-Lanes*, situés sur le chemin qui conduit à l'Avenue de Salut. Il y a deux sources chaudes, dont les températures sont 31° et 31° environ, au griffon.

(3) La *Fontaine de Salut* a conservé son nom. L'établissement possède aujourd'hui trois sources, qui sont : l'ancien *Salut*, la *Source de la Montagne*, et la *Source de la Pompe*, dont la température est, pour toutes, de 32° environ.

CHAPITRE XIII

Suite des Villes et fin de Bagnères : Bâtimens, Bains, Églises, Médous, Antiquité de la ville, Tremblement de terre, Compagnie

Pour ce qui est des bâtimens et édifices, ils ne sont pas fort spacieux ni fort superbes, mais elle [la ville] est bien bâtie. Le marbre y étant très commun, tous les étages bas sont de marbre et de pierre, avec du crépi d'une espèce de plâtre ; et le haut communément est de bois, mêlé de briques ou d'autres pierres du pays, avec du crépi semblable à celui des étages du bas. Toutes les couvertures sont d'ardoise. D'ailleurs, toute la ville est fort propre, les ruisseaux qui traversent les rues emportant toutes les boues et immondices. Elle est petite, mais bien remplie, et a de très beaux faubourgs.

Les Bains n'y sont pas fort superbes. Ce sont, la plupart, de petits bassins en assez mauvais ordre ; les uns ne sont point couverts, d'autres le sont, et ce sont de petits cabinets où à peine il y a place pour cinq ou six personnes. En la plupart, l'eau y vient par des tuyaux sous lesquels on se met pour être dougé (*sic*) ; en d'autres, on douge avec des cruches ; et quoique les bains couverts ne soient qu'en de petits lieux peu commodes, on ne laisse pas que d'y suer avant que d'en sortir, et pour cela, on ne fait point d'autre cérémonie que d'y porter un matelas, un drap, une couverture et quelques serviettes, avec un fagot de bois pour chauffer les linges.

Il y a dans la ville un couvent de Jacobins, et une chapelle dépendant d'une Commanderie de Malte.

La paroisse, qui est dédiée à saint Vincent, est dans le faubourg, et elle est toute bâtie de marbre. Il y en a une autre fort ancienne hors de la ville, qui est dédiée à saint Martin, mais qui est abandonnée depuis longtemps, et par conséquent en fort mauvais ordre et tombant en ruine.

L'Hôpital est sur le fossé de la ville, entre les murs et la montagne. C'est le Prieur de Saint-Bartélémi qui en est l'administrateur. Ce Prieuré est une petite chapelle joignant l'Hôpital, dont le revenu consiste au quart de celui du même Hôpital.

Les promenades de Bagnères sont assez agréables. L'une est dans le faubourg, en un grand pré fermé de murs en forme carrée, où feu M. le Maréchal de Roquelaure a fait planter quelques allées de chênes et d'ormes. Les autres sont autour de la ville et dans la plaine, qui est toujours agréable, à cause de ses ruisseaux, et de la vue de quantité de beaux villages. Les plus belles sont celles de la vallée de Campan et des Capucins de Médous. Quand on peut monter à cheval, on se donne le plaisir d'aller aux Palomières voir la chasse aux bizets.

J'ai visité le couvent des Capucins de Médous, bâti par le père de M. le maréchal de Gramont, qui s'y est fait faire un petit appartement, avec les offices nécessaires, où les personnes de sa maison, qui ont de grands biens en Béarn et Bigorre, vont encore assez souvent. Ce couvent est petit, mais propre et agréable, étant accompagné d'assez beaux jardins, qui sont rares en ces contrées, dans l'un desquels il y a, sous un grand rocher, une très belle fontaine, reçue dans un bassin ovale, d'où sort une petite rivière qui descend dans celle de l'Adour, après avoir fait tourner quelques moulins. Cette fontaine, par différens canaux, donne de l'eau par tous les jardins et dans les offices du couvent. C'est une continuelle merveille en ce pays de voir comme on se joue de l'eau (1).

(1) Dans le Jardin ou Parc de l'ancien couvent de Médous, au pied de la montagne, est une grotte d'où sort, par deux trous voisins, à même hauteur, un ruisseau dont le volume étonne, et qui, après avoir mis en jeu un moulin, circule dans les pentes voisines et va bientôt se perdre dans l'Adour.

A l'entrée de cette grotte est un des plus beaux arbres que j'aie jamais vus. Aucun nœud ne défigure son écorce lisse et luisante; sa tige, verticale, s'élève en décroissant à plus de 15 mètres; ce n'est qu'à cette hauteur qu'il se ramifie tout à coup pour étaler, en parasol, sa touffe serrée et arrondie; il a le port et l'élégance d'un beau sapin; cependant, après l'avoir bien considéré, on remarque avec étonnement qu'il est d'une espèce dont le tronc tortueux se divise ordinairement à la hauteur la plus médiocre. Enfin, c'est un *Châtaignier*, que la nature a ainsi distingué des arbres de son espèce. Un sol siliceux et humide a hâté sa croissance, et le taillis qui a accompagné sa jeunesse n'a point permis à la sève de se répandre en branches latérales. (DRALET, *Description des Pirénées*, t. I, p. 82, Paris, 1813.)

La Boulinière (*Itinéraire*, t. II, p. 246, Paris 1825) mentionne aussi ce bel arbre, et ajoute : « Malheureusement il est cou-
« ronné de bois mort, ce qui annonce le terme de son éton-
« nante croissance. » Mais il est encore plein de vigueur.

Au reste, j'ai trouvé en cette ville des preuves de son antiquité, et qu'elle a été autrefois sous la domination romaine. Elle était appelée *Vicus aquensis*, à la différence d'une autre ville de la même province aussi appelée *Vic*, qui est *Vic de Bigorre*.

La première preuve se tire de l'inscription que j'ai trouvée à la fontaine de la porte de Campan, que j'ai rapportée ci-dessus.

La seconde est établie par une autre inscription, que j'ai trouvée sur une ancienne pierre de marbre blanc tout crasseux et devenu tout gris, qui est enchâssée dans le mur de la maison d'un petit mercier qui est proche de la porte du Foulon, qui contient ce qui suit : *Nimphis pro salute sua Sever seranus V. S. L. M.* (1).

Le *Guide à Bagnères*, saison 1881, p. 150, dit : « Le tronc « absolument droit et régulier de ce châtaignier s'élève à « 20 mètres, sans branches ni trace d'élagage, et il se termine « en éventail, par un bouquet de feuillage. »
L'Ingénieur Fr. Pasumot, qui visita la grotte et la source en juillet 1788, ne remarqua pas le châtaignier, car il n'en parle pas dans sa relation. (*Voyage dans les Pirénées*. Paris, 1797.)

(1) Cette pierre appartient au Musée de Bagnères-de-Bigorre; elle porte ainsi l'inscription :

NYMPHIS

PRO SALV

TE SVA SE

VER · SERA

NVS · V. S. L. M.

Restitution : *Nymphis pro salute sua Sever* [us] *Seranus v*[otum] *s*[olvit] *l*[ibens] *m*[eritis].
Traduction : Aux Nymphes, pour sa guérison, Severus Seranus acquitta avec empressement un vœu mérité.

(*Tablettes* de l'abbé Joseph Dulac.)

Plusieurs habitans m'ont dit qu'ils avaient vu quelques autres semblables inscriptions, qui se sont perdues dans les ruines du tremblement de terre qui arriva en cette contrée en 1660.

Ce tremblement a été su de toute la France. Il fut général presque par toutes les Pirénées; mais comme sans contredit l'endroit le plus élevé de ces prodigieuses montagnes, est celui qui est au-dessus de Bagnères, où se trouve le Pic du Midi, ce fut aussi en cet endroit que le tremblement se fit remarquer davantage et où il fut plus violent. Il commença le 21 juin, à quatre heures du matin, et chacun voyant sa maison trembler par les fréquentes secousses et violentes agitations de la terre, quelques bâtimens ayant d'abord été mis à bas, tout le monde, pour se sauver, sortit au plus vite, en chemise, dans la crainte d'être écrasé sous les ruines. C'était une chose désastreuse de voir tout le peuple nu, criant et pleurant au milieu des rues, et cherchant inutilement quelque abri, pour se mettre à couvert des ruines des maisons qui se renversaient. Ce tremblement dura trois semaines, pendant lesquelles plus de vingt maisons furent entièrement ruinées de fond en comble, cent autres furent presque détruites, et pas une seule ne fut exempte de ruine considérable.

Comme ce tremblement n'était pas continuel, les habitans se servaient du temps du calme pour reprendre leurs habits et ce qu'ils avaient de meilleurs meubles, et se retiraient à la campagne, où ils demeurèrent dans des logis ou dans des cabanes qu'ils y firent, jusques à ce que ces énormes agitations cessèrent.

Mais ce qui alarma davantage ces misérables, fut que toutes les eaux de leurs Bains cessèrent de couler pendant quelque temps, les secousses des montagnes ayant apparemment fait tomber de la terre qui en embarrassait le cours et les canaux; et comme leurs principaux revenus consistent au louage de leurs maisons, et en la vente qu'ils font de leurs denrées à ceux qui vont à leurs Bains, ils se crurent perdus, jusques à ce que quelques jours après ils les virent paraître, mais d'une manière bien suprenante, car elles n'avaient plus leurs qualités ordinaires : il y en eut quelques-unes qui, de claires qu'elles étaient, furent toutes rouges comme du sang. On croyait que ce fût un miracle, mais cela provenait de ce que l'agitation des montagnes avait fait tomber de la terre rouge dans les canaux, dont l'eau avait pris la teinture ; mais peu à peu elle est retournée à son premier état.

Il y a une chose remarquable à Bagnères, qui est que les serpens que nous appelons couleuvres, y sont en grand nombre, ce qui provient de la chaleur des eaux, qui les y engendre ou qui les y attire; mais les habitans du pays disent qu'ils ne leur font aucun mal, et que leur venin n'y est pas mauvais.

La compagnie est toujours bonne et nombreuse à Bagnères, pendant la saison des bains; et elle est d'autant plus divertissante, qu'il s'y voit de cent sortes d'habillemens, les femmes de toutes les contrées d'alentour ayant des habits et des coiffures toutes particulières.

Le plus grand monde qu'il y ait ordinairement y vient du Béarn, de toute sorte de condition, jusques aux plus basses, et en si grande affluence, que je crois qu'il n'y a personne, en cette province, qui ne croie y devoir un voyage chaque année.

Leurs habillemens différens et extraordinaires est une chose assez plaisante à voir. Les gens les plus riches portent le chapeau, sont habillés comme tout le reste du monde du royaume, et sont différenciés par des capes de Béarn, qui leur servent de manteau, et qui sont beaucoup plus historiées que celles que vous voyez ordinairement.

Les gens médiocres, comme sont les petits bourgeois, les coqs de paroisse de la campagne, et les bons laboureurs, ou ceux qui trafiquent en bétail, ont de semblables capes, portent une fraise au lieu de rabat, et une toque de laine, fort large et fort pesante, au lieu de chapeau, qu'ils appellent au pays *bérrét*.

Les gens de métiers et autres vacations basses portent de certaines mandilles en forme de tuniques, ce qui couvre les bras étant de même grandeur que le corps, et, outre cela, il y a un capuchon semblable à celui des Cordeliers, qui y est attaché; et devant, et derrière, il y a une banderole en forme de scapulaire de moine, celle de derrière étant plus large que l'autre; et tout cela est galonné de tous côtés.

D'autres n'ont que leurs simples habits de couleurs grise, verte, bleue ou violette, les hauts-de-chausses à peu près semblables à celui des Suisses, et les pourpoints ont le corps fort long, avec de petites basques, le tout fort galonné, et portent la fraise et la toque ou *bérrét*.

Les femmes qui sont de condition à pouvoir porter une coiffe, sont habillées comme les autres du royaume, avec très peu de différence ; leur coiffure ordinaire est un capuchon qui leur couvre le mouchoir du col, et à la beauté de l'étoffe dont il est, on juge de la qualité ou des facultés des personnes ; quelques-unes en ont de velours ou d'autres riches étoffes, qui sont enrichies de dentelles d'or, d'argent ou de soie, et même il y en a qui sont brodés.

Les femmes de condition médiocre portent des coiffes semblables à celles de nos Dames, mais avec ces deux différences, qu'elles les portent à rebours et mettent devant ce que les autres mettent derrière, et que ces coiffures se font de toutes sortes d'étoffes, et de toutes sortes de couleurs, et souvent sont galonnées. Quelques-unes portent des capes fort brodées et fort enjolivées, et très commodes pour se garantir des injures du temps.

Les paysannes ont des habits galonnés, avec de grands capuchons qui leur descendent, à quelques-unes, jusques aux genoux.

Les hommes sont fort grossiers et rustiques, mais fort glorieux, et croient que personne ne les vaut. Aussi disent-ils, en commun proverbe :

> Béarnais est sur l'autre gent,
> Comme l'or est dessus l'argent.

Ils ont beaucoup d'agilité de corps, quoique grands ivrognes ; je ne sais point, à vous dire le vrai, si l'ivrognerie leur est familière dans leur pays [de Béarn], mais à Bagnères, il n'y a rien de plus ordinaire que de les voir souls et ivres, jusque dans le bain même, où la bouteille les accompagne toujours, parce que, disent-ils, le vin les fait mieux suer, et qu'il répare les forces que le bain débilite.

Les femmes ont la même agilité de corps, se plaisent fort à la danse, dont elles s'acquittent fort bien ; et, à ce sujet, il faut dire que toutes sont, non pas magnifiquement, mais proprement chaussées : ce qui est très rare dans toutes les contrées.

CHAPITRE XIV

Fin des Villes : Lourde, Rabasténs, Vic-de-Bigorre, Ibos, et Saint-Pé-de-Générés.

Lourde est une petite ville assez bonne et assez jolie, assise au pied des montagnes dans un pays de coteaux. Il y a du lanefice (1) et petit marché tous les lundis et vendredis de la semaine, pour le débit des victuailles, et grand marché le jeudi, de quinze en quinze jours, lorsqu'il n'y en a point à Tarbe. Il y est même considérable, parce que toutes les Vallées y aboutissent et qu'on y vient aussi du Béarn. C'est le passage de toutes ces mêmes Vallées pour descendre dans la Plaine.

Il y a un château duquel ci-devant le Maréchal d'Albret était Gouverneur, et à présent, le Maréchal de Navailles, à la bienséance duquel ce petit gouvernement se trouve, parce que ce Seigneur possède sept ou huit terres aux environs. Ce château était autrefois en grande considération et estimé imprenable. C'est ainsi qu'en parle Froissart, dans son histoire des guerres de France et d'Angleterre. Il a été négligé longtemps; mais depuis les mouvemens d'Audijaus, il est gardé fort exactement, et l'on y tient ordinaire-

---

(1) Lainages, étoffes de laines.

ment deux Compagnies d'Infanterie en garnison. Il y a une petite église collégiale qui sert de parroisse.

Rabasténs est une petite ville assise dans la Plaine, laquelle ayant été démantelée, pillée et ruinée par Montgoméry pendant les guerres de la Religion, ne s'est jamais plus rétablie. Il y a tous les lundis de la semaine un assez bon marché, et elle est en un bon territoire.

Vic-de-Bigorre, ainsi appelé parce qu'il y a un Vic, en Armagnac, appelé Vic-Fézénzac, et un autre en Lomagne appelé Vic-de-Lomagne, est une autre petite ville sur la rivière de l'Echés, peu au-dessus de sa jonction avec l'Adour, laquelle n'ayant pas eu la même infortune que Rabasténs, est beaucoup mieux bâtie. Il y a des restes d'un vieux château ruiné. Le fonds y est bon, de même qu'à Rabasténs, et il n'y a pas plus de commerce.

Il y a, dans le quarteron de Tarbe, une autre petite ville appelée Ibos, assise dans la Plaine et sur le même ruisseau de l'Echés (1), moindre que Vic, mais en aussi bon fonds.

Et, dans celui de Lourde, une autre appelée Saint-Pé de Générés, qui est bien fermée, mais qui n'a rien de considérable qu'une abbaye de Bénédictins réformés, de petit revenu (2).

(1) Petite erreur : Ibos, qui est au couchant de l'Echés, en est éloigné d'environ 4 à 5 kilomètres.
(2) Pas si petit : l'Abbaye valait 4.000 livres, comme il sera dit plus loin.

CHAPITRE XV

Campan : le Bourg, la Vallée, les Produits, les Mœurs

Campan est le lieu si renommé dans ces provinces, pour le bon beurre et pour la grande quantité qu'il en fournit et qui se distribue partout (1).

La vallée de Campan est à la tête de celle de Bagnères, mais beaucoup plus serrée et plus étroite, particulièrement par bas. Elle aboutit du côté de la main droite au ruisseau de Rivière, qui se jette dans l'Adour,

---

(1) Mauran écrivait en 1614 :
« Cette communauté de Campan abonde en bétail à laine, et le beurre y est beaucoup meilleur qu'en aucun autre endroit des montagnes de Bigorre, lequel est soigneusement recherché par les marchands de Cieutat qui le transportent et revendent à Toulouse. » (MAURAN, *Sommaire Description*, p. 5.)

Et Marca, en 1659 :
« . . . Campan, nom fameux qui rappelle cette quantité de beurre que l'on va vendre dans les principales villes de l'Occitanie et de l'Aquitaine, savoir, d'un côté, de Toulouse à Narbonne, et de l'autre, à Bordeaux, Agen, Auch, Bayonne, Dax, et Pau en Béarn. » (*Origine du monastère de l'Escala-Dieu*, traduit par l'abbé Charles Laffitte, dans le *Souvenir de la Bigorre*, t. IX, p. 75.)

et d'autre côté au-dessus du lieu d'Asté (1) ; elle s'élargit à la tête, où elle a trois différens vallons, dans chacun desquels il y a un ruisseau, qui viennent se joindre proche une chapelle appelée la chapelle Sainte-Marie, et forment la rivière de l'Adour, qui arrose la vallée. L'un de ces ruisseaux, qui est à gauche, descend des montagnes qui sont communes avec la vallée d'Aure, et passe dans le vallon où est le hameau de Gaiche (2). Celui qui est au milieu, appelé Tourmalét (3), vient du côté de Barètge, et arrose le vallon où est le hameau de Grip. Et le dernier, appelé d'Arize (4), vient des montagnes de Bagnères, et traverse un petit vallon où il y a quelques maisons dispersées.

Le Bourg est au-dessous de la jonction de ces trois ruisseaux, bâti de même que Bagnères, et presque aussi grand. Il y a une parroisse beaucoup plus grande

(1) Cela veut dire que la vallée de Campan commence, en venant de Bagnères, *à droite*, à l'*Adour de Lespoune*, un peu au-dessus de Baudéan ; et *à gauche*, un peu au-dessus d'Asté. C'est l'*Adour de Lespoune* que l'auteur appelle le ruisseau de *Rivière*, parce qu'il a son confluent au hameau de *La Ribèra*, qui s'étend sur les deux rives de l'Adour, en amont de Baudéan.

(2) C'est l'*Adour de Paillole* ou *de la Séoube*, qui naît au Pic d'Arbizon, et passe au hameau d'Espiadét, devant la célèbre marbrière de Campan. Aucun des hameaux de la vallée ne porte le nom de *Gaiche* ; il y a bien un quartier nommé *Ilèche*, mais il est près du Bourg. L'auteur a voulu parler d'*Espiadét*, sans aucun doute.

(3) C'est l'*Adour de Grip*, qui vient du col du Tourmalét et se joint à celui de Paillole, à Sainte-Marie de Campan.

(4) C'est l'*Adour de Rimoula* ou *d'Arize*, qui descend des montagnes d'Arize, voisines du Pic du Midi, parcourt le vallon de Rimoula, et se joint à l'Adour en aval de Sainte-Marie de Campan.

et plus belle; et ce qu'il y a de plus curieux est que depuis le Bourg, en remontant le long d'un fort beau chemin, jusques aux hameaux de Gaiche et de Grip, sur les coteaux, il y a, à droite et à gauche, pour le moins deux cents tant granges que maisons qui en dépendent, de manière que cette communauté contient plus de huit cents feux; et pour la commodité des habitans qui sont dans les lieux les plus écartés, il y a plusieurs chapelles où tous les dimanches et fêtes on célèbre le service divin.

J'ai remarqué, dans le Bourg, que presque chaque maison a une petite jalousie, pour regarder dans la rue sans être vu.

A droite et à gauche, et à l'extrémité de la vallée, sont de grandes et hautes montagnes. Celles qui sont exposées au midi sont sèches et arides, et la plupart des rochers tous nus, parmi lesquels il y a quelques buis. Celles qui ont d'autres aspects, et même quelques petits coteaux, ou pour mieux dire quelques petits plis et replis que font les montagnes qui ont le regard du midi, sont, ou plantés en bois, ou réduits en prés et pâturages. Tout le vallon, étroit (1) comme je l'ai dit, et étant occupé par le Bourg et un grand nombre de maisons et granges écartées, ne peut pas suffire pour la nourriture d'une cinquantaine de bêtes; mais les coteaux et les montagnes sont si vastes et produisent une si grande quantité de pâturages, que je crois qu'il y en a suffisamment pour deux mille

---

(1) La plus grande largeur de la vallée de Campan n'est pas d'un demi-quart de lieue. (D' LEMONNIER, *Bagnères-de-Bigorre*, p. 430.)

bêtes à cornes, et trois fois autant de menu bétail, et je crains encore de n'en pas dire assez.

Pour en juger, figurez-vous que cette vallée contient au moins huit cents feux; qu'il ne s'y dépouille pas un grain de blé, pas un grain de raisin, ni fruit quelconque; que toute la richesse ne consiste qu'en bestiaux, et qu'il n'y a autre commerce que celui du bétail et de la vente du beurre et du fromage; que le commerce s'en fait dans le lieu même, où les marchands et pourvoyeurs viennent faire leurs achats, sans qu'aucun habitant de la vallée s'entremette ou d'en transporter, ou d'en aller vendre en quelque lieu que ce soit; que tout le monde y est riche, et qu'il n'y a personne si misérable qui n'ait un cheval; que le peuple de l'un et l'autre sexe y est propre et change souvent d'habits, et vend ordinairement les vieux aux paysans des lieux circonvoisins pour en avoir de nouveaux, de manière que jamais on n'y voit de haillons; qu'on y mange de très bon pain, et qu'on y boit le meilleur vin du royaume; et figurez-vous après tout cela que les préries seules donnent toutes ces commodités et toutes ces richesses.

On croira peut-être qu'il faut qu'il y ait sur ces montagnes de grandes plaines où soient toutes ces préries, parce que, comme dans tous les pays que nous connaissons, les préries sont dans les vallons et dans les plaines qui accompagnent le cours des rivières, nous nous imaginons facilement qu'il faut qu'il en soit de même partout ailleurs; mais en cette vallée les préries sont sur les coteaux, et la plupart en des précipices qui paraîtraient inaccessibes, si on les voyait. Mais les gens de ces contrées, qui sont élevés dans les montagnes, vont partout où les chemins peuvent aller, et avec la même facilité; et comme ces montagnes sont pleines de sources et de ruisseaux jusques aux extrémités, ils font mille petits canaux, le long des coteaux, par le moyen desquels les arrosant et les tenant toujours humides, ils les rendent si fertiles et si abondans en herbe, qu'ils surpassent les meilleurs prés que j'aie vus jusqu'ici.

Il y a aussi une grande quantité de Bois qui sont dispersés en divers triages, la plus grande partie de hêtre, et quelques-uns de hêtre mêlé de sapin, d'autres mêlés de coudre, aulne, tilleul et autres bois blancs, et peu de chêne ; mais le tout en mauvais état, le bon ménagement des Bois n'ayant jamais été connu ni entendu en ces provinces.

Toutes les roches qui sont en ces montagnes sont de marbre; dans le temps même de mon passage en cette vallée (septembre 1667), j'en vis quinze ou seize grandes colonnes qu'on voiturait pour les bâtimens du Louvre. Il y en avait qui tiraient du bleu au vert, et d'autres du vert au gris, et d'autres qui étaient jaspées ; et je vis même la carrière d'où on les tirait, à l'extrémité de la vallée, au-dessus de Gaiche (1).

Pour ce qui regarde les mœurs des habitans, c'est une merveille surprenante que les peuples qui habi-

---

(1) Cette carrière, bien connue sous le nom de *Marbrière de Campan*, dans le *vallon de Paillole* ou *de la Séoube*, est tout à côté du hameau d'Espiadét où logent les ouvriers qui l'exploitent, à la descente du col d'Aspin. La route termale passe à Espiadét.

tent les monts Pirénées, depuis la Méditerranée jusques à l'Océan, étant brutaux, perfides, cruels et nourris parmi les meurtres et les assassinats (1), ceux de

(1) Cette appréciation des montagnards pirénéens, exprimée par Froidour avec la netteté la plus brutale, ne mérite pas d'être discutée, n'étant appuyée d'aucuns faits qui la justifient. Il me serait facile, d'ailleurs, d'y opposer celle d'autres étrangers, qui ont, eux, bien connu les montagnards. Ainsi :

M. d'Etalleville, qui séjourna dans les vallées du Labédà et les parcourut en 1789 et depuis, nous dit dans son petit poème « *Les Eaux de Barège,* » ouvrage rarissime et même introuvable aujourd'hui, qu'il n'est « rien de si hospitalier, « de si bon, que les montagnards des Pirénées. » (p. 148.)

Et M. Dralet, inspecteur des forêts du Midi et du Sud-Ouest, qui connaissait parfaitement la montagne et les montagnards, nous dit :

« Les peuples des Pirénées sont en général braves, géné-
« reux, hospitaliers. Ils sont généralement religieux, très atta-
« chés à leurs prêtres, et très exacts à remplir les devoirs de la
« Religion.... Tous sont, d'ailleurs, plus ou moins processifs,
« et l'on ne voit nulle part autant d'hommes de loi que dans
« les villes de la Bigorre, du Cominge, du Foix et du Rous-
« sillon. » (*Description des Pirénées*, 1813, t. I., p. 160 et 170.)

Je ne nierai pas, d'ailleurs, que les Labédanais et Barégeois, pour ne parler que d'eux, ne fussent d'humeur batailleuse, sans être pour cela des brigands et des assassins; et je conviens que naguère encore, quand les jeunes gens de deux villages rivaux se rencontraient sur la place du marché d'Argelès, ils jouaient volontiers de leurs longs bâtons, et il y avait toujours quelque tête cassée, mais en toute loyauté.

A qui m'objecterait l'acte d'Union des Vallées en mars 1660, dont le préambule dit qu'il se commettait fréquemment des crimes de toute sorte tant dans la vallée d'Azun que dans les autres, je répondrais que le Labédà étant un pays fermé où la police du sénéchal n'osait s'aventurer, les malfaiteurs de la Plaine et des Coteaux venaient s'y réfugier. Et puisque les Vallées se sindiquaient pour la poursuite et la punition des criminels, cela prouve suffisamment combien les Labédanais étaient loin de les imiter.

cette vallée, qui sont environnés, de toutes parts, d'une espèce d'hommes qui n'ont pas plus de raison que les ours, aient conservé de l'humanité, de la bonne foi et de la douceur, à tel point qu'il faut demeurer d'accord qu'il n'y a point de lieu, dans le royaume ni dans le monde même, où la police soit meilleure et mieux observée.

Ces habitans, pour conserver entre eux une parfaite union et pouvoir vivre en repos dans l'exercice de leur commerce, se sont eux-mêmes fait des lois qu'ils ont fait homologuer au Parlement [de Toulouse], pour leur donner plus de poids et plus d'autorité.

Celles de la première classe regardent la religion et le service divin, et marquent ce qu'il faut faire et ce qu'il faut éviter, quand on porte le Saint-Sacrement aux malades; et surtout, parce que ces montagnes étant pleines de loups et d'ours, qui y sont attirés par la nature du pays et par la grande quantité de bétail qu'il y a, les habitans sont obligés, pour la conservation de leurs bestiaux, d'avoir quantité de chiens qui n'ont pas moins de férocité que les loups et les ours, ces lois en recommandent fort la garde, tant pour empêcher le scandale que pour prévenir les fâcheux accidens qui pourraient arriver de leur abandonnement, notamment pendant qu'on porte ainsi le Saint-Sacrement.

D'autres concernent la conduite des hommes et défendent les querelles, les juremens, les blasfèmes, les injures et toutes violences et voies de fait, sous certaines peines, et règlent la manière de procéder quand il survient quelque différend entre les habitans; de sorte que quand quelqu'un prétend quelque chose contre un autre, si la partie ne la lui accorde de gré à gré, il doit s'adresser aux Consuls, qui, à l'instant même, mandent la partie, et ayant ouï l'une et l'autre, ordonnent ce qui leur paraît raisonnable. Si la chose dent il s'agit est au-dessus de leur connaissance, ils prennent conseil de deux ou trois avocats, sur l'avis desquels ils décident. Et si elle était si épineuse que les avocats y trouvassent quelque difficulté considérable, pour lors ils permettent aux parties de plaider par devant les Juges de la province. Mais, quoi qu'ils ordonnent, cela est ponctuellement exécuté, comme un arrêt de Cour souveraine, et avec la dernière soumission.

Pour arrêter prisonnier quelque criminel que ce soit, on ne fait que lui envoyer la clé de la prison, afin qu'il ait à s'y rendre; et si après un troisième avertissement il ne s'y rend pas, toute la vallée se déclare contre lui et le contraint ou à obéir, ou à quitter le pays sans espérance de retour; parce qu'à même temps qu'il en est sorti, on se saisit de tous ses bestiaux et de ses autres effets, et on ruine de fond en comble ses maisons et ses granges; de sorte que, par ce moyen, chacun est contenu dans le devoir.

Comme toute la richesse consiste aux préries et pâturages, ces lois ont aussi pourvu à tous les inconvéniens qui peuvent naître à ce sujet entre les habitans, soit pour la distribution des eaux et arrosement des prés, soit pour le transport des foins.

Et outre les consuls, qui sont au nombre de six, il y a deux anciens habitans qui ont passé par ce consulat, qui sont appelés *Gardes de la Vallée*, dont la fonction est de visiter les lieux pour raison desquels il y a contestation, et de la terminer, ou d'en faire leur rapport devant les Consuls.

J'ai dit qu'il y avait quantité de Bois dans cette vallée, et de plus qu'ils étaient en fort mauvais état. Mais il faut dire que les gens de ce pays auraient pourvu à leur réformation et conservation, s'ils avaient su les ordonnances sur le fait des Forêts, et s'ils avaient connu la bonne économie des Bois. Ils ont fait tout ce qui se pouvait faire dans un pays où le nom de *forêt* est à peine connu : premièrement, ils ont acquis droit d'usage dans les forêts de deux ou trois seigneurs particuliers qui confrontent leur territoire, pour y faire pâturer en tout temps toute sorte de bestiaux, et pour y prendre du bois pour leurs bâtimens, pour leur chauffage et pour toutes autres nécessités et usages ; et ensuite ont ordonné la clôture de tous leurs Bois et fait défense à toutes personnes d'y couper, sans l'expresse permission des Consuls, afin que cessant de faire des coupes, on leur donnât le temps de se rétablir ; seulement, dans les nécessités pressantes et avec connaissance de cause, les Consuls ordonnent quelques coupes pour les réparations des bâtimens, dont la délivrance se fait par l'un des deux Gardes de la Vallée, qui marque les arbres du marteau de la Communauté, qui porte d'un côté : *Fidélité*, et de l'autre : *Campan* ; et les Consuls ensuite en font le récolement.

Pour empêcher qu'on ne fasse aucun délit dans les Bois, on établit tous les ans vingt-quatre ou vingt-cinq *Bédaillès* (1), qui sont des *Sergens* ou *Gardes-Bois*,

---

(1) On appelle *bédat*, en langage du pays, tout bois dans lequel il n'est pas permis de couper ni d'introduire les animaux

qui veillent à la conservation des forêts, font leur rapport contre les délinquans par devant les Gardes de la vallée, qui sont annuellement choisis parmi les habitans les plus considérables; et comme on ne peut faire entrer le bois dans le Bourg, ni le faire sortir de la vallée, que par un seul endroit, on y tient une barrière qui, pendant la nuit, se ferme à la clé, qui est ordinairement entre les mains du premier Garde; et il y a, outre cela, deux bédaillès qui y font sentinelle pour empêcher que rien ne passe. Tous les habitans de la vallée généralement sont sujets à cette garde, tant des Bois que de la barrière, la première chacun à son tour d'année en année, et l'autre aussi chacun à son tour et jour à jour, et ont pour gages les captures qu'ils font, outre les amendes, qu'ils appellent *droit de pignore*, qu'ils partagent avec les Gardes de la Vallée.

La communication des habitans de cette vallée avec ceux du plat pays, est facile par la *vallée de Bagnères*. Ils communiquent avec ceux de la vallée d'Aure par le *Portillon de la Hourquette*, qui a deux issues, dont l'une descend à Arreau, et l'autre à Ancizan; avec ceux du Labédà par le *port de Lus* ou de *Barège* appelé *Tourmalet* (1).

---

dans le temps prohibé, comme qui dirait en latin *silva retata*; et de ce mot vient celui de *bédaillè*, commun dans toutes les forêts des Pirénées pour signifier *sergent* ou *garde* établi pour empêcher qu'il ne s'y fasse point de délit. *(Note de l'auteur.)*

(1) Le vallon de Grip communique avec celui du Bastan, par le *Col du Tourmalet*, comme il a déjà été dit, p. 17.

Le vallon de Paillole communique avec la vallée d'Aure : 1° par le *col d'Aspin* (1,497^m). où passe la route termale des Eaux-Bonnes à Luchon, et 2° par la *Hourquette d'Arreau*

(1517m), qui est celle de notre auteur, et d'où l'on peut descendre à Arreau, à Cadéac ou à Ancizan.

On peut remarquer que la vallée de l'Adour ne communique pas avec l'Espagne, dont elle est séparée par la vallée de Barètge et par la vallée d'Aure.

A 8 kilomètres en amont de Campan et dans le vallon de Grip, est un lieu nommé *Cap-Adour* (tête ou source de l'Adour), où l'on voit les ruines du premier monastère de l'Escala-Dieu, fondé en 1136.

CHAPITRE XVI

Chefs-Lieux des Vallées et Bains du Labédà

Il n'y a aucune ville dans toutes les Vallées, mais tous les chefs-lieux de chacune sont de grands et beaux bourgs, savoir :

Arréns, de la vallée d'Azun (1) ;

---

(1) Froidour fait erreur, et le chef-lieu d'Azun était *Aucun*, le lieu le plus central. Dans le préambule des *Fors d'Azun*, on lit : « lo poble d'Azû, coungregad è ayustad en lo loc aperad « lo *Oum d'Aoucun*, oun la cort d'Azû se acostuma de tié... » (Le peuple d'Azun, réuni au lieu appelé l'Orme d'Aucun, où la Cour d'Azun a coutume de siéger.)

Avant la déplorable révolution de 1789, Arréns était en possession immémoriale d'un marché qui s'y tenait deux fois par semaine, les lundis et vendredis. Cela nous est attesté par la déclaration qui en fut faite, le 1er septembre 1626, par Jacques de Guilhemè, sindic d'Arréns, devant Salvat II d'Iharse, Evêque de Tarbe et Commissaire du dénombrement. Guilhemè ajoutait à sa déclaration : « cela vous est notoire, à vous, « Mrs les Commissaires, et particulièrement à vous, Monsieur « l'Evêque de Tarbe, Commissaire, par le long séjour et « demeure que vous avez fait durant deux ans à la chapelle « de Pouéy-la-Houn, sise en ladite paroisse d'Arréns. » L'évêque maintint le marché, par jugement rendu à Tarbe, le lendemain 2 septembre. (Note de M. Balencie, dans *Sommaire-Description*, p. 12.)

La municipalité locale n'a jamais su faire restituer à Arréns, le marché que la révolution lui a enlevé. Y a-t-elle seulement songé? Toujours est-il qu'il ne reste plus, au bourg d'Arréns, que la foire annuelle aux bestiaux (vaches et moutons principalement), qui s'y tient le 22 septembre.

Argelès, de la vallée de l'Estréme de Sales;

Saint-Savin, de la Ribère de Saint-Savin, où il y a une Abbaye de Bénédictins de même nom;

Villelongue, de la Ribère de Dabant-Aygue;

Géou, de celle de Castètloubou;

Omex, de celle de Bat Soriguère (1);

Et *Lus*, de celle de Barètge.

Cette dernière vallée surtout est recommandable par l'excellent et admirable Bain de Barètge. Son eau est chaude au second degré, sulfurée, alumineuse et bitumineuse, qui paraît onctueuse au toucher tant elle est douce.

On s'y baigne pour trouver du soulagement à toutes sortes de maux et de douleurs; mais ses principaux effets sont d'évaporer, par les sueurs, les fluxions qui se jettent sur quelques membres, d'amolir les duretés des muscles et des nerfs, de les rendre flexibles, de les étendre, et de guérir ceux qui les ont resserrés; d'ouvrir les plaies quand il y a quelque reste de plomb, de bourre, et quelque os, quelque esquille ou quelque chose d'impur, qui empêche l'entière guérison des blessés. Elle secourt et fortifie la nature de telle sorte que, sans qu'il soit besoin de la main du chirurgien, tout ce qui est d'impur sort de lui-même; elle nettoie ensuite, rebouche et consolide les plaies. En un mot, c'est le Bain le plus merveilleux et le plus salutaire, à mon avis, qu'il y ait dans le monde.

On commence à user de son eau par la boisson. On a de plus découvert depuis peu, par les soins de

---

(1) Suivant les documens et la tradition, *Préchac* était le chef-lieu de Dabant-Aygue; *Juncalas*, celui de Castèt-Lou-Bou; et *Ségus*, celui de Bat Souriguère.

M. Foucaut, Intendant de la Généralité de Montauban, une fontaine au-dessus du Bain, dont l'eau est moins chaude, mais qui a la même odeur et paraît avoir les mêmes qualités. Les gens du pays disent qu'elle est excellente pour la boisson, qu'elle est purgative et qu'elle était autrefois d'un grand usage, ce que j'ai peine à croire, après qu'elle a demeuré si longtemps perdue.

J'ai découvert moi-même, tout proche cette fontaine, d'autres eaux qui ne sont ni froides ni chaudes, qui tiennent d'un minéral que je ne connais pas; elles laissent où elles passent une impression blanche, comme les eaux de la fontaine de Barbazan, en Nébouzan, ou celle de Bagnères-de-Luchon, dans les montagnes de Cominge.

Il y a encore d'autres sources d'eau tiède, qu'on a renfermées dans un Bain qu'on appelle le *Petit Bain*; la vertu de cette eau n'est pas encore bien connue, mais c'est un bain de plaisir dont usent les malades et les plus sains; il est si délicieux que j'ai vu des personnes y demeurer des quatre et cinq heures.

Il serait à désirer qu'il y eût quelque habile médecin qui s'appliquât fortement à connaître les qualités et les effets de toutes ces eaux, afin que le public pût en tirer toutes les utilités qu'elles peuvent produire; mais le malheur est qu'il n'y a, à Barètge, ni médecin, ni chirurgien, ni apoticaire; et si par malheur on y a besoin du secours de ces sortes de personnes, il faut aller à Lus, qui est à une grande lieue, pour trouver quelque chirurgien, et à Bagnères, pour trouver un médecin.

De plus, le médecin de Bagnères, qui croit que

Barètge lui ôte ou diminue ses pratiques, fait tout ce qu'il peut pour décrier ces Bains, et pour établir les vertus des eaux de sa ville.

En un mot, si les Bains de Barètge sont admirables, quoi qu'on en dise à Bagnères, il faut convenir aussi qu'en récompense, Barètge est un misérable et détestable lieu, soit pour les abords et pour les issues, soit pour la situation, soit pour les bâtimens et pour les logemens, soit pour les commodités et pour le vivre, soit enfin pour le peuple : tout y est sauvage à l'excès (1).

Le voyage que M. le duc du Maine y a fait (2), a donné lieu à la réparation qu'on y a faite des chemins. On y a fait aussi, par les soins du même M. Foucaut, quelques réparations aux Bains, et un nouveau Bain pour les pauvres.

Mais si je pouvais en être cru, on y ferait encore quelques petits ajustemens, on s'appliquerait à rechercher quelques eaux qui semblent se perdre, on ferait quelques logemens un peu plus commodes, et on réparerait tout de bon les chemins : pour celui de la montée de Campan, jusques au Tourmalét, il peut, à peu de

---

(1) Il est presque inutile de dire que, de nos jours, Barège-les-Bains n'offre plus aucun des inconvénients signalés par M. de Froidour, qu'on y entre et qu'on en sort par d'excellentes routes ; qu'il y a des hôtels très confortables ; que les habitans y sont aussi polis qu'ailleurs ; enfin, qu'il y a des médecins et des apoticaires.

(2) Ce voyage est de 1675 ; le jeune Prince, conduit par sa gouvernante Mme de Maintenon, arriva à Barège-les-Bains, par le chemin du Tourmalét, le 10 juin, et y demeura près de trois mois. Il ne pouvait marcher qu'avec des béquilles, à son arrivée ; il marchait sans béquilles, à son retour à Versailles.

frais, être rendu commode pour la calèche ; la descente à Barètge est plus difficile ; je crois néanmoins que, descendant à main droite le long d'une grande côte qu'il y a, l'on pourrait y pratiquer un chemin, mais il y aurait de la dépense à faire (1).

On y établirait, de plus, une pension de deux ou trois cents livres pour un médecin qui serait tenu de résider sur les lieux pendant la saison des bains : et comme la plupart de ceux qui y vont sont des officiers et des soldats qui ont été blessés dans le service, ce fonds se pourrait prendre sur celui qui est destiné pour la subsistance des invalides. Puisqu'un particulier a bien eu le courage d'y établir un chapelain (2), que ne doit-on pas attendre de la bonté du Roi pour un établissement si utile au public et à ses soldats.

Il y a dans la même vallée, proche de Lus, d'autres eaux chaudes qu'on dit aussi être très bonnes pour guérir les douleurs des membres, mais il n'y a que les gens du pays qui s'en servent, parce que les étrangers n'y trouvent aucune commodité (3).

(1) La dépense a été faite. Vers 1735, d'autres disent 1732, la route de Lourde à Barège, par Argelès, Pierrefitte et Lus, fut commencée sous la direction de l'ingénieur Polard, et achevée en 1741, M. de La Bove (et non d'Etigny), étant Intendant de la Province. On a fait, mais bien plus tard, une très belle route de Barège au Col du Tourmalét, Grip, Campan, Bagnères-de-Bigorre et Bagnères-de-Luchon.

(2) Ce particulier qui eut le *courage*, disons mieux, la charité d'établir un Chapelain, pourquoi n'a-t-on pas conservé son souvenir ? Je l'ai demandé à M. le curé de Betpouéy, qui n'a pu me le dire, non plus que M. le curé de Lus.

(3) Il s'agit des eaux de Saint-Sauveur, mises en évidence, sinon découvertes, et comme nommées en 1569, par l'Evêque

Il y en a encore d'autres à Caularès, qui sont très chaudes et très bonnes; mais il n'y a pareillement que les gens du pays qui en usent, tant parce qu'il n'y a aucunes commodités pour ceux qui s'y pourraient soigner, que parce que les eaux de Bagnères, où l'on a toutes choses à souhait, ont les mêmes qualités (1).

de Tarbe Gentien d'Amboise, qui fit mettre cette inscription, tirée d'Isaïe (ch. xii, v. 3), sur la porte de la cabane des Bains, d'autres disent d'une petite chapelle qu'il avait fait construire au voisinage de la source :

VOS HAURIETIS AQUAS DE FONTIBUS SALVATORIS

(1) Caularès n'était pas aussi complètement négligé que le dit Froidour. On y avait vu, avant le temps où il écrivait, et malgré les difficultés de l'accès :
Abarca, roi d'Aragon ;
Marguerite, reine de Navarre et comtesse de Bigorre, sœur de François Ier ;
Rabelais, l'auteur de Gargantua ;
Catérine de Médicis, reine de France, avec sa fille Elisabèt, reine d'Espagne, etc., etc.
Au reste, la belle route de Pierrefitte à Caulerès, qui relie cette station termale à la route de Tarbe à Barège, ne fut construite qu'entre 1761 et 1767, par les soins de l'Intendant d'Etigny ; antérieurement, il fallait y aller, depuis Pierrefitte, à pied, à cheval ou en chaise à porteurs.

CHAPITRE XVII

Productions des Montagnes : Plantes et Animaux.

Ces montagnes sont fertiles en *Oseille longue* et *ronde* (1), *Chicorée sauvage* (2), et une autre espèce d'herbage qu'on appelle du *Sarrou* (3) qui est de l'Épi-

---

(1) L'*Oseille longue*, c'est le *Rumex acetosa L.* des Botanistes, oseille des prés, qu'on cultive dans les jardins.
L'*Oseille ronde*, c'est le *Rumex scutatus L.* des Botanistes, très commune dans les Pirénées. Sa saveur est la même que celle de l'oseille des jardins, et si on ne la cultive pas, c'est uniquement parce que sa feuille est bien plus petite.
(2) La *Chicorée sauvage* ou *Chicorée amère*, c'est la *Cichorium Intybus L.* des Botanistes. On cultive cette plante pour sa racine, qui sert à faire le *Café de Chicorée*, en la torréfiant, et réduisant en poudre.
On la cultive aussi pour ses feuilles qui se mangent en salade. Ce qu'on appelle *Barbe de Capucin* ou *Cheveux-de-Paysan*, en est une variété qui s'obtient en empilant à plat des racines de chicorée dans une cave un peu éclairée, les entremêlant de bonne terre et arrosant souvent : elles poussent de longues feuilles étiolées, aussi bonnes que jolies, que l'on coupe à mesure.
(3) Le *Sarrou* est le *Chenopodium Bonus-Henricus L.* des Botanistes. C'est un légume dont le goût ressemble beaucoup à celui de l'Epinard. Dans le Labédà, les ménagères ont soin d'en avoir des bordures dans leur jardin.

nard sauvage, et c'est aussi une fort bonne légume. Les *Fraises* s'y mangent jusques bien avant dans le mois d'octobre. Il y a aussi plusieurs *Simples* dont on fait grand cas.

Les *Perdrix*, les *Lièvres* et tout autre gibier y est si rare qu'on peut dire qu'il n'y en a point. Le peu qu'il y en a, aussi bien que la volaille qui s'y nourrit, est toujours maigre et n'a point de goût.

Les *Loups* et les *Ours* sont les habitans de ces montagnes. Il y a aussi des *Isars* qu'on dit être ce qu'on appelle *Chamois*, mais quel qu'il soit, on prétend que c'est le plus agile de tous les animaux.

Il y a des oiseaux qu'on appelle *Perdrix blanches*, dont le plumage est gris et blanc et est beau à voir, mais la chair en est fort noire et de mauvais goût. Ce qu'il y a de plus commun sont des *Corneilles* qui ont le bec et les pieds rouges (1).

(1) On ne peut savoir tout. Froidour, qui était un forestier de premier ordre, connaissait fort mal les animaux et les plantes des Pirénées. Et d'ailleurs, au temps où il vivait, ces montagnes n'avaient pas encore été explorées, ou à peine. Je vais donc essayer de compléter les maigres indications de mon auteur.

LES PLANTES

Les hautes Pirénées, c'est-à-dire les Pirénées de la Bigorre, sont riches en plantes, et contiennent au moins 1600 espèces végétales. Je vais en nommer quelques-unes en suivant la vieille et naturelle division des végétaux, en *Arbres, Arbustes* et *Herbes*.

Arbres. — Sauf le *Mélèze* et le *Charme*, on trouve, dans nos montagnes de Bigorre, tous les *arbres* de l'Europe : le *Pin*

Silvestre, le *Pin à crochets*, le *Sapin argenté*, le *Hêtre*, le *Frêne*, le *Bouleau*, le *Tilleul*, l'*Erable champêtre*, l'*Erable Plane*, le *Chêne*, l'*Aulne*, le *Noyer*, le *Châtaignier*, le *Peuplier noir*, etc.....

Arbustes. — Parmi les *Arbustes*, figurent le *Fusain d'Europe*, le *Troène*, la *Viorne mancienne*, la *Viorne aubier*, le *Noisetier*, le *Genévrier*, la *Sabine*, nombre d'espèces de *Rosiers*, le *Sureau rouge*, le *Sureau noir*, divers *Nerpruns*, la *Clématite blanche*, la *Vigne sauvage*, le *Houx*, la *Busserole*, l'*Airelle mirtille*, les *Rosages* ou *Rododendrons*, etc. Mais je dois une mention spéciale au *Pistachier Térébinte* et à l'*Osiris blanc*, qui existent assez nombreux au bas du mont Trabessè, entre Agos et Ouzous, comme je l'ai constaté, le premier, en 1885.

Herbes. — Les *Herbes* des Pirénées sont beaucoup plus nombreuses en espèces que les *Arbres* et *Arbustes* ; quelques-unes sont absolument propres aux Pirénées et ne se trouvent pas ailleurs : telles sont, la *Ramonde* et la *Dioscorée* des *Pirénées*. Pour tout le reste, voyez la *Flore* de M. Joseph Dulac, publiée en 1857, ou *celle* de Philippe, publiée en 1859.

La *Primevère visqueuse*, assez peu rare dans nos montagnes, a été prise par quelques botanistes pour la *Primevère Oreille d'ours* et publiée pour telle. Mais un plus mûr examen a fait reconnaître leur erreur. Il semble que l'*Oreille d'ours* manque aux Pirénées.

LES ANIMAUX

Mammifères. — Les principaux animaux mammifères qui habitent les Pirénées sont : l'*Ours brun*, le *Loup*, l'*Izar* (nommé *Sarri* par les montagnards), le *Renard*, le *Lièvre*, le *Blaireau*, le *Hérisson*....

Le *Linx* ou *Loup-Cervier*, le *Sanglier*, le *Chevreuil*, le *Bouquetin* et le *Chat sauvage*, y sont devenus extrêmement rares.

Le *Cerf*, nombreux autrefois, ne s'y voit plus depuis 300 ans. Mais on y trouve encore des *Martes*, des *Hermines*, des *Petits Gris* (Sciurus alpinus Cuv.), des *Ecureuils* communs (Sciurus vulgaris Cuv.), des *Fouines*, des *Blaireaux*, etc.

Oiseaux. — Voici les principaux oiseaux *sédentaires* :

Dans le genre *Vautour* (Vultur) : le *V. Arrian* (V. cinereus L.) et le *V. Griffon* (fulvus L.);

Le *Gipaète Barbu* (Gypaetus barbatus Cuv.).

Dans le genre *Faucon* (Falco) :
Le *Pèlerin* (F. peregrinus L.), le *F. Hobereau* (F. subbuteo L.), le *F. Emérillon* (F. œsalon Temm.), et le *F. Cresserelle* (F. tinnunculus L.);

L'*Aigle royal* (F. fulvus L.) et l'*Aigle criard* (F. nœvius L., ou Aquila clanga Pall.);

L'*Epervier* (F. nisus L.), le *Milan Royal* (F. milvus L.), la *Buse* (F. Buteo L.), la *Buse Bondrée* (F. apivorus L.), et le *Buzard Saint-Martin* (F. cyaneus L.).

Dans le genre *Chouette* (Strix) : la *Hulotte* (S. aluco Meyer). l'*Effraye* (S. flammea L.) et la *Chevêche* (S. passerina Auct.), dont les cris lugubres ne se font entendre que la nuit, et le *Hibou Moyen-Duc* (S. otus L.), et le *Hibou Petit-Duc* (S. scops L.).

Tous ces oiseaux que je viens de nommer ne vivent que de proie, et sont la terreur des petits oiseaux, des reptiles et des petits mammifères.

Dans le genre *Corbeau* (Corvus) : le *C. noir* (C. corax L.) et la *Corneille noire* (C. corone L.), qui habitent les hautes forêts; la *Pie* (C. pica L.), connue pour son babil, devenu proverbial, et pour son penchant à voler et à cacher les corps polis et luisans; le *Geai* (C. glandularius L.), qui s'apprivoise aisément, imite toute espèce de cris et de sons et apprend facilement à parler; le *Choquard* (C. pyrrhocorax L.) et le *Coracias* ou *Crave* (C. graculus L.) qui accompagnent les troupeaux dans leurs pâturages des montagnes.

Dans le genre *Pie-Grièche* (Lanius) : la *Pie-Grièche Grise* (L. excubitor L.), oiseau carnivore d'humeur belliqueuse, qui s'attaque intrépidement à plus forts que lui; c'est par allusion à cette humeur qu'on appelle *pie-grièche*, une femme acariâtre et querelleuse.

Dans le genre *Merle* (Turdus) : le *M. noir ou commun* (T. merula L.) qui, au printemps et en automne, remplit la campagne et les vallées, de l'éclat de sa voix joyeuse et rustique; le *M. Grive* ou *Grive ordinaire* (T. musicus L.) appelée aussi *Grive chanteuse*, dont le chant est agréable et sonore, et la chair très estimée; et la *Grive Draine* (T. viscivorus L.) appelée aussi *Grosse Grive, Crécer*, dont la chair est moins estimée. Ces deux dernières espèces se distinguent par leur plumage *grivelé*, c'est-à-dire marqué de petites taches noires ou brunes.

Le *Cincle Plongeur* ou *Merle d'eau* (Cinclus aquaticus Bech.), qui habite le bord des cours d'eau des montagnes; sans avoir les doigts palmés, c'est-à-dire réunis par une membrane, il marche sous l'eau, il y court même et plonge dans les endroits où elle est le plus rapide, pour y chercher les insectes d'eau, le frai et les petits poissons dont il se nourrit. Cet oiseau, long de 18 à 20 cm., est brun, avec la *gorge* et la *poitrine blanches*, le *bec noirâtre* et *les pieds couleur de corne*. Il est sédentaire, et ne doit pas être confondu avec les deux suivants;

La *Poule d'eau ordinaire* (Gallinula chloropus L.), qui habite le bord des cours d'eau et des marais, et se nourrit de vers, d'insectes et d'herbes aquatiques : elle a de longs doigts bordés d'une membrane étroite. Elle est sédentaire et de passage. Longue de 35 à 40 cm., avec le *cou*, la *gorge* et toute la *partie inférieure, bleu d'ardoise*; pointe du *bec jaune*; *pieds d'un jaune verdâtre*;

Le *Râle d'eau* (Rallus aquaticus L.), qui est sédentaire et de passage, et habite les lieux humides, le bord des rivières et des lacs, et les marécages. Lui aussi a les doigts allongés et séparés. Il est grand comme une caille, long de 27 à 29 cm., de couleur *brun-fauve* tacheté, les flancs *rayés* de noirâtre; *bec rouge*; *pieds couleur de chair*.

Dans le genre *Bec-Fin* (Sylvia), la *Rousserolle* (S. turdoides Mey.), la *Fauvette à tête noire* (S. atricapilla L.), la *Fauvette babillarde* (S. curruca Lath.), le *Rouge-gorge* (S. rubecula Lath.), la *Fauvette des jardins* (S. hortensis Bech.), le *Rouge-queue* (S. Tithys Scop.), le *Pitchou* (S. provincialis Gmel.), le *Pouillot* (S. trochylus Lath.), le *Véloce* (S. rufa Lath.), et le *Troglodite* (S. Troglodytes Lath.).

Dans le genre *Traquet* (Saxicola) : le *Moteux* (S. œnanthe Bech.), et le *Pâtre* (S. rubicola Bech.).

Dans le genre *Accenteur* (Accentor) : l'*A. des Alpes* (A. alpinus Bech.), et l'*A. mouchet* (A modularis Cuv.).

Dans le genre *Bergeronnette* (Motacilla) : la *B. grise* (M. alba L.), et la *B. jaune* (M. boarula Penn.). Ces oiseaux se nourrissent d'insectes, larves, mouches, cousins; on les voit souvent sur le dos des moutons et des vaches, à la recherche des insectes parasites de ces animaux. Leur habitude de voltiger, soit autour des bergeries et des troupeaux, soit le long des eaux, et celle de remuer constamment leur longue queue, leur a valu les noms de *Bergeronnettes*, *Lavandières* et *Hochequeues*.

Dans le genre *Alouette* (Alauda) : l'*A. cochevis* ou *A. huppée* (A. cristata L.), et l'*A. des champs* (A arvensis L.). C'est une merveille de voir celle-ci s'élancer de terre et s'élever lentement jusqu'au plus haut des airs et y planer longtemps, et de l'entendre toujours chanter, en s'élevant et en planant, d'une voix forte et agréable qui remplit les airs et l'espace, sans que son chant soit interrompu ou affaibli, ni par le besoin de respirer, ni par la fatigue du vol ; puis, tout à coup, quand l'auditeur ravi s'y attend le moins, elle cesse brusquement de chanter et se précipite à pic et d'un trait rapide, pour se poser sur une motte de terre.

Dans le genre *Mésange* (Parus) : la *M. Grande-Charbonnière* (P. major L.), la *M. Petite-Charbonnière* (P. ater L.), la *M. Nonette* (P. palustris L.), la *M. Bleue* (P. cœruleus L.), la *M. Huppée* (P. cristatus L.), la *M. à longue queue* (P. caudatus L.), et la *M. Roitelet* (P. regulus Savy).

Dans le genre *Bruant* (Embériza) : le *B. jaune* (E. citrinella L.), le *B. de haie* (E. cirlus L.), et le *B. Fou* (E. Cia L.).

Le *Bouvreuil commun* (Pyrrhula vulgaris Briss. ou Loxia pyrrhula L.).

Dans le genre *Gros-Bec* (Fringilla) : le *Gros-Bec* (F. coccothraustes Temm.), le *Moineau* (F. domestica L.), le *Friquet* (F. montana L.), le *Pinson* (F. Cœlebs L.), la *Linotte* (F. cannabina L.), et le *Chardonneret* (F. carduelis L.).

Dans le genre Pic (Picus) : le *P. noir* (P. martius L.), et le *P. vert* ou *Pivert* (P. viridis L.). Ces oiseaux sont pourvus d'un bec long, droit et puissant, avec lequel, et en se servant de leur tête comme d'un marteau, ils piquent à coups redoublés l'écorce et le bois, et font dans la tige des arbres, des trous parfaitement ronds. Je me rappelle un fait curieux qui se passa, en 1881, au château d'Aréyt, près de Préchac, en Labéda. C'était pendant l'hiver, et le château étant inhabité, les contrevens des fenêtres étaient fermés ; or, un jour, le fermier vit ces contrevens percés de trous parfaitement ronds qui le firent penser à ceux que les Piverts pratiquent à la tige des arbres ; il comprit tout de suite ce qui s'était passé, et le soir, muni d'une chandelle allumée, il alla visiter les chambres et constata que plus de vingt Piverts venaient s'abriter la nuit dans les embrasures des fenêtres, entre les contrevens et les croisées ; inutile de dire s'il en fit une fricassée, car les pauvres oiseaux, affolés par la lumière, ne surent pas retrouver, pour se sauver, le trou qu'ils avaient eu l'instinct de percer, et furent tous pris ;

Le *Grimpereau commun* (Certhia familiaris L.), qui habite les jardins, les vergers et les bois, et, s'appuyant sur sa queue, grimpe le long du tronc des arbres et se nourrit des insectes qu'il y rencontre ;

Le *Martin-Pêcheur* ou *Oiseau bleu* (Alcedo ispida L.), qui habite le bord des eaux, et se nourrit de petits poissons, de frai et d'insectes aquatiques. Ce bel oiseau, dit Philippe, passe deux ou trois années sans se montrer dans un vallon ou dans un quartier, puis, tout à coup, on l'y revoit en grand nombre.

Dans le genre *Tetras* (Tetrao) : le *Coq de bruyère* (T. urogallus L.), connu dans les montagnes sous le nom de *Pdou*, qui habite les forêts de Sapins et se nourrit des sommités de ces arbres ; la *Gélinotte* (T. Bonasia L.), qui habite les bois de hêtres, et le *Lagopède* ou *Perdrix blanche* (T. lagopus L.), qui habite constamment la haute montagne.

Les *Oiseaux de passage* sont nombreux, et qui voudra les connaître tous, pourra consulter l'*Ornithologie pyrénéenne* de Philippe (brochure in-8°, Bagnères, 1873). J'en nommerai quelques-uns seulement.

Dans le genre *Colombe* (Columba) : le *Colombin*, ou *Petit Ramier* (C. Œnas L.), qui, en septembre, vient de la plaine, en compagnies nombreuses qui se succèdent à de cours intervalles, pour traverser les montagnes ; on les prend par quantités étonnantes dans des filets tendus obliquement avec beaucoup d'art, à l'entrée des montagnes, et que l'on nomme *Paloumèras*;

Le *Bizet* (C. livia Briss.) ne se trouve mêlé qu'accidentellement et en petit nombre au *Colombin*, et, quoique Froidour et bien d'autres aient dit ou écrit le contraire, ce n'est pas pour lui que les montagnards tendent leurs filets. Il a pour signe distinctif une tache d'un blanc pur sur le croupion, tache qui manque au *Colombin*;

Le *Grimpereau de muraille* ou *Echelette* (Certhia muraria L.), qui habite les rochers des régions alpines ; si escarpés qu'ils soient, il les grimpe et les descend avec la même facilité, en s'y cramponnant à l'aide de ses grands ongles, et en se servant de ses ailes déployées comme de balancier;

Le *Rossignol* (Sylvia Luscinia Loth.), le roi des oiseaux chanteurs, qui nous arrive en avril et repart en septembre ;

Le *Torcol ordinaire* (Yunx torquilla L.), petit oiseau qui a l'habitude de tourner la tête de manière à avoir le *cou* comme *tordu*, lorsque quelque chose l'effraye ou l'affecte subitement;

Le *Coucou gris* ou *commun* (Cuculus canorus L.), qui arrive dans le mois d'avril et repart en septembre. On sait qu'il ne construit pas de nid, et que la femelle ne couve pas. Les mâles s'établissent chacun dans un quartier, mais les femelles ne se fixent nulle part ; et quand une femelle a été fécondée et a pondu un œuf dans un quartier, elle passe dans un autre, et ainsi de suite pendant un mois ou six semaines. Elle pond à terre des œufs, qui sont très petits pour sa taille et pas plus gros que ceux du Moineau, et de couleur verdâtre. Dès qu'un œuf est pondu, elle le saisit avec le bec et, le transportant dans sa gorge, va le déposer dans un nid de bec-fin, ordinairement de rouge-gorge, où il y ait déjà des œufs de cet oiseau. Les petits du rouge-gorge meurent littéralement de faim, le jeune coucou, plus grand et vorace, absorbant seul toute la becquée que leurs parents apportent, et il est ainsi nourri jusqu'à ce qu'il est devenu capable de pourvoir lui-même à sa nourriture.

Poissons. — Les eaux des montagnes, *gaves*, *adours* ou *nestes*, renferment peu d'espèces de poissons. Seule, la *Truite* remonte les torrens, et s'établit dans la plupart des lacs; elle y est abondante et d'excellente qualité.

CHAPITRE XVIII

Château et Jardins de Séméac

Je me suis réservé à parler en dernier lieu de Séméac (1), comme de la chose la plus belle et la plus charmante qu'il y ait, non seulement dans la Bigorre, mais encore dans toutes les deux provinces de Languedoc et de Guienne. C'est une maison qui appartient au comte de Toulonjon, petite à la vérité, mais mignonne, propre et belle. Elle est assise dans la Plaine, à trois quarts de lieue ou environ de Tarbe. Tous les abords en sont beaux.

La première chose qu'on trouve au bout d'une grande avenue, est la basse-cour qui est à main droite, et une Orangerie qui est à la gauche, qui font bien voir que cette maison appartient à un grand seigneur. On trouve ensuite, à la perspective de l'avenue, le château, qui était ci-devant composé de quatre corps de logis flanqués d'autant de pavillons, mais on en a retranché un depuis quelques années, pour lui donner

---

(1) Séméac est un joli village, situé sur la rive droite de l'Adour, presque en face de Tarbe, qui est sur la rive gauche.
Séméac fut vendu au seigneur de Gramont, par Bernard de Castel-Bajac, vers 1539. (LARCHER, *Glanage*, II, n°s 4 et 5, enquête Castelbajac.)

le beau jour et le beau soleil, et pour donner aussi à même temps, à tous les appartemens de haut et de bas, la plus belle vue qu'on se puisse imaginer.

Le bas de cette maison contient, outre les offices et les logemens des domestiques, quatre choses remarquables. La première est la cuisine, qui est toujours très bonne et très délicate. La seconde est l'office, qui est toujours paré d'une grande quantité de vaisselle d'argent, et surtout de cinq grandes bassines, douze chandeliers, plusieurs vases et un service complet de vermeil doré aux armes de Montmorency, ce comte l'ayant eu par la succession de sa mère, qui était sœur du feu marquis de Boutteville, et conséquemment tante du Duc et Maréchal de Luxembourg d'aujourd'hui. La troisième chose est une salle ornée d'une quantité de tableaux, de bustes et de cent autres jolies choses. Et la quatrième est un petit appartement pour le maître de la maison.

Les appartemens d'en haut sont richement meublés, garnis de tableaux et de bijoux en si grande quantité, qu'on peut dire que toute cette maison n'est que bijoux.

La rivière de l'Adour, sur laquelle elle est située, semble faite exprès pour lui donner mille embellissemens. Elle remplit un large fossé qui environne le château, et fait aux environs je ne sais combien de canaux, de cascades et de jets d'eau.

De quelque côté que vous jetiez la vue, vous trouvez toujours un grand et beau jardin. Le premier qui se présente est un parterre rempli de fleurs et de pots de jasmin d'Espagne, de mirte et d'autres choses semblables, entrecoupé de petits canaux et de plusieurs bassins et jets d'eau, exposé à la vue de tous les appartemens, parce qu'il est à l'aspect de l'endroit où était ci-devant le corps de logis qu'on a ôté, au lieu duquel on a mis seulement une balustrade. Un autre est un grand pré qui est au bout du château, où sont les bois, les promenades et les allées, dont la principale contient plus d'une demi-lieue, qui est entrecoupé de petits et de grands canaux à l'un desquels il y a une belle cascade, et parqueté de cinq grands bassins, et de petits rochers dans le bois, à tous lesquels il y a divers jets d'eau. Derrière la maison sont les potagers et les vergers, joignant l'orangerie, où il y a deux ou trois grottes. Ces deux jardins ont aussi leurs canaux et leurs fontaines, et comme l'on trouve dans les potagers toutes les sortes d'herbages et de légumes qu'on voit à Paris, on trouve aussi dans les vergers toutes les sortes de fruits qu'on y voit à la halle.

La plaine et la campagne d'alentour, qui se conserve par le respect qu'on a pour ce seigneur, lui fournit du gibier plus qu'il ne lui en faut, et tous ses canaux, du poisson. Il y a même un lieu qui ne sert à autre chose que pour la nourriture des tortues. En un mot, il ne manque à cette maison, pour être la plus agréable demeure du monde, que le voisinage de Paris ou de Rome. Ce qui en plaît davantage au maître est que toutes ces beautés sont son ouvrage, et qu'il a le plaisir d'en jouir et d'en régaler ses amis. Il prend et leur donne encore ordinairement le divertissement d'une musique domestique de timbales, de tambours, de fifres, de trompettes et de violons ; toute sa maison, qui est toujours la plus propre, la plus leste et mieux réglée du Royaume, étant composée de gens utiles à quelque chose, soit pour la nécessité du service, soit pour le plaisir (1).

(1) Qu'est devenu le *Petit Versailles* de Séméac ? Les Républicains de 1793, essentiellement destructeurs comme ceux de toutes les époques, l'ont si bien démoli, bouleversé, puis dépecé, qu'il n'en reste aucun vestige. A Séméac même, son emplacement, est à peine connu de quelques personnes, et le souvenir de cette merveille semble effacé de toutes les mémoires.

Davezac-Macaya lui a consacré les lignes suivantes, dans ses *Essais* :

« Henri de Gramont, marquis de Séméac, comte de Toulonjon et vicomte d'Asté, fit bâtir à Séméac, où il n'avait alors qu'une petite citadelle féodale, un château magnifique, accompagné de superbes jardins, d'orangeries, de bosquets et de promenades délicieuses. » *(Essais*, t. II, p. 271.)

PARTIE II

PEUPLES, MŒURS, LOIS

Après avoir décrit le pays de la Bigorre et toutes les choses qui y sont remarquables, il me reste à parler des peuples dont il est habité, de leurs mœurs, de leur religion, de leurs exercices, du droit qui s'y observe, et de la manière dont la justice et les affaires générales du pays y sont administrées.

CHAPITRE I

Les Nobles

La Noblesse en Bigorre est attachée au sang, de même qu'en tout le reste du Royaume, à la différence de ce qui se pratique en Béarn, en Navarre et en Soule, où ceux qui possèdent certaines maisons nobles sont réputés nobles; et non-seulement elle y est nombreuse, mais elle y est, comme elle y a été de tout temps, fort illustre.

Comme les noms des maisons qui y sont le plus considérables sont connus, je ne m'arrêterai point à les distinguer ici, je me contenterai d'y insérer le Rôle de tous les gentilshommes du pays qui ont entrée aux Etats. Ce Rôle m'a été donné par le sieur de Sentilhes, conseiller au sénéchal de Tarbe, pendant qu'il était sindic, et a été extrait et collationné sur un ancien Cartulaire qui est aux archives de la province, conformément auquel il a été ordonné, par un arrêt du conseil rendu sur l'avis de M. Pellot, lors Intendant, qu'il n'y avait que ceux qui y sont dénommés qui avaient entrée dans les Etats.

Je ne prétends pas néantmoins que tous ceux qui n'y sont pas compris soient roturiers; car j'en connais plusieurs dont il n'y est fait aucune mention, qui sont gentilshommes bien vérifiés; mais ce mémoire justifie qu'il y a longtemps qu'il y avait quantité de noblesse en Bigorre.

Ce que nous lisons dans nos histoires et ce que nous voyons dans ce siècle doit bien nous persuader qu'elle n'y a jamais été et qu'elle n'y est pas encore fénéante. Il n'y a presque point de maison de gentilhomme qu'il n'y ait quelqu'un qui ait suivi ou qui ne soit encore effectivement dans les armées et dans le service; nous pouvons dire que l'inclination du pays les y porte assez d'eux-mêmes, mais il est vrai aussi que ce qui y a contribué beaucoup est que, de tout temps, il s'est trouvé, dans la Bigorre et dans le voisinage, des gens de la plus haute qualité qui, s'étant trouvés dans de grands emplois, ont ou attiré auprès d'eux, ou procuré des charges et des emplois, à toute cette noblesse.

J'y ai remarqué beaucoup de passion pour les beaux chevaux, pour la chasse, et, en un mot, la noblesse de Bigorre, à ce que j'en ai pu connaître, a toujours fait le métier de véritables gentilshommes.

CHAPITRE II

Les Bourgeois et les Montagnards

Pour ce qui est du peuple, il se sent de l'air de la Gascogne, il en a l'esprit et les inclinations, et fournit quantité d'aussi bons soldats, que la noblesse de bons officiers. Il y a de l'honnêteté parmi la bourgeoisie qui est en Bigorre, comme dans le reste du Royaume, sauf que la sobriété y est peut-être mieux établie; mais il n'en est pas de même des pays de la campagne, et surtout de ceux de la Montagne.

Ces gens (de la Montagne), pendant plus de six mois de l'année, sont assiégés par la neige et n'ont commerce qu'avec les bestiaux. Toute leur occupation est de les visiter, de leur donner à manger et à boire, et le plus souvent de coucher parmi eux pour être plus chaudement. Ce qui leur reste de temps est employé à faire des sabots pour toute la famille, à faire de la vaisselle de bois, car tous leurs ustensiles sont de bois, qu'ils font eux-mêmes, chacun apprenant dans sa jeunesse à faire ces sortes d'ouvrages, tant pour la commodité du ménage, que pour s'occuper pendant le temps qu'on ne peut pas travailler à la campagne.

Les femmes n'ont autre occupation que de filer.

Elles achètent de la chanvre ou du lin dans la Plaine, qu'elles filent pendant tout l'hiver, et le plus grand commerce que les peuples de ces montagnes ont avec les Espagnols est de leur vendre toutes sortes de toiles, non seulement celles que produit le travail de leurs femmes, mais ils en vont acheter par toute la Plaine, dans le Bas-Armagnac et en Chalosse, qu'ils leur vendent de même. Ils prennent des laines, de l'huile et du sel en échange, et quand ils peuvent, de l'argent.

Ils vivent, comme je l'ai déjà remarqué, très misérablement, et comme ils sont toujours parmi la montagne dans un climat fort dur, ils sont ordinairement basanés, maigres, fort alègres, et endurcis au travail, ce qui les rend capables de souffrir sans peine toutes les fatigues de la guerre.

Il me souvient qu'en 1667, je me trouvai à Saint-Gaudens avec le sieur Lucas, juge criminel de Lectoure (1), qui retournait d'y faire faire le Papier Terrier, et qu'il me dit que ces peuples lui avaient dit plusieurs fois que si le Roi voulait, ils iraient en nombre de six mille faire une irruption dans l'Espagne, et iraient ravager toutes les vallées qui sont sous les ports. C'est un petit échantillon auquel on peut juger du bon sens de ces gens qui, par une entreprise de cette nature, se mettaient en état de ruiner pour jamais le commerce qu'ils ont en Espagne.

---

(1) François de Lucas, Conseiller du Roi, Lieutenant-Criminel en la Cour prévôtale d'Armagnac, siège de Lectoure, fut Commissaire subdélégué par Mgr de Pellot (Intendant de Guienne) en Bigorre, en 1667.

Il faut aussi demeurer d'accord qu'ils sont brutaux à l'excès. Ils sont sobres en leur ménage par nécessité, mais en récompense fort ivrognes, comme je l'ai déjà remarqué.

Ils sont fort attachés à la conservation de leurs privilèges, et ennemis jurés de toutes nouveautés jusques aux moindres bagatelles, parce que, comme ils n'ont pas beaucoup de discernement, tout leur fait ombrage. Ils sont seuls, dans le royaume, si on en excepte les Auvergnats, chez qui les modes nouvelles n'ont pas pu s'introduire (1). Ils portent, comme ils ont porté de tous temps, le pourpoint à petites basques, le haut-de-chausses à peu près à la Suisse et moins ample, une petite fraise au col et aux manches, le bérrét pour couvrir la tête, et au lieu de manteau ou casaque, une espèce de mandille en forme de tunique, à laquelle est attaché un capuçon, et portent tous des sabots pour chaussure, ou vont les pieds nus.

Les femmes n'y sont pas moins brutales, elles y aiment le vin et s'enivrent de même que leurs maris. C'est un témoignage que peuvent rendre tous ceux qui ont fait le voyage de Barètge. Elles y sont, aussi, maussades, noires et laides à faire peur. C'est une chose surprenante que l'impression de l'air de ces montagnes. Il me souvient d'y avoir fait une fois voyage avec une dame qui avait le bras fort blanc et fort beau, laquelle

---

(1) Aussi longtemps que les Labédanais sont demeurés fidèles à leurs coutumes et traditions, ils ont joui d'une prospérité relative. Ils avaient donc bien raison d'y rester attachés. Depuis qu'ils les ont abandonnées, il n'y a plus une bonne maison de paysans capable de durer pendant deux générations. Que dirait de cela M. de Froidour ?

n'ayant des gants assez grands pour les couvrir jusques à la manche, trouva que dans le temps qu'elle avait mis à passer de Campan à Barètge, il s'était fait à chacun de ses bras un cercle noir au défaut du gant, que dix mois de blanchissage ne purent effacer.

On peut, à cette épreuve, juger de la délicatesse et de la beauté, du teint des femmes de cette contrée, qui sont sans cesse, ou exposées à cet air et à toutes les injures du temps, ou enfumées comme des renards, la plupart des maisons n'ayant pas de cheminée, et l'usage y étant établi de n'y brûler que du bois vert.

Elles ont, de même que leurs maris, les habits qu'elles avaient il y a quatre ou cinq cents ans et plus, savoir : des corps chamarrés de passement, qui leur découvrent la gorge et les bras, avec un cotillon qui y est attaché et qui est ouvert par devant de même que le corps, jusques au nombril, pour pouvoir se vêtir tout d'un coup; elles ont des serviettes autour de la tête et un capuçon par dessus. Les paysannes qui sont à leur aise ont quelques jupes qu'elles mettent par dessus le cotillon, qui est attaché au corps. Pendant l'hiver, elles y attachent des manches. Pour ce qui est des capuçons, il y en a de deux sortes. Les uns sont à pointe semblable à un sac qui n'est cousu que par un de ses côtés et au bout, et ce sont les femmes les plus accommodées qui les portent de la sorte; il y a même plusieurs demoiselles qui s'en servent; ils sont aussi de fines étoffes et chamarrés de dentelle d'or, d'argent ou de soie. Il y en a d'autres qui ressemblent aux coiffes dont se servent ordinairement toutes les femmes de France, mais au lieu que celles-ci ne les portent que de taffetas ou de toiles fines, et qu'elles mettent le cul de la coiffe par derrière, celles-là ne les font que de grosse étoffe bleue ou violette, chamarrée d'argalon vert à deux pendans, et portent le cul de la coiffe par devant, et tirant d'un côté plus que de l'autre, en telle sorte qu'on ne peut guère voir de coiffure plus bizarre et plus malpropre (1).

---

(1) Inutile de dire que ce fait singulier de la *dame au bras fort blanc et fort beau*, fût-il vrai, et j'en doute, ne prouverait absolument rien. Les Pirénées sont annuellement visitées par de nombreuses dames aussi délicates que la compagne de M. de Froidour, et elles en reviennent plus fraîches de teint qu'elles n'y étaient allées.

Quant aux montagnardes du Labédà, Froidour est bien dur pour elles. J'emprunte la citation suivante à M. Taine, qui semble plus impartial :

«.... Les figures sont plus jolies ici [à Lus] qu'aux Eaux-Bonnes. C'est plaisir de regarder les enfans avant que le soleil et le travail aient déformé leurs traits. Ils trottinent joyeusement dans la poussière, et tournent vers le passant leur minois rondelet et déluré, leurs yeux parlans, avec des mouvemens brusques et menus, comme une bande de rats.

Lorsque les jeunes filles, en jupe rouge retroussée, en capulet de grosse étoffe rouge, s'approchent pour vous demander l'aumône, vous voyez, sous la rude couleur crue, l'ovale pur d'une figure fine et fière, au teint mat, presque pâle, et le doux regard de deux grands yeux calmes. » (*Voyage aux Eaux des Pyrénées*, p. *121*.)

Je ne vois pas d'ici cette figure *fière* qui demande l'aumône, ni le *teint mat et pâle sous la couleur crue*. Mais M. Taine les a vus, et cela doit suffire.

CHAPITRE III

Religion

La Religion du pays est la catolique romaine, sans aucun mélange de la calviniste, les peuples de la Bigorre, quoique vassaux des Rois de Navarre, qui la professaient et l'avaient fait embrasser dans la plupart des contrées qui leur appartenaient, ayant été assez heureux pour se défendre de cette infection et de la contagion du Béarn, dont ils sont limitrofes (1).

---

(1) « Rendez à César ce qui est à César, » dit le précepte évangélique. C'est pourquoi Froidour ne devait pas *rendre* aux *Rois* de Navarre ce qui *était* à la *Reine* Jeanne.

Des cinq rois de Navarre, comtes de Bigorre, seuls les deux derniers furent protestans, et encore pour peu de temps, Antoine de Bourbon et Henri, son fils, qui d'ailleurs ne firent rien pour imposer le protestantisme à leurs peuples.

Mais il n'en fut pas de même de la Reine Jeanne d'Albret, femme de l'un et mère de l'autre. Vers l'âge de 32 ans, et environ 12 ans après son mariage, elle apostasia. Antoine étant mort en 1562, et Henri n'ayant encore que 9 ans, elle régna seule jusqu'à sa mort, arrivée en 1572, et pendant ce temps, elle employa contre les Catoliques qui ne voulurent pas l'imiter, tous les moyens qui rappellent les plus cruels persécuteurs des crétiens.

Cette reine n'est pas connue. Il y a eu comme une conspiration des écrivains protestans et des libéraux en sa faveur;

à les en croire, elle fut douée d'un grand caractère et de toutes les vertus ; et non seulement elle, mais aussi les huguenots dont elle s'entourait ou qui avaient sa confiance. Ainsi, Davezac-Macaya, parlant des maîtres à qui Jeanne donna le soin d'élever son fils, a l'aplomb d'écrire : « Les hommes les « plus savans (!) et les plus vertueux (!!) furent chargés de « l'instruire : c'étaient Pons de La Caze, le baron de Beauvais, « La Gaucherie, Florent Chrétien. Le zèle de Jeanne pour le « calvinisme lui avait fait choisir des précepteurs tous pro-« testans : Henri reçut d'eux sa croyance. » *(Essais,* t. II, p. 162.) Voilà qui est entendu ; et parce qu'ils étaient les *plus savans*, et les *plus vertueux*, ils firent de leur élève..... un *huguenot !* « Belle conclusion, et digne de l'exorde. »

De ce parti pris des écrivains, inspiré par la haine du Catolicisme, il est résulté que nous avons, dans l'Histoire, *deux* reines Jeanne : une reine Jeanne de fantaisie, pour laquelle aucune louange n'est outrée, et une reine Jeanne, la vraie, apostate, calviniste opiniâtre et fanatique, persécutrice de ses peuples, ne reculant devant rien pour les contraindre d'apostasier comme elle.

Il faut, peut-être, quelque courage pour parler ainsi de la mère d'Henri IV, quand on sait qu'on aura tout le monde contre soi. Mais les faits sont là, qui parlent à mon oreille plus haut que tous les panégiristes. Je ne dirais rien de cette femme, si, croyant obéir à sa conscience, elle se fût faite huguenote, en laissant à ses sujets la liberté de leur culte ; mais on sait que ses motifs, pour apostasier et persévérer dans l'apostasie, étaient purement politiques, et qu'elle fut une atroce persécutrice des catoliques bigourdans.

Elle trouva de dignes lieutenans pour exécuter avec ponctualité ses volontés sanguinaires : le comte de Montgoméri, le vicomte de Montamat et le baron d'Arros.

Montgoméri, le premier, ayant appelé à Foix tout ce qu'il y avait en France de soldats d'aventure, pillards et brigands, se mit à leur tête et vint parcourir les Côteaux et la Plaine de la Bigorre, saccageant et brûlant les villages et les églises, et tuant les habitans ; quelques villages à peine échappèrent à sa rage destructrice. Tarbe, qu'il avait semblé d'abord n'oser attaquer, fut en dernier lieu assiégée, prise, saccagée, pillée et brulée; puis il quitta la Bigorre pour porter ailleurs sa férocité. C'était vers le 15 décembre 1569. Si on pense que j'exagère, qu'on lise « *Les Huguenots dans la Bigorre*, par l'abbé Cazauran, » et on verra que je ne dis qu'une faible partie de la vérité.

Le vicomte de Montamat, autre lieutenant de Jeanne, et fidèle exécuteur de ses ordres, assiégea et prit Tarbe par deux fois, d'abord, en janvier 1570 : il saccagea la ville et rentra en Béarn avec un énorme butin; puis, encore au mois d'avril suivant, et cette seconde fois, habitans et garnison, tout fut passé au fil de l'épée : un témoin oculaire évalue de sept à huit cents le chiffre des morts, un autre de douze à treize cents. Après ce massacre, Montamat brûla la ville et détruisit les fortifications. Et Mauran nous raconte que, pendant trois ans entiers, la malheureuse cité demeura déserte.

Le baron d'Arros, en 1573, vint surprendre en pleine paix la ville de Lourde, la pilla et brûla, mais fut heureusement défait et mis en déroute par les Labédanais, que commandaient les capitaines Ourout, Biéouzac, Cazaban et Estibayre.

Et ces trois Lieutenans de Jeanne agissaient d'après ses ordres et le déclaraient, sans que Jeanne les ait jamais démentis.

Louange à nos pères : rien ne fut capable de les détourner de leur antique foi; Jeanne et ses Lieutenans purent faire des martyrs parmi eux, mais pas un seul apostat.

Les admirateurs de Jeanne, ne pouvant nier les atrocités sans nombre dont la responsabilité retombe sur sa tête, s'avisent de nous *prêcher* la tolérance et l'oubli. L'un d'eux nous dit, en vers, sans doute pour être plus persuasif :

« Ne jugeons point sa querelle avec Rome,
« Ni les erreurs de l'esprit de parti.
« Mais respectons.......
« .... la mère du bon Henri. »

Les catoliques qui se souviennent, lui pardonnent, parce que Dieu leur commande de pardonner. Mais réhabiliter sa mémoire exécrable, jamais!

Hélas! que nous sommes dégénérés! J'ai honte de le dire, mais cette Jeanne d'Albret, qui fut la pire ennemie de la Bigorre et de Tarbe, et dont le nom fait horreur à tout vrai Bigourdan, il s'est trouvé, en 1878, à Tarbe même, un conseil municipal et un maire assez ignorans de l'histoire de leur ville et de leur province, ou assez indifférens à leur foi religieuse, pour donner son nom détestable à une rue de la ville...! Cela est incroyable, et cela est!

CHAPITRE IV

Administration de la Justice

Ils se gouvernent par le droit écrit comme le reste de la Guienne où le franc-alleu noble ni roturier ne sont pas reçus sans titre. Chaque communauté d'ailleurs a ses privilèges et ses lois particulières, pour l'administration de ses affaires particulières, telles que les seigneurs les leur ont accordées ou confirmées.

La Justice y est administrée par un sénéchal qui est homme d'épée, un juge mage qui est son lieutenant général, un lieutenant principal, un lieutenant particulier et quatre conseillers, tous hommes de robe, qui ont leur siège à Tarbe, et dont les appellations ressortissent au Parlement de Toulouse (1).

---

(1) La principale fonction des Sénéchaux ou Gouverneurs du pays était de rendre la justice, et de présider au Tribunal de la Sénéchaussée. composé de divers jurisconsultes, qui étaient leurs juges ou lieutenans, et des principaux Seigneurs du pays, qu'ils appelaient ordinairement aux assises, et qui leur servaient d'assesseurs... Ces Sénéchaux commandaient, de plus, la noblesse du pays, lorsqu'elle marchait au service du roi, ou qu'elle s'assemblait pour quelque autre raison, et ils avaient aussi la principale administration ou l'intendance du domaine du prince et de tous les subsides qui se levaient dans leur district, dont ils étaient regardés comme les Gouver-

Il y a, outre cela, un juge à Bagnères, un autre à Rabasténs et un autre à Vic, pour chacune de ces villes et pour les lieux dépendans de leur quarteron, à l'exception de quelques-uns où il y a des seigneurs particuliers; un autre à Goudon pour ce lieu seul; et les appellations de tous ces juges ressortissent au sénéchal, qui, en première instance, connait des causes des gentilshommes de toute la province, et de celles des roturiers dans le quarteron de Tarbe et dans les vallées du Labédà et de Barètge, depuis que l'office du juge de Lourde, auquel la juridiction des montagnes appartenait, a été réuni à la sénéchaussée; et, par appel, de toutes les instances intentées devant les autres juges (1).

Les Consuls des lieux, chacun en droit soi, con-

---

neurs.(Dom Devic et Dom Vaissète, *Histoire générale du Languedoc*, t. vi, p. 933, éd. Privat.)

Nous n'avons pas de liste complète des Sénéchaux de Bigorre; celle de Larcher (*Glanages*, t. ix, p. 310) en compte 46; celle de Davezac-Macaya, publiée plus de 60 ans après (*Essais*, t. ii, p. 272), et qu'on devait s'attendre à trouver plus complète, n'en nomme que 29, donc 17 de moins, et avec des dates erronées au moins pour les douze derniers.

Il serait à désirer que quelqu'un reprit ce travail pour le faire mieux.

(1) Les justices seigneuriales de la Bigorre qui ressortissaient au Sénéchal, avaient leur siège aux lieux qui suivent :

Les Angles, Asté, Astugue, Aubarède, Barbazan-Debat, Barbazan-Dessus, Baudéan, Bénac, Caixon, Camalès et Baliron, Castèt-Bayac, Castèt-Bieilh, Gardères, Hiis, Labassère, Lafitole, Luc, Mun, Ossun, Saint-Luc, Séméac et Tarastèch.

Ressortissaient aussi au Sénéchal les justices des temporalités des commanderies d'Aureilhan et de Bordères, de l'abbaye de l'Escala-lieu (sièges de Bonnemazon et Bordes), de l'abbaye de Saint-Sabin, et du prieuré de Saint-Oréns en Labédà.

naissent des causes criminelles, et les appellations ressortissent au Parlement (de Toulouse) (1).

(1) L'auteur, qui n'avait pas visité et parcouru en personne le Labédà, ignorait que ce pays, y compris la vallée de Barège, se gouvernait d'après une antique *Coutume traditionnelle*, et non d'après le droit écrit.

Cette Coutume, qui ne fut mise en écrit qu'en 1670 et 1704, avait pour objet principal la *conservation* où *perpétuité de la famille*.

Elle conservait la famille par deux moyens, qui étaient : la conservation du patrimoine ou bien de famille, et la conservation du nom; car la famille se dissout ou se perd, quand elle vient à perdre l'un ou l'autre.

Pour conserver le patrimoine, la Coutume voulait que le premier-né de la famille, garçon ou fille, fût héritier du patrimoine, sauf les cas d'incapacité prévus, à l'exclusion des puînés, qui ne pouvaient prétendre qu'à une certaine *légitime*, réglée d'après l'importance du patrimoine et le nombre des enfans.

De plus, un héritier et une héritière ne pouvaient se marier entre eux, parce qu'il en serait résulté la perte d'une des deux familles. L'héritier épousait donc une puînée ou *cadette*, et l'héritière un puîné ou *cadet*.

Le nom de famille ou de maison devant se perpétuer sans changement, les enfans portaient toujours le nom de l'héritier, père ou mère; et même le cadet, qui entrait comme gendre dans une maison, perdait son nom et prenait celui de cette maison.

Cette Coutume était parfaitement appropriée aux familles labédanaises, dont l'unique industrie et ressource était l'élevage des bestiaux, le Labédà étant essentiellement un pays de pâturages. Depuis qu'elle a disparu devant le Code civil, dont les prescriptions brutalement uniformes s'appliquent, sans discernement, aux populations pastorales, comme aux industrielles, et toutes autres, n'importe leur nature, du vaste territoire français, les paysans du Labédà sont littéralement ruinés, mais le principe révolutionnaire triomfe.

CHAPITRE V

Démêlés du Sénéchal, comte de Toulonjon, avec les Gouverneurs de Guienne et l'Evêque de Tarbe

Le Sénéchal prend la qualité de *Sénéchal et Gouverneur de Bigorre*, et cette dernière a donné lieu à un différend très considérable et très important dans la province, qui y a causé de grandes brouilles, l'Evêque de Tarbe et divers gentilshommes s'étant partagés selon les affections qu'ils avaient pour les parties. L'une était le comte de Toulonjon, qui, possédant en cette province la vicomté d'Asté, la seigneurie de Séméac et plusieurs autres terres, avait acquis cette charge de Sénéchal comme une chose qui était à sa bienséance, et qui contribuait à augmenter l'autorité qu'il y avait déjà. L'autre était le marquis de St-Luc, d'abord lieutenant général pour le Roi au Gouvernement de Guienne, et qui depuis la mort du feu duc d'Epernon, y faisait la fonction de Gouverneur (1).

(1) Par lettres du 30 novembre 1644, François d'Epinay, marquis de Saint-Luc, fut donné comme Lieutenant-général en Guienne, au duc d'Epernon qui était Gouverneur de cette province; puis, au décès de celui-ci, il fut lui-même Gouverneur, jusqu'à son décès, arrivé en 1670.

Celui-là, comme Sénéchal et Gouverneur de Bigorre, c'était un titre qui lui était donné par ses provisions, prétendait être absolu dans la Bigorre, y avoir des gardes à ses livrées, et ne dépendre en façon quelconque du Gouverneur de Guienne, mais au contraire; et que la Bigorre était un gouvernement particulier semblable à celui du Foix, qui est indépendant de celui de Languedoc et de celui de Guienne, et qu'il ne devait en façon quelconque reconnaître ni les ordres ni la personne du marquis de St-Luc.

Celui-ci soutenait qu'il n'y avait autre officier, en Bigorre, qui pût, à juste titre, prendre qualité de Gouverneur, que le seul qui commandait au château de Lourde, mais que son commandement était subordonné à celui du Gouverneur de Guienne; que si les provisions obtenues par le comte de Toulonjon, de son office de Sénéchal, lui donnaient la qualité de Gouverneur, ce ne pouvait être que subrepticement ou obrepticement, et par erreur; qu'en tout cas, ce prétendu gouvernement n'était qu'un gouvernement particulier comme celui des autres sénéchaux, et dépendait du gouvernement général de la province de Guienne, dont les Gouverneurs avaient toujours été reconnus et reçus en Bigorre; et qu'ainsi le comte de Toulonjon devait le reconnaître, le recevoir, obéir à ses ordres, et s'abstenir de faire paraître ses gardes, dans le pays, tant qu'il (lui, marquis de St-Luc) serait dans la province, et qu'il ne lui appartenait pas même d'en avoir.

Il se passa plusieurs choses, au sujet de ces contestations, qui aigrirent les parties extraordinairement; mais l'affaire ayant été portée devant le Roi, elle fut jugée en faveur du marquis de St-Luc, qui ne manqua pas de vouloir exercer, en Bigorre, tous les droits de sa charge, pour faire voir à sa partie qu'il y était le maître; mais il n'eut pas le plaisir d'en jouir longtemps, il mourut incontinent après.

Cette querelle ne fut pas tout à fait éteinte, ni par la décision du Roi, ni par la mort de ce Seigneur. Elle eut de plus fâcheuses suites après que Sa Majesté eut gratifié le maréchal d'Albret du Gouvernement de Guienne (1). Il est vrai que le comte de Toulonjon fut à Bordeaux pour assister à la fête qui se fit pour son entrée ; mais comme il n'y fit pas les choses de la manière dont le maréchal les prétendait, et qu'il n'assista pas à la réception qu'on lui fit à Toulouse, comme firent la plupart des gens de qualité de Guienne, et notamment ceux qui étaient du ressort du Parlement de cette ville, de même que le comte de Toulonjon, l'aigreur commença entre ces deux Seigneurs; elle augmenta sur les avis qu'on donna au maréchal, que, nonobstant la décision du Roi, ce comte, allant de Séméac en Béarn, traversa la province avec des gardes de sa livrée.

Elle prit un nouvel accroissement par le voyage que le Maréchal fit en Bigorre, et par les entrées qu'il voulut qu'on lui fît dans la capitale et dans quelques autres villes, où le comte ne voulut pas assister. Mais elle éclata tout à fait lorsque l'Evêque, qui avait un différend avec le comte, qui avait déjà mis le maréchal dans son parti, voulut, pour l'y intéresser et l'y

(1) Par lettres du 12 novembre 1670, le maréchal d'Albret fut nommé Gouverneur de Guienne et remplit cette charge jusqu'en 1676, qui fut l'année de sa mort.

attacher davantage, lui procurer un don de quatre mille livres sur la province. Le comte ne manqua pas de s'y opposer de toutes ses forces, sans considérer le tort qu'il se faisait à lui-même, sa principale subsistance consistant en de pareilles gratifications qu'il tire du Béarn, de la Navarre et de la Soule. Son opposition non seulement fut sans succès, mais l'Evêque, soutenu du maréchal, lui fit tant d'outrages, que, piqué au vif de son indignité, il entreprit le voyage de la Cour, pour aller lui-même présenter, au Roi, une requête dans laquelle il accusait le maréchal de plusieurs choses auxquelles je ne m'arrête pas; mais il eut le déplaisir de n'être pas écouté, et d'être renvoyé avec quelque ordre fâcheux. Par ce moyen, le Sénéchal de Bigorre est déchu de sa qualité de Gouverneur.

Je remarquerai encore, au fait de la sénéchaussée, qu'on avait prétendu autrefois comprendre la Bigorre dans le ressort du Présidial d'Auch, ou y établir un Présidial, à Tarbe; et comme par ce moyen il fallait à même temps y établir un Prévôt des maréchaux et sa juridiction, ce qui paraissait le plus grand mal qui pût arriver au pays, qui ne voulait point d'autres juges que les officiers de sa sénéchaussée, les Etats ont payé au traitant trente à trente-cinq mille livres, moyennant quoi les choses y sont demeurées au même état qu'elles étaient auparavant.

Il est vrai que le comte de Toulonjon, voyant que plusieurs gentilshommes, et même aussi plusieurs bourgeois, qui redoutaient la puissance du maréchal d'Albret, abandonnaient son parti, le comte, dis-je, s'avisa de lever aux parties casuelles cet office de prévôt, qu'il donna à Larré, son maître d'hôtel, pour pouvoir au besoin s'en servir contre ceux qui se déclareraient contre lui. Mais le pays s'opposa si fortement à son établissement, qu'enfin Larré fut obligé de se départir de cette charge, moyennant quelque indemnité, et les choses se sont passées avec toutes les sûretés que la province pouvait désirer, pour empêcher que pareille chose n'arrive à l'avenir (1).

(1) Henri de Gramont, comte de Toulonjon, vicomte d'Asté et marquis de Séméac, n'était pas un homme ordinaire, et sa grande naissance était sa moindre qualité. Voici comment le roi Lous XIV parle de lui, dans les lettres patentes du 2 mars 1668, par lesquelles il le nommait Sénéchal et Gouverneur du Comté de Bigorre :

« Le sr Comte de Sansons, qui était pourvu de l'état et charge
« de Sénéchal et Gouverneur de notre pays et comté de
« Bigorre, s'en étant volontairement démis en nos mains,
« nous avons estimé ne pouvoir faire un meilleur choix pour
« la remplir, que de notre cher et bien amé Henri de Gramont,
« comte de Toulonjon, Conseiller en nos Conseils, Lieutenant-
« Général de nos armées, Gouverneur et Capitaine Châtelain
« du pays de Soule, et notre Lieutenant-Général en Navarre
« et Béarn, tant à cause des habitudes qu'il a dans ledit pays
« de Bigorre et pour la connaissance particulière que nous
« avons de sa fidélité et de son affection à notre service, que
« pour reconnaître aussi ceux qu'il nous a ci-devant rendus
« en plusieurs occasions et notamment en notre ville de
« Bayonne en qualité de gouverneur, et encore aux sièges de
« Saverne, Fontarabie, Bapaume, Lens, Perpignan, Trouville,
« Ypres, Stenay, bataille de Rocroy, et autres dont il nous
« demeure toute satisfaction. »

Si l'on veut mieux connaître encore les belles qualités du comte de Toulonjon, il faut lire les pages que l'abbé Théas lui a consacrées dans sa *Notre-Dame de Médous*, ch. V.

Toutefois, il faut bien le dire, quand on le voit successivement en querelle, d'abord avec M. de Saint-Luc, puis avec le maréchal d'Albret, enfin avec l'Evêque de Tarbe, il est permis de croire, sans manquer de charité, que son caractère n'était pas des plus concilians.

CHAPITRE VI

Le Maître des Ports

Outre les officiers du Sénéchal, et les juges établis à Bagnères, Vic, Rabasténs et Goudon, il y a, en Bigorre, un officier pour la douane, vulgairement appelé *Maître des Ports,* comme qui dirait un officier ordonné pour empêcher qu'il ne passe rien par les Ports, qui sont les passages et chemins par lesquels on commerce avec l'Espagne, sans payer les droits d'entrée ou de sortie. C'est en cela que consiste particulièrement son office, et à ordonner les amendes et confiscations portées, par les règlemens, contre les contrevenans; mais cependant, celui qui fait cette fonction à Tarbe, aussi bien que celui qui a un pareil office à Toulouse, par un abus le plus grossier qu'on se puisse imaginer, s'est attribué la connaissance de tout ce qui regarde les chemins. Il prétend être en droit de les visiter, ou de les faire visiter, par qui bon lui semble, d'obliger les communautés ou les particuliers à les rétablir selon les procès-verbaux qu'il dresse des réparations qu'il juge qu'on y doit faire. Il se fait payer de ses journées, et condamne en amendes ceux qui contreviennent à ses ordonnances.

Je ne blâme pas cette police; je la loue, au contraire, pourvu qu'il n'y ait point d'abus. Je ne sais de quel droit cet officier s'est attribué cette juridiction, qui dépend absolument de la voirie ; et la voirie, de la haute justice. Ce qui me fait faire cette remarque, est qu'avant l'avènement d'Henri quatrième à la couronne, la Bigorre n'était qu'une seigneurie particulière dont les juges n'étaient que subalternes, ou bannerets, pour parler aux termes du pays. Mais ils connaissaient, sans contredit, de toutes choses, sauf et excepté les cas royaux, parmi lesquels je ne trouve pas que la visite des chemins doive être comprise. Il me parait, au contraire, que cette visite est une dépendance de la voirie, qui est un terme connu, en France, pour donner à connaître l'inspection que les seigneurs hauts justiciers doivent avoir sur les chemins ; et il y a plusieurs lieux où, à raison de l'entretien des chemins dont les seigneurs sont chargés, l'on paye des droits de traverse, ce qu'on appelle *leude* en ces contrées du ressort du Parlement de Toulouse, desquels droits les juges de ces seigneuries particulières doivent connaître sans contredit. En tout cas, ce droit est de la juridiction de messieurs les trésoriers de France, qui, entre autres qualités qu'ils prennent, ne manquent pas de se donner celle de grands voyers ; et il est vrai aussi qu'il leur appartient de visiter les chemins, de donner au rabais les ouvrages qu'il faut faire pour les réparer, et d'ordonner des deniers qu'il convient pour cela, ou à l'Intendant de la province.

Mais le droit de douane n'a aucun rapport à cela. Il est dû pour les marchandises qui entrent dans le Royaume, ou qui en sortent, et n'appartient qu'au Roi. C'est par cette raison qu'avant la réunion du domaine de Bigorre, le Maître des Ports établi à Tarbe, était pourvu du Roi, et ceux de la Sénéchaussée étaient pourvus par les comtes de Bigorre, et l'on conclut que cet officier est très mal fondé en sa prétention (1).

(1) On lit dans les *Archives de Lus* :

« Il fut représenté, par la vallée de Barège, à Mgr de Bezons, Intendant de Guienne, que M. de Labarrière, maître des chemins, exigeait des Communautés de ladite vallée, annuellement, quarante-quatre livres dix sols pour son prétendu droit de visite ; et ledit Seigneur Intendant s'étant fait représenter les lettres de provision d'office dud. sieur de Labarrière, il fut défendu à lad. vallée de rien donner aud. sieur de Labarrière jusques à nouvel ordre, par lettre de l'Intendant du 12 mai 1688.

« Depuis ce temps, on n'a rien payé aud. sieur de Labarrière, ni au sieur Puyau, son successeur aud. Office, bien que les Etats de Bigorre ayent délibéré, les années 1702 et 1703, de faire payer à la vallée les arrérages par provision ; desquelles délibérations la vallée a donné avis à Mgr de La Bourdonnaye, successeur de Mgr de Bezons, et dénoncé la suppression de ladite charge, par arrêt du conseil. »

CHAPITRE VII

Eaux et Forêts
Maîtrise Particulière de Tarbe

Il y a encore une autre juridiction, établie à Tarbe, pour le fait des Eaux et Forêts. Avant que je vinsse dans ces Provinces, je puis dire que la juridiction des Eaux et Forêts, et tout ce qui la concerne, était absolument inconnu (1).

(1) Ici le manuscrit présente un blanc de trois pages, où Froidour, qui vient de faire connaître le Maître des Ports, se proposait évidemment de parler du Maître Particulier des Eaux et Forêts.

Lacune très regrettable, que j'ai tenté de combler comme suit, en m'aidant des autres manuscrits de Froidour.

Louis XIV fut le premier de nos rois qui s'occupa sérieusement des forêts des Pirénées. Quand le ministre Colbert en entreprit la réformation, et par là il faut entendre la conservation de celles qui restaient et la restauration de celles qui étaient en voie de destruction, elles étaient toutes plus ou moins ruinées, et diverses causes avaient amené ce déplorable résultat.

Dans les temps les plus reculés, et bien avant l'ère crétienne, les Pirénées étaient couvertes de forêts et de pâturages. C'est l'exploitation des pâturages, pour le nourrissage et élevage des bestiaux, qui a attiré et fixé la population dans les Vallées : sans ce genre d'industrie, et les pâturages qui en sont la base, elles seraient sans doute demeurées désertes.

Mais les vastes forêts furent dès lors attaquées de plusieurs manières : il fallait du bois pour se chauffer plus de la moitié de l'année ; il en fallait encore pour bâtir et couvrir des maisons, des cabanes, des granges et des abris ; et on en coupa sans cesse et sans discernement, les forêts paraissant d'ailleurs inépuisables. Puis les bergers et pasteurs, ne s'occupant que du moment présent, détruisirent pour jouir, tantôt en faisant brouter les jeunes taillis, tantôt en mettant le feu aux forêts afin d'étendre leurs pâturages, car l'herbe, qui ne pousse pas sous les arbres, croît d'une manière étonnante sur les *cremàdas*, qui sont des terrains où le feu a passé. Enfin, des bois furent défrichés pour être convertis en champs.

Tout cela se fit peu à peu, par parcelles, simultanément ou successivement ; et à force de temps, les belles forêts primitives furent ou détruites ou ruinées.

Cependant les forêts sont d'un intérêt général par l'immense influence qu'elles exercent sur le régime des cours d'eau, et l'on conçoit que Colbert ait pris des mesures pour en arrêter la dévastation, et pour conserver et améliorer ce qui en restait.

La première chose à faire était de reconnaître les vrais propriétaires ; car, dans les temps anciens, nombre de forêts des Pirénées avaient été usurpées par les seigneurs ou les communautés dont elles avoisinaient le territoire. A cet effet, le Roi chargea une commission extraordinaire, composée de trois membres et assistée d'un Procureur du roi, de rechercher les forêts des montagnes qui appartenaient à la couronne de France, et de faire représenter, aux possesseurs de forêts, les titres en vertu desquels ils en jouissaient ; et de juger, *en dernier ressort*, les contestations élevées sur le droit de propriété. La commission nommée par lettres patentes du 3 mars 1666, était composée de Louis de Froidour, président ; Claude Bazin, seigneur de Bezons, et Charles Tubeuf ; le procureur du roi était Henri d'Héricourt : tous forestiers ou administrateurs distingués.

Elle se mit à l'œuvre immédiatement. Un grand nombre de jugemens prononcés par elle rendirent au Domaine les forêts dont il avait été dépouillé, et maintinrent, soit les communautés soit les anciens seigneurs, dans celles qui leur étaient légitimement acquises. Les forêts de Bigorre, à quelques exceptions près, furent déclarées appartenir aux communautés dans le territoire desquelles elles étaient situées. Ce grand travail était accompli dès 1671.

Il fallait ensuite régler la bonne exploitation et aménagement des Bois et Forêts, et ce fut l'objet de la célèbre ordonnance d'août 1659.

Et comme les sages prescriptions de cette ordonnance ne pouvaient avoir leur effet, dans la Bigorre, qu'autant que des officiers spéciaux en surveilleraient de près l'observation, le roi, sur la proposition de Froidour, créa, au siège de Tarbe, une maîtrise particulière des Eaux-et Forêts, ayant pour ressort :

La Bigorre avec les sept Vallées du Labédà;

Les châtellenies de Marciac, Beaumarchais et Trie;

Le pays des Fittes et Affittes;

Le pays de Rivière-Basse, en Armagnac et en l'élection d'Auch;

Le comté de Pardiac, en l'élection d'Astarac;

Enfin le Bas-Armagnac, en l'élection d'Auch, composé de la collecte de Nogaro et de la collecte d'Eauze.

Quant aux pays non compris dans ce ressort et qui ont concouru, avec la Bigorre, à former le département des Hautes-Pirénées, ils furent placés dans le ressort de la maîtrise particulière de Cominge, dont le siège fut fixé à Saint-Gaudens.

La maîtrise particulière de Tarbe, composée, comme les autres maîtrises particulières du Royaume, du nombre d'officiers porté par l'édit du mois d'avril 1667, comprenait :

Un Maître Particulier,
Un Lieutenant,
Un Procureur du roi,
Un Garde-Marteau,
Et un Greffier;

Et, en outre, un nombre de Gardes à nommer par le roi et suivant les besoins de la Maîtrise.

L'ordonnance d'août 1659 définit les fonctions et attributions du Maître Particulier comme suit :

« Ils (les Maîtres Particuliers) connaîtront en première instance, de toute la matière des Eaux et Forêts ; tiendront audience une fois par semaine ; feront de six en six mois une visite générale de nos Forêts, Bois et Buissons, bois sujets à gruerie, grairie, ségrairie, tiers et danger, etc. ; feront procès-verbal de leur visite. »

Les questions des pâturages des montagnes étaient de sa compétence.

Chargé spécialement de faire exécuter l'ordonnance qui réglait la manière d'exploiter les bois, il présidait, par lui-même ou par son lieutenant, à l'arpentage, au bornage et à la division des forêts ; à l'abattage et à la vente des coupes, etc., en un mot, à tout ce qui pouvait intéresser la bonne gestion des bois et forêts.

La même ordonnance définit les fonctions de chacun des autres officiers de la Maîtrise.

Les sentences rendues par le Maître Particulier pouvaient être frappées d'appel au Parlement de Toulouse qui, lui, prononçait souverainement.

Quand le Maître Particulier faisait la visite des forêts, il s'annonçait par le ministère de son huissier, qui assignait les consuls à l'accompagner. On le recevait à l'auberge, où il prenait *collation*, aux frais de la communauté, avant et après l'opération.

Quand il présidait aux ventes, il était accompagné du procureur du roi, du greffier, du garde-marteau et d'un secrétaire, qui prélevaient sur le prix de la coupe, des honoraires fixés par un règlement du Grand Maître.

En outre, un crédit illimité était ouvert chez le tavernier, pour lui et ses officiers.

La Maîtrise particulière de Tarbe dépendait du 8ᵐᵉ département forestier, dont le siège était à Toulouse.

On sait qu'une déclaration du roi, donnée en décembre 1675, partagea la France en huit départemens forestiers, ayant chacun un Grand Maître à sa tête, et que le département de Toulouse comprenait les Provinces et Gouvernemens de Guienne, Basse-Navarre, Soule, Pays de Labour, Languedoc, Provence et Dauphiné.

Inutile de rappeler que la Bigorre était du gouvernement de Guienne.

Louis XIV savait choisir les hommes. Froidour avait parfaitement rempli la mission que le roi lui avait confiée en 1666 ; il connaissait mieux que personne la vaste région composant le département de Toulouse ; nul plus que lui n'était capable de la bien administrer. Aussi le roi l'en nomma-t-il Grand Maître, par lettres du 13 février 1673.

C'est en cette qualité de Grand Maître que Froidour, considérant que l'ordonnance de 1669 était pour la Bigorre d'une application difficile en un certain nombre de points, fit pour cette province un Règlement spécial mieux adapté aux circonstances, tout en respectant d'ailleurs les principes de l'ordonnance. Ce règlement, daté de Toulouse, 12 janvier 1684, est en cinquante-quatre articles. Les vingt-huit derniers fixent le tarif des droits à percevoir par les officiers de la Maîtrise particulière. Quant aux vingt-six premiers, en voici les dispositions les plus importantes, résumées par un éminent forestier, M. Dralet :

1° Les coupes ordinaires seront assises par contenance avec réserve de baliveaux dans les bois de chêne et de hêtre, après distraction faite d'un quart de réserve ;

2° Elles seront exploitées à tire-aire, sans rien laisser en arrière ;

3° La coupe ne pourra être confiée qu'à des commissaires choisis par la communauté et à ses frais, sauf ensuite aux consuls à faire le partage des bois abattus ;

4° Les communautés propriétaires feront le recépage des contenances abrouties et rabougries ;

5° Les bestiaux ne pourront être introduits que dans les quartiers déclarés défensables ;

6° Les bois communaux seront abornés et arpentés ;

7° Enfin, les bois seront confiés à des gardes salariés.

Ce Règlement, qu'on ne trouve plus même dans la Bigorre bien qu'il ait été fait pour elle, sera reproduit en entier à la suite de ce *Mémoire*, comme complément.

CHAPITRE VIII

Les Etats de Bigorre. Leur Origine

Pour ce qui est des affaires qui regardent la province en général, ou certaines contrées du pays, les tailles, les subsides, les impositions, et généralement tous les deniers qui s'y lèvent, ce sont les Etats qui y pourvoient; et pour expliquer avec ordre tout ce qui les concerne, j'observerai quatre choses : premièrement, l'origine des Etats; en second lieu, de quelles personnes ils sont composés; en troisième lieu, la manière dont ils sont convoqués; et en quatrième lieu, la manière dont les affaires s'y traitent.

Quant au premier point, il est constant que la Bigorre n'a jamais été un pays souverain, et il en faut conclure qu'elle n'a pas pu faire des Etats particuliers comme ceux de Bretagne, de Languedoc, de Bourgogne, de Béarn et de la Navarre, dont les Seigneurs étaient Souverains, les uns ne tenant leur autorité que de Dieu et de leur épée, et les autres comme feudataires du Royaume, en la manière que les princes de l'Empire tenaient leurs Duchés, Marquisats, Comtés, et autres fiefs, en souveraineté, sous la foi qu'ils en doivent à l'Empereur. Il en faut conclure aussi, à même temps, que cette province a fait partie des Etats Généraux du Royaume.

Cependant, quoique tout cela soit vrai, il faut demeurer d'accord qu'il y a longtemps qu'il y a des Etats particuliers établis dans la Bigorre ; mais quelques informations que j'aie pu faire dans le pays, personne ne m'a pu dire leur origine ; et la plupart des Bigorriens sont ou veulent être dans cette erreur, que leurs Comtes étaient souverains, estimant que cela rend leurs Etats plus considérables. Je suis en ce point, à mon avis, plus savant qu'eux, et m'imagine en savoir la vérité.

Pour donc en dire ma pensée, je dirai qu'il faut savoir que, dans les siècles passés, nos Rois ont contracté de grandes alliances avec les Rois de Navarre et Princes de Béarn, auxquels la Bigorre, le Foix et le Nébouzan appartenaient. Il faut savoir aussi qu'en faveur de ces alliances, Leurs Majestés ont accordé, à ces Princes, divers privilèges, et entre autres l'exemption des tailles et de toutes sortes d'impositions qu'ils avaient droit de lever dans ces trois pays, comme faisant partie des Etats Généraux du Royaume. Ces Princes, d'autre côté, qui ne pouvaient, de leur autorité privée, faire aucune levée de deniers dans ces pays, dont ils n'étaient pas souverains, et néanmoins voulaient tirer avantage de la grâce que nos Rois leur avaient accordée à leur considération, ont trouvé le moyen de se faire faire des gratifications, par le consentement général de tous les ordres du pays. C'est pour régler ces gratifications, auxquelles on a donné le nom de *don gratuit*, pour se mouler sur les Etats de Languedoc, Bretagne et Bourgogne, que les Etats de la Bigorre, du Foix et du Nébouzan, ont commencé de s'assembler sous l'autorité de ces seigneurs, leurs sénéchaux y stipulant pour eux : et voilà la véritable origine des Etats de ces trois pays, dont j'ai eu une preuve manifeste par deux actes qui m'ont été autrefois représentés à Saint-Gaudens, capitale du Nébouzan (1).

(1) « Les Etats de Bigorre, dit Froidour, ont commencé de
« s'assembler, sous l'autorité des Princes de Béarn, Roi de
« Navarre, Comtes de Bigorre, à l'occasion de questions de
« finances; et ces Etats se sont moulés sur ceux du Langue-
« doc, Béarn, etc. »
Ces deux assertions sont très nettes : Vérifions-les par l'histoire.

A quelle époque les Princes de Béarn, Rois de Navarre, sont-ils devenus Comtes de Bigorre? C'est seulement en 1425 : Le roi Charles VII, par lettres patentes du 18 novembre de cette année, accorda, à Jean de Foix-Grailly, vicomte de Béarn, la délivrance du comté de Bigorre et du château de Lourde, que les Rois de France tenaient en séquestre depuis l'an 1291, en attendant que le Parlement de Paris, qui apparemment avait ordre de ne pas se hâter, jugeât entre les six compétiteurs qui s'en disputaient la possession.

D'ailleurs, les Vicomtes de Béarn ne devinrent Rois de Navarre qu'en 1479, et celui d'entre eux qui le premier porta ce titre, François-Phœbus, Comte de Bigorre et de Foix, ne fut couronné à Pampelune que le 6 novembre 1482.

Les Etats-Généraux de France ne datent que de la 1re année du xive siècle. C'est Filippe-le-Bel qui, le premier des rois de France, convoqua les *trois ordres* de la nation, et les réunit, le 3 avril 1301, dans l'église Notre-Dame de Paris.

Quant aux Etats de Languedoc, Dom Vaissette, dans son *Histoire du Languedoc*, en fait remonter l'origine à une ordonnance du Roi Louis IX, datée de Saint-Gilles au mois de juillet 1254. Cette ordonnance porte, entre autres dispositions, que, dans les cas pressans ou importans, « le Sénéchal as-

« semblerait un conseil non suspect, auquel se trouveront
« quelques-uns des *prélats*, des *barons*, des *chevaliers* et des
« *habitans des bonnes villes*, desquels le Sénéchal prendra
« l'avis. »

Après cette ordonnance, seulement, commença l'usage,
suivi depuis, de consulter les *trois états* du pays, lorsqu'il
s'agissait de quelque matière intéressante pour les peuples.
(*Histoire du Languedoc*, t. III, p. 479, édit. Paris, 1737.)

Les Etats de Béarn, sont de plus vieille date. Suivant
M. Cadiot (*Etats du Béarn depuis leurs origines*, Paris, 1888),
les premiers apparurent sous les Vicomtes des maisons de
Moncade et de Foix, et furent donc postérieurs à l'année 1175,
qui est celle de l'élection de Gaston VI, le premier et plus
ancien des vicomtes de ces deux familles. La première forme
de ces Etats fut sans doute la *Cour Mayour* de Béarn, men-
tionnée dès 1240 dans des documens.

Venons maintenant aux Etats de Bigorre.

On sait qu'en 1283, les Etats s'assemblèrent à Tarbe et proclamèrent la princesse Constance, Comtesse de Bigorre.
(Davezac, *Essais*, t. II, p. 45.)

Mais leur origine ne date pas seulement de cette année
1283. Du temps de la Comtesse *Peyrouna* (un nom que les
historiens disgracient et défigurent en Pétronille), c'est-à-dire
de 1191 à 1251, ils étaient déjà constitués et s'assemblaient
sous le nom de *Cour de Bigorre*, comme on peut s'en convain-
cre par une clause d'un codicile de la Comtesse Peyrouna,
daté de Vic, février 1239.

D'ailleurs, ni ce codicile, ni aucun autre document ou fait,
ne prouve ni ne laisse même soupçonner que ce soit Peyrouna
ou un de ses prédécesseurs qui les ait institués.

Remontons plus haut que 1191.

Le comte Bernat II ayant fait rassembler en une charte les
coutumes traditionnelles observées du temps de son aïeul le
comte Bernat Ier (1038-1055), et qui formaient la constitution
de la Bigorre, prend soin de déclarer, dans le préambule de
cette charte, qu'il ne la promulguait que *du consentement et
approbation du Clergé, de la Noblesse et du Peuple*. Et si nous

voulons savoir comment ces trois ordres ou états étaient représentés en cette occasion, la Charte va nous le dire :

Pour le Clergé : Guilhèm, évêque de Tarbe; Gregori d'Asté, abbé de Sén-Pè; Pèy (ou Pierre), abbé de Sén-Sabi; Guilhèm, prieur de Sén-Lezé, et Estièno, prevòt de la Sèle de Tarbe.

Pour la Noblesse : Arnaout, vicomte de Labédà; Ramoun-Guilhèm de Séméac; Ramoun-Guilhèm d'Azerèch; Gassie-Donat d'Ourbéac; Ramoun-Ané de Mountanè; Ébérar d'Ourbéac; Aougè de Julhà; Aougè des Angles; et les autres nobles principaux de la Bigorre.

Enfin, le Peuple était représenté par les hommes des vallées de Labédà et de Barège, qui étaient libres de tous les temps. Ceux des villes et des bourgs ne jouissaient pas encore de cet avantage.

Si une pareille assemblée ne portait pas encore le nom d'*Etats de Bigorre*, on conviendra du moins qu'elle était composée des mêmes élémens que les Etats, et que dès lors c'était la même chose.

Or, la Charte de Bernat II est *au plus tard* de 1107.

Remontons à Bernat I (1038-1065). Fut-il l'auteur des coutumes recueillies et écrites en charte par son petit-fils? Le nom seul de *coutumes* répond que non. Ces coutumes existaient déjà, et Bernat I*er* en fut le fidèle observateur, et les rendit ainsi encore plus respectables aux yeux de Bernat II.

Résumons tout ce qui précède :

1° Les Princes de Béarn ne sont comtes de Bigorre qu'à partir de l'an 1425;

2° Les premiers Etats-Généraux de France datent de 1301;

3° Les Etats de Languedoc remontent à 1254, et même moins haut;

4° La Cour Mayour de Béarn, première forme des Etats, remonte par documens, à 1220;

5° Les Etats de Bigorre remontent, à tout le moins, à l'an 1107.

En comparant ces dates, on voit :

1° Que les Etats de Bigorre existaient bien avant que les vicomtes de Béarn fussent devenus Comtes de Bigorre;

Et 2° qu'ils ne furent point une imitation servile de ceux de Béarn ou de Languedoc, puisqu'ils existaient avant eux.

Pour conclure, je dirai :

Les Etats de Bigorre remontent, *tout au moins, aux origines mêmes du Comté; on ne peut nommer un prince qui les ait institués*. Et s'ils étaient composés et s'ils fonctionnaient comme ceux des provinces voisines, c'est qu'ils étaient nés d'un même état social, et devaient satisfaire aux mêmes nécessités sociales.

CHAPITRE IX

Suite des États de Bigorre
Composition des États : l'Église

Ces États de Bigorre sont composés des gens d'Église, de la Noblesse et du Tiers-État. Voici un Rôle fidèle de chacun de ces trois ordres qui a droit d'y assister, extrait et collationné sur l'original, qui est aux Archives du pays, expédié en langue vulgaire par Cachalon, garde du Trésor de la Chambre des Comptes de Navarre :

ÉTATS DE BIGORRE

I. LA GLÈYZIA

L'Abesque de Tarba.
L'Abat de Sén-Pè de Géyrés.
L'Abat de Sén-Sabii.
L'Abat de La Réoula.
L'Abat de l'Escala-Diéou.
Lo Prior de Sén-Lézé.
Lo Prior de Momères.
Lo Comandan de Bordères.
Lo Prior de Sént-Ouréns.

Remarques touchant les gens d'Église

L'Évêque de Tarbe est le Président né des États, et pour présider, il ne suffit pas d'être nommé et d'avoir des bulles, il faut être sacré (1).

En l'absence de l'Évêque, ou pendant la vacance du siège épiscopal, les Abbés et les Prieurs, suivant l'ordre du tableau, président ; mais il faut que les uns et les autres soient prêtres, autrement ils ne peuvent pas présider. Les *Abbés commendataires*, aussi bien que les *Abbés claustraux*, ont entrée, mais non la présidence, à moins qu'ils ne soient prêtres.

Les *Prieurs claustraux*, en l'absence des Abbés, ont entrée mais comme ils n'entrent qu'en qualité de

---

(1) L'Évêque n'était pas le Président né des États. La présidence appartint toujours au Sénéchal, Lieutenant politique du comte de Bigorre et chef de la Noblesse du pays, jusqu'en l'année 1611, où un arrêté du Conseil-d'État, en date du 11 mai, l'enleva au Sénéchal, qui était Filippe de Montaut, baron de Bénac, pour la donner à l'Évêque, qui était Salvat II Diharse; parce que, insinue l'historien Davezac, sans toutefois oser l'affirmer, Filippe de Montaut-Bénac était huguenot.

Si l'insinuation est fondée, il faut approuver l'arrêté. Au risque de scandaliser les libéraux, j'avoue franchement ne pas comprendre que le roi très-crétien se fît représenter dans la Bigorre, alors essentiellement catolique, par un huguenot.

Filippe de Montaut était huguenot, parce qu'il était béarnais d'origine, et l'on sait que presque toute la noblesse béarnaise avait apostasié, pour ne pas encourir la disgrâce de la reine Jeanne, tandis que celle de Bigorre se maintint ferme dans l'antique foi, comme d'ailleurs le peuple et le clergé.

vicaires ou substituts, les Prieurs, qui ont entrée de leur chef, président à leur exclusion (1).

(1) On donne le nom d'*abbé* (qui veut dire *père*) au Supérieur d'un monastère d'hommes ayant titre d'abbaye.
On distinguait des *abbés réguliers* ou *claustraux*, et des *abbés commendataires*.

Les premiers, toujours prêtres, exerçaient à la fois le pouvoir spirituel et le pouvoir temporel et vivaient avec leurs moines. Les autres étaient ou des prêtres ou des laïques qui jouissaient des revenus, et abandonnaient la puissance spirituelle aux mains d'un délégué appelé *prieur claustral*.

Les *abbés commendataires*, véritables parasites des abbayes, n'avaient certainement point été prévus ni par les saints fondateurs des ordres monastiques, ni par les personnes pieuses dont les legs accumulés, avec destination religieuse bien définie, avaient constitué les revenus des abbayes. Comment donc vinrent-ils?

Ce furent d'abord des grands seigneurs ou même des rois à qui, dans des temps troublés, les moines donnèrent ce titre d'*abbé*, en échange de la protection qu'ils en recevaient.

Puis ce furent, tentés par la trop grande richesse des moines, des usurpateurs puissans qui, par le droit du plus fort, s'emparèrent des abbayes pour jouir de leurs fruits et revenus. Ainsi Charles-Martel les saisit et distribua entre ses compagnons d'armes, comme récompense de leurs services.

Enfin, ce qui n'avait été qu'une violence ou qu'un abus, devint un usage régulier, sanctionné par le Pape, quand, par le concordat de 1516, François Ier eut obtenu, pour lui et ses successeurs, le droit exclusif de nommer aux abbayes et aux évêchés; et trop souvent ils en usèrent au grand préjudice de la Religion.

Dès-lors, on commença de voir de véritables abbés, j'entends des abbés-prêtres, fuir le cloître et la vie religieuse, pour aller, avec les revenus des abbayes, vivre joyeusement à la Cour ou dans le grand monde, laissant à leurs moines *le soin de louer Dieu*. Ce furent les premiers *abbés de Cour*, et non les pires.

Ce scandale était si bien passé en règle que Froidour ni personne de son temps n'en était offensé.

Le titre d'*abbé* a fini par s'appliquer indifféremment à tout homme revêtu d'un caractère ecclésiastique.

En l'absence de l'Évêque, son Vicaire Général a entrée; mais il ne préside que lorsque ceux qui doivent présider, en l'absence de l'Évêque, n'y sont pas.

Le Prieur de Momères n'entre plus, parce que ce Prieuré, qui était ci-devant tenu par des Religieux, est à présent occupé par des Religieuses.

Le siège épiscopal est à présent vacant par la mort de feu Messire Marc Le Mallier, qui était d'une bonne famille parisienne (1).

Saint-Pè de Géyrés, ou de Générés, est une abbaye

---

(1) Après la mort de Mgr Marc Mallier du Houssay, arrivée en mai 1675, le siège de Tarbe demeura vacant pendant vingt ans environ, pour des causes qu'il est intéressant de rappeler.

Anne Tristan de La Baume de Suze fut nommé évêque de Tarbe, et même sacré, dès 1675, mais on peut dire que le siège demeura vacant, ce singulier évêque n'ayant point résidé dans son diocèse, et même *n'y étant jamais venu!* Ce qui n'empêcha pas qu'il fût fait successivement évêque de Saint-Omer, puis archevêque d'Auch.

Le 17 juin 1677, François de Poudénx, prêtre de grand mérite, fut nommé, par le roi Louis XIV, évêque de Tarbe.

Mais la célèbre affaire de la Régale, en 1673, et la fameuse Déclaration des droits de l'Église gallicane, en 1682, causèrent un dissentiment profond entre le Roi et les Papes Innocent XI, Alexandre VIII et Innocent XII, dissentiment qui ne prit fin qu'en 1693, par la rétractation du Roi. Les Évêques nommés par Louis XIV, pendant cette déplorable période, n'obtinrent leurs bulles et ne furent sacrés qu'après le rétablissement de l'entente.

François de Poudénx, qui d'ailleurs avait souscrit la Déclaration de 1682, ne fut bullé et sacré qu'en 1693; il prit possession de son évêché le 17 mai 1694, et le gouverna jusqu'en 1716 avec autant d'habileté que de sagesse. Ce fut un de nos meilleurs évêques. La Bigorre lui doit l'introduction du *maïs* ou *milhoc*.

de Bénédictins réformés, dans le quarteron de Lourde, au pied des montagnes. L'Abbé est l'abbé Barthet de Pau.

L'abbaye vaut 1000 livres (1).

Saint-Sévin est aussi une abbaye de Bénédictins réformés, assise dans le Labédà, en la Rivière de Saint-Sévin. L'Abbé est le sieur de Sénaux, conseiller honoraire au Parlement de Toulouse, de bonne famille de robe, homme de probité auquel la feue mère Marguerite, jadis fameuse et illustre religieuse, à Paris, qui était sa tante, a procuré ce beau fief, qui peut valoir 3000 livres (2).

La Réoule est une abbaye de Bénédictins non réformés.

L'Abbé est le sieur de Tersac de Bernajoul, homme de qualité, frère du marquis de Montbéraut, des meilleures maisons de Languedoc et Guienne. Il est aussi chanoine de Saint-Étienne de Toulouse, n'est

---

(1) Froidour, qui a dit, p. 76, que l'abbaye de Saint-Pè était de petit revenu, évalue ici ce revenu à 1000 livres. Mais dans quelques notes informes qui suivent le manuscrit, on lit : *Abbé Barthet à Saint-Pè qui vaut 4000 livres*. D'autre part, le Pouillé de Larcher porte aussi ce revenu à 4000 livres. C'est donc ce chiffre qui est le vrai.

(2) Petite erreur. Du temps de Froidour (1666 à 1685), les Abbés de Sén-Sabi furent : 1° Jean-Jacques de Tersac de Montbéraut de Vernajoul (1651-1682), celui-là même que Froidour nous donne, quelques lignes plus bas, comme abbé de La Réoule; et après lui, 2° Michel de Jonquières (1683-1695).

Quant au « sieur de Sénaux, » il était abbé de Saint-Sévér de Rustan (1658-1679). Froidour aura fait confusion entre Saint-Sévér et Saint-Sévin.

pas prêtre, et aime fort son plaisir. Son abbaye peut valoir de revenu 1500 livres (1).

L'Escala-Dieu est une abbaye de l'ordre de saint Bernard. L'Abbé est Mgr l'Archevêque d'Auch, frère du feu Maréchal de la Motte. Tout le Royaume connait ses bonnes et ses mauvaises qualités. L'abbaye vaut 4000 livres.

Il y a longtemps que le trouble est parmi les moines de cette abbaye, par la protection qu'a toujours trouvé l'un d'entre eux nommé Pénne, qui est un scélérat achevé qui y a mis le désordre (2).

Le Prieuré de Saint-Lézér est de l'ordre de saint

---

(1) Froidour fait erreur. César de Baudéan fut abbé commendataire de La Réoule depuis 1638 jusqu'en 1678, et après lui, Gilbert Flamen.

« Le sieur de Tersac, » je viens de le dire, était abbé de Sén-Sabi, commendataire d'ailleurs.

(2) Dans une lettre datée de Bagnères-de-Bigorre, le 23 septembre 1667, et adressée à son ami M. d'Héricourt, par notre auteur, qui venait de visiter l'abbaye de l'Escala-Dieu, on lit :

« Un pendard de moine, nommé Pénne, pour se maintenir
« à la charge de sindic et d'argentier, et pour se conserver la
« liberté de la campagne que cet office lui donnait, a fait
« mille maux dans cette maison et l'a presque renversée. »

Dans les années qui suivirent, le désordre de l'abbaye augmenta encore, et, en janvier 1676, il fallut une ordonnance sévère du maréchal d'Albret, Gouverneur de Guienne, appuyée de la force armée, pour mettre à la raison les moines révoltés. (Lagrèze, *Histoire religieuse de la Bigorre*, p. 313.)

A qui la faute de ces scandales? Aux abbés surtout, qui jouissaient au loin des revenus de l'abbaye, comme ils auraient fait d'une ferme, sans se croire tenus à aucun devoir envers leurs moines.

L'abbé de l'Escala-Dieu, qui avait entrée aux États de Bigorre, avait aussi entrée aux États de Nébouzan.

Benoit, mais en commende à la collation de l'Abbé de Lézat (1).

Le Prieur est le sieur de Cabreirolles de Villespassans, frère d'un Conseiller du Parlement de Toulouse de ce nom, et petit-fils, de par sa mère, du feu premier Président de Bertier-Montrabe. Il est d'ailleurs chanoine de Saint-Étienne de Toulouse, prêtre, et vit fort honnêtement et fort sagement.

Le Prieuré vaut 2500 à 3000 livres.

Le Prieuré de Momères est tenu par des Religieuses, comme je l'ai dit ci-devant.

La Commanderie de Bordères est une Commanderie de l'ordre de Malte, qui vaut de revenu....... et est possédée à présent par le Commandeur de Nouailhan (2).

Le Prieuré de Saint-Oréns en Labédà, proche le lieu de Villelongue, est en commende à la collation de l'abbé de Lézat, comme le précédent, vaut 1200 livres de revenu, et est à présent rempli de la personne de l'abbé de Loubie, neveu du Maréchal de Navaille. C'est un Prieur séculier (3).

---

(1) Lézat, petite ville de 2500 habitans, sur la rive gauche de la Lèze, dans l'ancien comté de Foix et dans le diocèse de Rieux ; aujourd'hui dans le département de l'Ariège. C'était la capitale du Lézadais. Il y avait une riche abbaye de Bénédictins.

(2) Jean-Denis de Touges de Noilhan. Remarquez que dans le Rôle, le commandeur de Bordères précède le prieur de Saint-Oréns. Il avait, en effet, la préséance.

(3) On appelait *prieur séculier* celui qui, sans être engagé dans l'ordre monacal, possédait un bénéfice ayant titre de *prieuré*.

Suivant Larcher (*Pouillé*, dans *Souv. de la Big.*, t. II, p. 165), la nomination du Prieur de Saint-Oréns de Labédà appartenait au Prieur de Saint-Oréns d'Auch.

CHAPITRE X

Suite des États : les Barons

II. LOS BAROOS

Lo senhor de Labedà è de Béoucén.
Lo senhor de Barbazan (1).
Lo senhor d'Antin.
Lo senhor de Castètbayac.
Lo senhor de Bazilhac.
Lo senhor deous Angles.
Lo senhor de Bénac.
Lo viscomte d'Astè.

Ces huit Barons sont les *anciens barons du pays*, et ils étaient, seuls, qualifiés de ce nom de barons, et qui à cause de leurs baronnies avaient entrée dans les États. Mais on y en a, depuis, ajouté trois autres, savoir : le baron de Luc, celui de Barbazan-Débat et celui de Castètbieilh.

Le premier a été agrégé au nombre des barons, par un ordre du roi Henri quatrième, de l'année 1599,

(1) De Barbazan-Déssus.

obtenu par l'aïeul du marquis de Rochechouart d'aujourd'hui, vérifié reçu et par délibération des États, du 28e février 1607 (1).

Le second n'a point d'autres titres qu'une délibération des États, du 23e mars 1658. C'est le sieur de Mua, conseiller au Parlement de Toulouse, fils d'un Lieutenant criminel de Tarbe, qui a commencé sa maison, qui a eu le crédit de se faire adjuger cette prérogative (2).

Le sieur d'Aignan, juge-mage, à présent, de cette même ville, après avoir été rebuté deux ou trois fois, a enfin trouvé la conjoncture favorable, pour obtenir une pareille gratification des États de Bigorre, par le moyen de l'Évêque et des autres amis qu'il s'était acquis dans la Province. Il a donc été reçu aux États de l'année 1674, comme baron, à cause de sa terre et seigneurie de Castètbiéilh (3).

(1) Érection de la seigneurie de Luc en baronnie, en faveur de Messire Marc-Antoine de Campeils, Sénéchal du comté de Bigorre, par lettres d'Henri IV, données à Rouen en octobre 1598, et non 1599. (*Archives du Parlement de Toulouse*, registre 14, f° 4.)

(2) La baronnie de Barbazan-Débat est plus ancienne que les Mua, et de plusieurs siècles. En l'acquérant, les Mua acquirent aussi le droit d'entrée aux États. D'ailleurs, s'il appartenait aux États de *vérifier* les barons, ils n'avaient pas le pouvoir de les *créer*.

(3) Il y a eu deux juges-mages du nom d'Aignan, savoir :
Guilhaume d'Aignan, nommé par lettres du 31 juillet 1671, en remplacement de Mre Jacques de Pujo, décédé;
Et Jean-Marc d'Aignan, nommé par lettres du 30 octobre 1693, en remplacement de Guilhaume son frère, décédé.
Jean-Marc, seul, est qualifié de baron de Castèt-Biélh dans les lettres de provisions. Froidour, étant mort en 1685, n'a

donc parlé que de Guilhaume, qui dut acquérir ce titre dans l'intervalle de 1671 à 1674.

La seigneurie de Castèt-Biélh fut érigée en baronnie, au mois de juin 1596, par le roi Henri IV, en faveur d'Antoine de Bégole et ses héritiers ou ayant droit. Et comme la baronnie donnait droit d'entrée aux États, ceux-ci ne pouvaient demander à Guilhaume d'Aignan que de prouver qu'il la possédait à titre légitime. Il semble que Froidour ait été mal informé.

CHAPITRE XI

Suite des États : les Gentilshommes.

III. LOS GÉNTIÉOUS

Lo senhor de Castèt-Biélh è La Fitole (1).
Lo senhor de Sanous.
Lo senhor de Biéouzac.
Lo senhor de Bouilh (2).
5 Lo senhor de Cohitte (3).
Lo senhor de Dours.
Lo senhor d'Escaounéts.
Lo senhor de Tarastèch.
Lo senhor de La Cassague.
10 Lo senhor d'Ossun.

(1) On vient de dire que la seigneurie de Castèt-Bièlh fut érigée en baronnie en 1593. Depuis lors, les seigneurs entraient aux États à titre de barons.

(2) Il y avait, en Bigorre, deux Bouilh, savoir : Bouilh-Daban, situé entre Antin, Laméac et Trouléy ; et Bouilh-Darrè, situé près de Pérulh. Celui du Rôle est Bouilh-Daban.

(3) Couhite, ancien fief en Labédà, Ribèra de Dabant-Ayga, dépend actuellement de la commune de Béoucén. Le vieux manoir existe encore.

11

Lo senhor d'Ouzon.
Lo senhor d'Ourléch, de Cabanac è de Pouyastruc.
Lo senhor d'Aberaéde (Aubaréde).
Lo senhor de Hiis.
15 Lo senhor de Clarac.
Lo senhor de Us è de Saint-Martin en Barètge (1).
Lo senhor d'Arricaou (ou de Ricau).
Lo senhor de Saint-Luc.
Lo senhor d'Argelles (2).
20 Lo senhor de La Loubère.
Lo senhor de Villambits.
Lo senhor d'Arras, près Barètge (3).
Lo senhor d'Artagnan.
Lo senhor de Lescurri è d'Abilhac (4).
25 Lo senhor d'Arcizàs è Arras (5).
Lo senhor de Gortut. *(Voir note fin du chapitre.)*
Lo senhor d'Ast. *(Idem.)*

(1) Us, appelé aussi Us-en-Gérrét, est dans la Ribèra de Sén-Sabi, en Labédà.
Quant à Saint-Martin, j'ai déjà dit que ce village fut détruit en 1601 par une avalanche, et n'a pas été rebâti depuis.
(2) C'est le seigneur d'Argelès près Bagnères.
(3) Il ne s'agit ni du lieu d'Arras en Azun, ni de la vallée de Barètge. « Pierre d'Assou dénombra en 1541, devant Jacques « de Foix, Évêque de Lescar, pour la seigneurie d'Argelès-lès- « Bagnères, et les maisons nobles de Barètge et d'Arras, sises « à Bagnères. Il siégea aux États de Bigorre, à raison de ces « fiefs, pendant les années 1583, 1591 et 1593. » (Larcher, *Dict.* v°, *Bigorre.*)
(4) Le fief d'Abilhac était au territoire de Làou, Ribèra de Sén-Sabi, à demi-kilomètre de Làou, à l'angle des vieux chemins de Sén-Sabi et d'Arcizàs-Daban. On voit encore les ruines du Château, appelé dans le pays *Castèt d'Oustalét dera Bat.*
(5) Arcizàs-Daban et Arras, celui-ci en Azun.

Lo senhor de Juillan.
Lo senhor de Sént-Pastous.
30 Lo senhor de Cazaoubou (1).
Ramoun Gassic de Gireper ou sos ayretès. *(Voir note fin du chapitre.)*
Lous Ayretès deous fléous nobles de Bat-Soriguère.
Lo senhor de Baudéan.
Lo senhor de Lanne.
35 Lo senhor de Montledous.
Lo senhor de Cotlongues.
Lo senhor de Peyrun.
Lo senhor de Génsac.
Lo senhor de Bartères (2).
40 Lo senhor de Bégolle, per Us è Gèr (3).
Lo senhor d'Arzaas (4).
Lo senhor d'Omex (5).
Lo senhor de Parabére (6).

(1) Le seigneur du fief noble de Cazaubon, au village d'Ost, en Labédà.

(2) Je ne connais, dans l'ancienne Bigorre, ni lieu, ni fief du nom de Bartères. Mais il y avait un fief de ce nom dans le territoire de Montléon en Magnoac, et s'il s'agit de celui-là, je ne m'explique pas comment il donnait entrée aux États de Bigorre. D'ailleurs, le fait de l'entrée du seigneur de Bartères aux États est certain.

(3) Erreur de nom; il faut lire *Berbérus* en place de *Us*. Il y a déjà, dans le Rôle, un seigneur de Us.

(4) Arzans, ou mieux Arzâs, était un fief noble tout au milieu du village de Sales-en-Labédà, au voisinage de l'Église; la maison en subsiste encore, ainsi qu'un donjon carré.

(5) Après avoir comparé le Rôle de Froilour avec plusieurs autres, je suis d'avis qu'il faut lire : *lo senhor de Domèc d'Ourout*. Ourout, c'est le noyau d'Argelès-en-Labédà.

(6) Parabère, petit village, voisin de La Reule, dont il est aujourd'hui une section.

Lo senhor de Gardères è Lucquét.
45 Lo senhor de Garriay. *(Voir note fin du chapitre.)*
Lo senhor d'Antist è de Mansaa.
Lo senhor de Mun è de Clarac (1).
Lo senhor de Péruilh.
Lo senhor de Montfaucon en sa partida.
50 Lo senhor de Sarniguet.
Lo senhor de Lubii.
Lo senhor de Lizos.
Lo senhor d'Angos.
Lo senhor de Castéras (2).
55 Lo senhor de Bugar (3).
Lo senhor de Saubaigna è La Garde (4).
Lo senhor de Bernadèts.
Lo senhor de Nouilhan.
Lo senhor de La Réoule.
60 Bernard Faur de Gasséole. *(V. note fin du chapitre.)*
Lo senhor de Bartrés.
L'abat d'Angosso (5).

---

(1) Il y a déjà dans le Rôle, un seigneur de Clarac. *(Voir note fin du chapitre.)*

(2) Castéras, ou Castéra, village du canton de Pouyastruc, situé entre Lescurry et Soréac, formant aujourd'hui avec Lou, la commune de Castéra-Lou.

(3) Par lettres du 24 septembre 1721, le droit d'entrée aux États fut transporté sur la seigneurie d'Orignac.

(4) Lagarde, petit village près de Siarrouy, autrefois dans le quarteron de Vic, aujourd'hui dans le canton de Tarbes-Nord.

Saubaigna était un fief près de Vic-Bigorre, entre cette ville et l'Adour, sur le chemin de Vic à Rabastens.

(5) Angosse, quartier de la commune de Poueyferré, appelé aujourd'hui Saint-Germés. On y voit encore les ruines, tapissées de lierre, de l'abbaye laïque et de la chapelle dédiée à saint Germés. (G. Balencie, dans *Mauran*, p. 119.)

Lo senhor de La Péna de Sère en Labédà (1).
‹ Lo senhor de l'Abadia de Bidalos.
65 Lo senhor de Joan Barètge en Barètge.
Lo senhor de Montblanc è de l'Abadia de Sère en Barètge (2).
Lo senhor de l'Abadia de Sazos.
Lo senhor de l'Abadia de Biéy en Barètge.
Lo senhor de Lane en sa partida.
70 Lo senhor de Giarray. *(Voir note fin du chapitre.)*
Lo senhor de Liit è d'Argellès (3).
Lo senhor de Mazérolles.
Lo senhor de Talazac.
Lo senhor de Cardéilhac.
75 Lo senhor d'Arsizac è d'Oueilhous.

Remarques touchant les Gentilshommes dénommés en ce Rôle

Outre tous ces Gentilshommes qui sont dénommés en ce Rôle, il y en avait quantité d'autres, ou pour mieux dire, tous les Gentilshommes de la Province pré-

---

(1) Le fief noble de la Péne était dans l'intérieur du village de Sère-en-Labédà, tout à côté de l'église. Aujourd'hui la maison appartient à la famille Cantet. Il y a un vieux donjon carré, tout couvert de lierre, et bien fréquenté des pies de mars, en la saison.

(2) Montblanc, maison noble dans le lieu d'Esquièze, près Lus, en Barètge.

(3) Liit est sans doute pour Louit. Mais Argelès semble être là par erreur, puisque le seigneur d'Argelès-près-Bagnères est déjà nommé dans le rôle, et qu'il n'y avait pas de seigneur d'Argelès-en-Labédà.

tendaient encore droit d'entrée, et entraient aux États ; et c'était un abus par le moyen duquel la Province était constituée en frais, parce qu'elle paye, à chaque gentilhomme qui entre aux États, quatre livres par jour. Il y a été remédié par un arrêt du Conseil d'État, donné sur l'avis de M. Pellot, qui réduit le nombre de ceux qui doivent y entrer, aux termes de ce Rôle (1).

Il ne faut pas être surpris de ce que dans le Rôle des Gentilshommes l'on a compris l'abat d'Angosse et les seigneurs des abbayes de Bidalos, de Sazos et de Biéy ; cela vient de ce qu'autrefois l'on a inféodé les dîmes de ces lieux-là à des gentilshommes, lesquels, par cette raison, l'on appelle *abbés* ou seigneurs des abbayes de ces mêmes lieux. Cela est assez commun en Béarn et en quelques autres endroits.

Les seigneurs de Gortut, d'Ast, de Garriay, de Montfaucon en sa partie, de Lanne en sa partie, de Giarrai, de Cardeilhac, de Jean Barètge en Barètge, et les héritiers de Ramon Gassie de Gireper, n'entrent plus, parce qu'on ne connaît plus ces seigneuries, le laps du temps en ayant fait perdre la mémoire (2).

---

(1) Depuis 1599, plusieurs gentilshommes voulurent *entrer*. Au mois de mai 1600, délibéré d'envoyer à Pau, pour extraire le Rôle. Cachalon, Maître des Comptes en la Chambre de Navarre, et Garde du trésor. Extrait du 4ᵉ juin 1683, d'un livre contre les gens d'Eglise, Gentilshommes et Communautés qui ont entrée aux Etats de Navarre, Béarn, Foix, Marsan, Nébouzan et Bigorre. *(Note de Froidour.)*

(2) Froidour nous dit (p. 111) que son Rôle est une copie fidèle, délivrée par le Sindic des Etats, du Rôle officiel conformément auquel M. de Pellot, Intendant de Guienne, régla, en 1668, et d'après un arrêt du Conseil d'État, l'entrée des Gentilshommes aux Etats, comme aussi celle des autres membres.

Nous avons d'autres Rôles, notamment ceux du notaire Noalis et du paléografe Larcher, qui ne sont pas, que je sache, accompagnés de la même garantie, et ne sont pas tout-à-fait identiques avec celui de Froidour; ni pour les noms, ni pour leur ordre.

(a). D'après Froidour, le 27ᵉ des Gentilshommes était le seigneur d'*Ast*. Dans d'autres Rôles, on lit *Aast* et *Ost*.

Ast est un village de l'ancienne vicomté de Montanèr, autrefois partie de la Bigorre, puis cédée au vicomte de Béarn en 1256. Le seigneur de ce lieu pouvait donc avoir entrée aux États avant cette année.

Ast, c'est Adast en Labédà. *Ost*, aussi, est en Labédà. Et les seigneurs de ces deux villages avaient entrée aux États.

(b). Il n'y avait en Bigorre, ni lieu ni fief s'appelant *Gortut*, *Garriay*, ou *Giarray*. Ces trois noms sont pour *Soréac*, *Sarriac* et *Siarrouy*, que le copiste du Rôle original, prenant l'S initial pour un G, et ignorant des noms de lieux, a mal lus, et qui sont donnés par les Rôles de Noalis et de Larcher, à peu près au même rang, en place de *Gortut*, *Garriay* et *Giarray*.

(c). Quant à *Joan de Barètge* et *Ramoun Gassie de Girepèr* (sic!), on ne les trouve pas, non plus que *Bernard Faur de Gasscole*, dans les Rôles de Noalis et de Larcher.

(d). On lit dans le Rôle, partie des Gentilshommes :
15. Lo Senhor de Clarac. (p. 162.)
17. Lo Senhor de Mun è de Clarac. (p. 164.)

La présence du nom de Clarac dans ces deux lignes soulève une difficulté : *Y avait-il deux Seigneurs de Clarac entrant simultanément aux États? Ou un seul?*

Pour *entrer*, un Gentilhomme avait deux conditions à remplir : faire preuve d'un certain nombre de degrés de Noblesse (quatre à partir de 1751), et, de plus, être possesseur d'une terre ou fief situé dans le Comté et donnant droit d'entrée. Etre un vrai Gentilhomme ou Noble ne suffisait pas, le droit d'entrée étant inhérent au *fief*, non au *Gentilhomme*. Ainsi Charles de Bourbon, Vicomte de Labédà, entrait, non pas *parce que Gentilhomme*, mais parce que *Vicomte de Labédà*.

Telle était la règle en Bigorre. Aussi l'Intendant Pellot fit-il sortir, en 1698, nombre de Gentilshommes, vraiment nobles, *mais sans fief*, parce qu'ils étaient entrés sans droit et par abus.

Il est pourtant vrai qu'en 1789, lorsque les États de Cominge se réunirent à Muret, le 16 avril, non pour y traiter des affaires ordinaires du Comté, mais dans l'objet spécial d'élire huit députés aux États-Généraux qui devaient se tenir à Versailles, et rédiger les Cahiers de doléances, le Sénéchal de Cominge y convoqua, outre les Nobles possesseurs de fiefs, « tous les « Nobles non possédant fiefs, ayant la Noblesse acquise et « transmissible, âgés de vingt-cinq ans, nés français ou « naturalisés, et domiciliés dans ledit Comté. » Mais ce fut par exception, et en vertu d'ordres royaux inspirés par les idées du jour. Les Nobles sans fief de la Bigorre durent, pour cette fois, jouir de la même faveur; je n'ai pu m'en assurer. Ce cas, d'ailleurs, n'infirmerait en rien la règle ci-dessus.

Une seigneurie comportant droit d'entrée pouvait être partagée; en ce cas, comme le droit d'entrée était indivisible de sa nature, le Gentilhomme qui l'avait tout entier dans sa part pouvait seul en jouir et l'exercer.

Un Gentilhomme ne pouvait-il avoir un *simple droit d'entrée* sans avoir droit de voter, ni droit de recevoir l'allocation de quatre livres par jour de session ? Froidour répond implicitement que non, quand il nous apprend que « la Province paye, à chaque Gentilhomme qui entre aux États, quatre livres par jour. » (p. 166.)

De ce qui précède on peut conclure que les deux Seigneurs des numéros 15 et 47, *s'ils entraient simultanément*, n'entraient pas pour un seul et même fief de Clarac, qu'ils entraient chacun pour son fief, et jouissaient de la plénitude du droit d'entrée, avec vote et allocation.

Mais ne pourrait-il se faire que les *deux Seigneurs des numéros 15 et 47 n'en fissent qu'un seul*, parce que le seigneur de Mun aurait, par mariage ou autrement, réuni la seigneurie de Clarac à la sienne, puis se serait fait reconnaître et inscrire comme *seigneur de Mun et de Clarac*, au 47ᵉ rang du Rôle, postérieurement et plus ou moins longtemps après un précédent *seigneur de Clarac*, déjà reconnu et inscrit *trente-deux rangs* avant lui, et qu'ensuite on aurait omis de biffer? Le Rôle original, on le comprend, n'a pas été fait d'un seul et même coup, puis arrêté et fixé ; on devait y inscrire les Seigneurs successivement et à mesure qu'ils étaient reconnus, comme il a été dit que cela s'était fait pour les Barons.

Tout bien pesé, cette seconde explication me parait la seule admissible.

(e). Enfin, je reproduis, d'après le Rôle de Noalis, qui est de 1660 à 1670, les noms de plusieurs seigneurs qui entraient aux États, et dont aucun n'est dans celui de Froidour. C'étaient les seigneurs de :

Sales-Adour et Saint-Martin, Hughes (fief dans la communauté de Pujo, près de Vic), Camalès, Horgues, Oléac, Lhés, Boucarrès ou Boccarrès (fief dans la communauté de Sinzos en Bigorre). Lespouéy, Peyraube, Gonès, Montignac, Boulin, Marseilhan, Bours, Séron, Lubrèt.

Bois et Durier nomment, parmi la noblesse, le seigneur d'Ourout, et l'abbé lay d'Antalos, qui ne sont ni dans Froidour ni dans Noalis. Le seigneur d'Ourout entrait certainement aux États.

CHAPITRE XII

Suite des États : les Villes et les Vallées

LAS BILAS

Tarbe.
Bagnères.
Lourde.
Rabasténs.
Vic-Bigorre.
Saint-Pé-de-Géyrés.
Ibos.

LAS BATS OU LES VALLÉES

L'Estréme de Sales.
La Ribéra de Dabant-Ayga.
La Bat de Barétge.
La Bat d'Azù.
La Bat de Soriguère.

LOS LOCS

Campan.
Montfaucon.

Remarques touchant les Villes, Vallées et Lieux qui ont entrée aux États de Bigorre.

Toutes les Villes, Vallées et Lieux dénommés au rôle ci-dessus, assistent aux États de Bigorre, par députés, qui sont choisis par la communauté, en rapportent un pouvoir ample et général, sans aucune restriction, sans lequel ils ne sont pas reçus.

La communauté de Tarbe nommait trois députés anciennement, et toutes les autres chacune deux seulement. Mais M. Pellot, cherchant en toutes choses les occasions de diminuer les frais qui se faisaient dans les communautés, avait donné avis qu'il suffisait qu'il y eût un député seulement de chacune, ce qui fut confirmé depuis par l'arrêt du Conseil d'État dont j'ai déjà parlé plusieurs fois; mais on a reconnu que ce nombre de deux députés n'était pas excessif, et qu'il était nécessaire. C'est pourquoi, sur la remontrance qu'on en a fait au Roi, on a obtenu, de Sa Majesté, la liberté d'en revenir à l'ancien pied, et de nommer deux députés pour chaque communauté (1).

(1) Le Tiers-État était représenté par 29 députés, dont 10 élus par les Vallées, et 19 par les villes et lieux.

Tarbe nommait 3 députés; Lourde, 2; Bagnères, 2; Rabasténs, 2; Vic, 2; Ibos, 2; Sén-Pè, 2; Campan, 2; Montfaucon, 2.

L'Estréme de Sales nommait 2 députés; la vallée d'Azun, 2; la vallée de Barège, 2; la Ribèra de Dabant-Ayga, 2, et Bat Surguère, 2. L'élection se faisait aux chefs-lieux respectifs qui étaient Argelès, Aucun, Lus, Préchac et Ségus

La Ribèra de Sén-Sabi ne nommait pas de députés, étant d'ailleurs représentée par l'abbé de Sén-Sabi; ni non plus l'Estréme de Castèt-lou-bou, qui était représentée par le vicomte de Labédà, seigneur de Béoucén et de Castèt-lou-bou.

CHAPITRE XIII

Suite des États : les Officiers

OFFICIERS

Outre toutes les personnes dessus nommées, qui composent les États, il y a en outre quatre officiers, mais qui ne sont pas compris dans le Rôle, parce qu'ils sont officiers, savoir : un Sindic de la Noblesse, un Sindic du Tiers-État, un Secrétaire et un Trésorier (1).

Le premier a voix délibérative, comme noble et officier du corps de la Noblesse ; les autres ne l'ont pas, mais seulement voix explicative (2).

C'est la Province qui nomme elle-même ses officiers et les change de trois en trois ans.

Les deux Sindics et le Secrétaire sont nommés par la Province, c'est-à-dire par les trois États, chacun desquels ne fait qu'une voix, la pluralité des suffrages l'emportant en chacun pour former la voix que chaque État en particulier doit donner.

Le Trésorier est nommé alternativement et par tour,

---

(1) Le Sindic du Tiers-État prenait la qualité de Sindic-Général ; et le Trésorier, celle de Trésorier du pays.

(2) Ce mot est mal formé dans le manuscrit. J'ai lu : *explicative*, signifiant *consultative*.

suivant l'ordre du Tableau, par les Villes, Vallées et Lieux, et la communauté qui nomme en est caution.

Les États prennent un Secrétaire d'office, quand il est besoin.

CHAPITRE XIV

Suite des États : Convocation et ouverture

Pour ce qui est de la convocation des États, elle se fait tous les ans, en vertu d'un ordre du Roi, adressé au Sénéchal, ou à son Lieutenant général, et non pas au Gouverneur de la Province de Guienne. La raison est qu'avant l'avènement d'Henri quatrième à la couronne, la demande qui se faisait aux États, du don gratuit et des autres gratifications que le pays avait accoutumé d'accorder, ne se faisait pas ni pour le Roi, ni pour le Roi de Navarre comme Roi de Navarre, mais pour le Roi de Navarre *Comte de Bigorre*; et c'était son officier, c'est-à-dire son Sénéchal, qui assemblait les États et faisait cette demande pour lui. Or comme ce prince juste, et père de tous ses peuples, n'a rien changé aux us et coutumes des pays qui, par son avènement, ont été réunis au Domaine de France, mais, au contraire, les a maintenus en leurs privilèges, franchises et exemptions, afin qu'ils eussent à louer Dieu, toute leur vie, de son heureux avènement à une couronne si belle et si magnifique que celle de France, et à attirer, sur sa personne sacrée et sur sa postérité, la bénédiction du Ciel, le même Sénéchal est demeuré en possession de ce droit, qui ne peut lui être contesté; et c'est peut-être une remarque de laquelle personne du pays ne s'est encore avisé.

Incontinent, donc, après que le Sénéchal a reçu la commission du Roi, pour faire assembler les États, il prend sa commodité pour mander chez lui les deux Sindics, le Secrétaire et le Trésorier du pays, et convient avec eux, du jour de la convocation, et du lieu où elle se fera; ou lui-même, sans les consulter, les leur indique, cela étant de son droit et en sa liberté. Le Secrétaire ensuite ayant reçu ses ordres, expédie des lettres circulaires, généralement à tous ceux qui ont droit d'entrer aux États, pour leur faire savoir le lieu où ils se doivent rendre et quel jour (1).

Chacun étant arrivé au lieu et jour désignés, tous se rendent au logis du Président, et l'heure que l'Assemblée se doit tenir approchant, ils vont tous en corps à la réserve du seul Évêque, s'il y est pour présider, saluer le Sénéchal, et le prendre pour le conduire au château, et, en un mot, au siège où l'on a accoutumé de rendre la justice, où l'Évêque se trouve et le reçoit.

---

(1) L'Assemblée était ordinairement convoquée pour le premier lundi de novembre de chaque année, bien que cette règle ait souffert beaucoup d'exceptions.

Tous les vocables se rendaient ce jour-là, vers midi, au lieu de réunion; d'où, ayant à leur tête le premier Abbé, suivant l'ordre du tableau, ils allaient prendre le Sénéchal Commissaire du Roi dans son hôtel, précédés d'une nombreuse musique, et des gardes, en grands manteaux écarlates, sur lesquels étaient empreintes les armoiries de la Province. Ils le conduisaient à l'Église des Cordeliers, où l'on célébrait, après le *Veni Creator*, une messe avec grande solennité. De là on se rendait dans la salle des États. (La Boulinière, *Itinéraire*, t. II, p. 363.)

Le Sénéchal arrivé prend sa place au lieu d'honneur, sous un dais. L'Église se range à sa droite ; la Noblesse à sa gauche ; et le Tiers-État, en bas, dans les bancs des avocats. Les Sindics se placent, savoir : celui de la Noblesse, à la queue des Barons ; celui du Tiers-État, à la tête des députés des Vallées ; et le Secrétaire et le Trésorier, au banc du Greffier.

Il fait lire, par le Secrétaire, la commission du Roi, et fait ensuite un petit discours, pour représenter les obligations que les États de la Bigorre ont à la bonté de Sa Majesté, les besoins de son État, et pour faire les demandes qu'il a accoutumé de faire.

Le Président lui répond au nom de toute l'Assemblée, et incontinent le Sénéchal se lève et se retire. Tout ce qu'il a d'amis, dans l'Assemblée, le reconduisent ordinairement chez lui, comme, d'autre côté, les amis de l'Évêque demeurent, pour ne le pas laisser seul ; mais ceux qui avaient reconduit le Sénéchal en sa maison, retournent immédiatement après, et reprennent leur séance pour délibérer.

Le Sénéchal n'assiste à aucune délibération, mais tant que l'Assemblée dure, qui est aux environs de quinze jours ou trois semaines, et jamais au-delà, il demeure toujours dans la ville, pour, en cas de besoin, aller dans l'Assemblée, selon que la nécessité des affaires, le service du Roi, et le bien du pays le requièrent ; et lorsqu'il est prié de s'y trouver, on lui députe des personnes des trois ordres, qui vont le prendre chez lui, et le reconduisent ensuite ; et lorsque cela arrive, il a toujours la place la plus honorable.

Mais ce qui a fait une difficulté entre le Comte de

Toulonjon et le défunt Évêque, est que celui-ci était toujours traité, dans les États, du nom de *Monseigneur*, du moins par les gens du Tiers-État, car les Abbés, Prieurs et Gentilshommes, ne le traitent que de *Monsieur*, et qu'il ne voulait pas que l'autre fût traité de même. L'autre aussi voulait être traité du nom de *Monseigneur*, et prétendait qu'en sa présence, l'Évêque ne devait être traité que du nom de *Monsieur*, sa prétention étant fondée sur ce qu'il représentait la personne du Roi, et que l'Évêque ne devait être considéré, en la fonction qu'il faisait, que comme le premier de ses sujets de la province de Bigorre.

Ce différend en a engendré d'autres, l'Évêque voulant, dans la nomination qui se faisait des officiers, en établir qui fussent à sa dévotion; et le Comte, qui, outre qu'il était Sénéchal, était un des Barons des États comme seigneur d'Asté, et fort accrédité, voulant y mettre de ses créatures. Ceux qui sont instruits des droits du Roi conviendront facilement que, au premier chef, le Sénéchal était bien fondé; mais aussi tout homme de bon sens conviendra qu'un président d'une Assemblée d'États, doit au moins y avoir autant de crédit qu'un baron; et surtout, qu'un baron qui, faisant une fonction plus noble dans les États, ne pouvait pas y avoir de voix délibérative. Ces brouilleries ont été violentes de part et d'autre, et je ne saurais m'empêcher d'accuser l'Évêque d'un peu de véhémence et d'ardeur. Il me semble qu'un homme de ce caractère, au lieu de porter les choses à l'extrémité, comme chacun sait qu'il a fait, devait prendre quelque tempérament de douceur et d'honnêteté; mais enfin l'appui qu'il a trouvé en la personne du Maréchal d'Albret, lui a donné tel avantage sur le comte, qu'il a eu le crédit de lui faire défendre de se mêler des États; de faire, à son préjudice, adresser la commission pour les convoquer, une fois à un gentilhomme particulier de la Province, et une autre fois à l'ancien Évêque, son père; et a réduit ce gentilhomme, frère du Duc de Gramont et parent très proche de M. le Prince, à cause de sa mère, à se défaire de sa charge.

Ce prélat passait pour un homme d'esprit et pour un honnête homme, et ses confrères en faisaient beaucoup de cas; de quoi je ne m'étonne pas, parce que presque tous les Évêques du Royaume, et surtout ceux du Languedoc et plusieurs autres du voisinage, veulent régner despotiquement. Je l'estimais et l'honorais, mais j'avoue, de bonne foi, que je l'aurais estimé et honoré beaucoup plus, s'il avait eu moins d'ardeur, et si, en pratiquant l'Évangile, il avait « rendu à César ce qui appartient à César, et à Dieu ce qui appartient à Dieu, » et s'il s'était souvenu de la parole de Jésus-Christ, que « *ce monde n'était pas son royaume.* » Mais où est l'Évêque qui veuille entendre ce langage ? (1)

(1) Les paroles exactes de N.-S. Jésus-Christ sont : « Mon royaume n'est pas de ce monde. » (Saint Jean, ch. XVIII, v. 36.)

Froidour a déjà parlé, au chapitre VI, des querelles du Sénéchal, et il me semble que son amitié pour lui le rend injuste envers l'Évêque. D'ailleurs, perdre sa cause devant le roi, quand elle était soutenue par des parens puissans tels qu'étaient le Duc de Gramont et M. le Prince, n'est pas, je pense, une marque qu'elle fut bien bonne.

Le Comte de Toulonjon se démit donc de sa charge de

Sénéchal le 15 avril 1675, en faveur de Jean de Mua, seigneur et baron de Barbazan-Débat, qui fut nommé à sa place, par lettres du 10 mai suivant. Toutefois, il s'était trop pressé ; car, vanité des choses humaines, l'Évêque qui avait triomphé de lui, mourut inopinément le 4 mai, ayant joui quelques jours à peine de sa victoire.

Voici d'ailleurs comment M. de Lagrèze, ancien magistrat, a jugé cette querelle, et bien jugé, ce me semble :

« Le Comte de Toulonjon, Sénéchal et Gouverneur de la
« Bigorre, abusait de son autorité. Il avait soin de ne pas
« convoquer les États, et il exerçait une influence toute
« puissante sur la *Direction*, c'est-à-dire sur les membres des
« États chargés de diriger les affaires dans l'intervalle des
« sessions.

« L'Évêque s'adressa au Roi lui-même, qui, reconnaissant
« bientôt les torts de M. de Toulonjon, lui écrivit pour désap-
« prouver sa conduite, et quelques jours après lui donna l'ordre
« de ne plus continuer ses fonctions. » *(Histoire religieuse de la Bigorre*, p. 131.)

Je termine cette note par une rectification. Davezac, dans sa liste des Sénéchaux de Bigorre (*Essais*, t. II, p. 272), donne les deux indications suivantes :

1678. Henri de Gramont, Comte de Toulonjon.
1695. Jean de Mua, Baron de Barbazan.

Il est difficile d'être plus inexact. Voici les vraies dates :

2 mars 1638 : Provisions de la charge de Sénéchal, en faveur du Comte de Toulonjon. Il succédait à Henri-Bernard de Miossens, Comte de Sansous.

10 mai 1675 : Provisions en faveur de Jean de Mua, Baron de Barbazan. Le Comte de Toulonjon s'était démis en sa faveur, le 15 avril précédent.

Presque toute la liste de Davezac est à corriger.

CHAPITRE XV

Suite des États : Délibérations et Travaux

Il me reste à dire ce qui se fait dans les États, et de quelles affaires on y traite, et comment. Dans la première séance, qui se tient dans la maison du Roi, c'est ainsi qu'ils appellent en Bigorre le siège où se rend la justice, après que le Sénéchal en est sorti, et que ceux qui avaient été le reconduire chez lui, y sont retournés et y ont pris leurs places, on examine d'abord tous les pouvoirs des députés, qui mettent leurs procurations entre les mains du Secrétaire du pays ; et ensuite on opine sur trois choses, et cela se fait d'une commune voix, sans que les ordres se séparent les uns des autres, comme il se pratique dans les autres affaires.

La première chose est sur une somme de treize cent soixante et quatorze livres que le pays en général doit au Roi, par chacun an, pour être déchargé de toutes tailles et impositions que Sa Majesté avait de levées dans cette province ; et ce, en conséquence des lettres patentes de François Ier du 20 juin 1532, concernant cet abonnement, que j'ai vu étant sur les lieux ; et cette somme ne varie ni ne diminue.

La seconde chose est le don gratuit que le pays

fait au Roi Comte de Bigorre, qui est ordinairement de sept mille livres, mais que l'on diminue quelquefois de quelques livres, pour faire voir qu'il est volontaire et gratuit, et qu'il ne doit pas tirer à conséquence. Ces deux sommes sont imposées sur la Province, le Trésorier en fait le recouvrement, et il doit les payer au Receveur général des finances de Navarre, qui en [doit] compte à la Chambre des Comptes de Pau, parce que c'est ce qui se payait anciennement aux Rois de Navarre, avant la réunion du Domaine (1).

La troisième chose sur laquelle on opine, est une somme de douze mille livres que le pays accorde annuellement au Roi, comme chef de l'État et Roi de France, pour la subsistance des gens de guerre. Cette somme ne doit être payée que pendant la guerre. Elle est imposée et recouvrée comme les autres, et payée, par le Trésorier du Pays, au Receveur général des Finances de Bordeaux, parce que la Bigorre, pour le fait des Finances, est de la généralité de Bordeaux.

Cette seule séance se tient dans la maison du Roi, et les États assemblés à cette séance sont appelés *États de la donation*. Toutes les autres se tiennent dans la maison de ville du lieu où les États sont convoqués, et c'est en celles-ci qu'on traite des affaires du pays, et les États pour lors sont appelés *États de l'assiette*.

L'ordre de l'Église est à la tête, celui de la Noblesse

---

(1) La somme de 1674 livres devait être payée au Bureau des Finances de Bordeaux, par lettres d'Henri 3e, du 20 décembre 1578, et se paye maintenant à Pau. *(Note de l'auteur.)*

à sa droite, et le Tiers-État est à sa gauche. Le Sindic de la Noblesse est un pas derrière le Président, du côté de la Noblesse ; celui du Tiers-État est placé, de même, derrière le Président, du côté du Tiers-État ; le Secrétaire et le Trésorier sont au parterre.

L'on commence par la lecture des délibérations prises aux précédents États, et on entre en matière, pour traiter les affaires de la Province, par l'audition du compte du Trésorier du pays.

Si, pendant l'année, il a fallu faire quelque levée extraordinaire, le même Trésorier en rend un compte particulier. Toutes les justifications de ces comptes sont auparavant communiquées, avec les comptes, au Sindic, qui les examine ; elles sont ensuite visées par le Président ; on apostille et on clôture les comptes, dont le Sindic retire un double qu'il met aux archives du pays, qui sont en la maison de ville de Tarbe.

Les comptes étant arrêtés, on règle les impositions qu'on trouve à propos de faire, pour l'acquittement des dettes de la Province.

On résout toutes les affaires survenues dans la Province pendant l'année, on règle les frais des dépenses extraordinaires qu'il a fallu faire, les récompenses ou gratifications que la Province a coutume ou qu'elle juge à propos de faire ; et, en un mot, on traite de tout ce qui regarde le bien de la Province, de tout ce qui peut lui faire préjudice, pour l'éviter, et de tout ce qui peut lui être avantageux, pour aviser aux moyens de le procurer.

Les Sindics, ou le Président même, font les propositions ; et pour opiner et délibérer, l'ordre de l'Église demeure dans la Chambre de l'Assemblée, où le président réitère la proposition et reçoit les suffrages ou les opinions de chacun, et la pluralité fait l'avis.

Le corps de la Noblesse passe, avec son Sindic, dans une autre chambre, le premier Baron y rapporte la proposition sur laquelle il faut délibérer, prend les voix de tous les Barons et Gentilshommes, et la pluralité des suffrages forme l'avis de la Noblesse.

Le Tiers-État passe, de même, dans une autre chambre, où le Sindic fait la proposition dont il s'agit, et prend pareillement les suffrages, la pluralité desquels règle l'avis.

Cela fait, tout le monde retourne en la Chambre de l'Assemblée, et y reprend sa séance. Le Président rapporte l'avis de l'ordre de l'Église, le premier Baron, celui de la Noblesse, et le Sindic du Pays, celui du Tiers-État ; en telle sorte que tout se réduit à trois voix, et la pluralité l'emporte en toutes choses, sauf quand il est question de *donner*, auquel cas on suit toujours l'avis qui va à donner moins. Si quelquefois il arrive qu'il y ait partage, il ne se vide pas par les Commissaires du Roi, comme en Béarn. Les États [délibèrent de nouveau] (1).

Quand on y a une fois réglé toutes les dépenses qu'il convient de faire pendant toute l'année, ou, pour mieux dire, qu'on a arrêté la somme qui doit être imposée, soit pour payer les parties du Roi, soit pour l'acquit des dettes, soit pour les frais qui ont été alloués ou qu'il convient de faire dans l'année, il s'en fait un montant sur lequel les États délibèrent de ce

(1) Les trois mots entre crochets étant à peine dessinés dans le manuscrit, je ne suis pas sûr de les avoir bien lus.

que chaque *feu* doit porter, toute la Province de Bigorre étant composée de 2017 feux environ, chaque lieu portant une certaine quantité de feux, suivant un ancien tarif. Le Greffier donne un extrait de cette délibération, vu du Sindic, et ensuite le Trésorier en fait le département sur tous les lieux de la Province, au sol la livre, à proportion du nombre de feux que chaque lieu contient, dont il y a un ancien tarif que l'on suit exactement, et duquel je me suis fait délivrer un extrait pour l'inscrire à la suite de ce Mémoire, et envoye les mandes en double aux communautés.

Il se dresse, tous les ans, un procès-verbal de la tenue des États et de toutes les délibérations qui s'y prennent, et, en un mot, de tout ce qui s'y fait, dont le Greffier tient un exact registre.

Le département des sommes ayant été examiné et approuvé, le Trésorier dresse, signe et envoie les mandes, qu'il délivre au Receveur, pour en faire le recouvrement (1).

---

(1) Par ordonnance de M. Pellot, Intendant de Guienne, rendue le 24° d'août 1669, l'entrée aux États fut maintenue ou retirée aux Gentilshommes, suivant qu'ils étaient ou qu'ils n'étaient pas compris dans un ancien Rôle conservé à la chambre des comptes de Pau, et dont un extrait avait été tiré, le 26° d'août 1632, pour les États de Bigorre. (Voir Larcher, *Glanage*, t. IX.)

C'est par méprise que cette note n'a pas été placée au Chapitre des Gentilshommes.

CHAPITRE XVI

Fin des États : Commission de la Direction; Taxes des membres et des officiers

Comme les États ne peuvent pas être assemblés toute l'année, et qu'il ne se peut faire aussi qu'en le cours de la même année, il ne survienne quelques affaires, à la Province, auxquelles il faut pourvoir de remède, les États, après la tenue de l'assiette, établissent un conseil qu'ils appellent *Abrégé d'États* (1), qui est ordinairement composé du Président et d'un autre ecclésiastique, de quatre Gentilshommes et de quatre du Tiers-État, des Sindics, et aussi du Trésorier et du Greffier, lesquels néantmoins n'ont point de voix. La nomination des personnes se fait par tous les États, chacun opinant en la manière ci-dessus remarquée, et tout se réduisant à trois voix dont la pluralité règle la délibération. S'il survenait quelque affaire importante que l'*Abrégé* ne pût pas régler, il convoque une assemblée d'États.

Les taxes qui sont ordonnées à tous ceux qui entrent aux États, montent, savoir :

A l'Évêque, dix-huit livres par jour ;

---

(1) Ou encore *Commission de la Direction*, ou simplement *Direction*.

Aux Abbés et Prieurs, chacun neuf livres par jour;

Aux Barons, chacun neuf livres par jour;

Aux Gentilshommes, chacun quatre livres par jour;

Aux gens du Tiers-État, trois livres chacun par jour.

Les deux Sindics ont chacun cinquante écus de gages, et le Greffier autant, et outre, sont payés des journées extraordinaires qu'ils emploient, à raison, savoir : le Sindic de la Noblesse, de six livres; les deux autres, de quatre livres dix sols.

Les États sont réglés à 7 jours (1); ci-devant à 6 et à 4; et on paye les présens; pourquoi on pointe les absens.

Le Trésorier a quatre deniers pour livre, et pour lors il compte de clerc à maitre, et quinze deniers pour faire les deniers bons. Il doit résider à Tarbe, et y avoir un commis en son absence. Il tient deux bureaux, à Tarbe et à Lourde. Il ne peut *executer* qu'après les temps des payemens échus et portés par les mandes.

La première séance des États se paye aux dépens du Roi, c'est-à-dire que sur les sommes que le pays accorde à Sa Majesté, l'on prend la somme de trois cents livres qui se distribue comptant à tous ceux qui y assistent, au sol la livre, à proportion des taxes ordinaires qui se font à chacun. Les autres frais sont payés par la Province (2).

---

(1) Il y a sur le chiffre primitif une surcharge mal faite, en sorte qu'on peut lire 7 ou 8.

(2) « Il est attribué au Sénéchal, dans l'état des dépenses « du pays, 1500 livres, qu'on lui paye tous les ans, savoir : « 1200 livres pour la tenue des États, et 300 livres pour leur « convocation. » (*Dictionnaire* D'EXPILLY, v° *Bigorre*.)

Nota (1).

Baretge, 4 consuls à Lus, 3 à Sazos et Ésquièze, 2 aux autres.

Les Consuls s'assemblent et députent pour les États.

La Vallée de Sén-Sébi n'entre point ; l'Abbé, qui est seigneur, entre.

Item à Castèt-lou-Bou. C'est M. de Navailles, à cause de Béoucén.

Le Président visite le Sénéchal.

Les Vicaires Généraux, en l'absence de l'Évêque, assistent ; président au défaut des Abbés. Lorsque les Prieurs ne sont pas prêtres, il n'est pas nécessaire que les Abbés soient prêtres [pour présider].

Abbé Barthet à Sem-Pé qui vaut 4000 livres.
Sén-Sébi 3000 livres.

Au Sénéchal le roi lui donne 300 livres ; 300 livres pour la donation ; 300 livres au pays.

Les États lui donnent 1200 livres.

---

(1) Le Chapitre se termine par une page de notes écrites en hâte et à la diable, Froidour ne s'étant pas donné la peine d'achever les mots ni presque de former les lettres. Je les reproduis toutes, sauf une que je n'ai pu déchiffrer.

CHAPITRE XVII

État des droits du Domaine de Bigorre, sur le pied courant

Les Greffes du Sénéchal, siège de Tarbe, savoir :

	livres
Le Greffe civil.	2870
Le Greffe criminel	100
Le Greffe des Consuls	30
La Bailie de Tarbe	130
Le Contrôle de Bigorre	1800
La Gabelle de Bigorre	2000
La Bailie de Lourde	300
La Bailie de Bat-Soriguère	400
La Bailie de Sént-Pastous	55
La Bailie de Dabantaygue	260
Le Domaine de Rivière-Ousse, qui consiste en Lamarque près Pontac, Barlest et Loubajac; en ce compris le droit d'*aoulhade* (1) aux lieux de Lérét, Jarrét et Louzourn	390

(1) *Aoulhàda, olhàda*, vient de *olha* (brebis) : c'était un droit, diversement réglementé suivant les lieux, qui s'exerçait sur chaque troupeau de bêtes à laine; comme la *caprada*, ou *crabàda*, sur chaque troupeau de chèvres. (G. BALENCIE, *Souv. de la Big.*, t. II, p. 16, note.)

	livres
Le Domaine de Barètge.	90
Le Domaine d'Azéréch.	150
Le Domaine d'Ibos	300
Le Domaine de Bagnères, Ordizan, Pozac, etc.	300
Le Domaine de Trébons	150
Le Domaine de Vielle.	65
Le Domaine de Campan	600
Le Domaine de Rabasténs.	98
Le Domaine de Montfaucon	110
Le Domaine de La Réoule.	28
Le Domaine de Vic.	540
Les Moujades (1) qui consistent en bléds. .	28
Le Domaine de Bordère	28
Le Domaine de Goudon.	60
Le Domaine de Saint-Pé.	55
Le Domaine de Péyrouze.	110
Les Greffes civil et criminel de Bagnères. .	80
Le Péage (2) de Bagnères.	84
La Gabelle et Péage de Lourde.	300
Camalés acquis par les habitans (3) . . .	20

(1) *Moujade, Mouyade, muiée, modérée, modurière* : c'était un droit perçu par chaque mesure de terre pour laquelle il fallait un muid de semence. Le mot *mouyade* se trouve au *Censier de Bigorre* de 1429. (G. Balencie, *Souv. de la Big.*, t. i, p. 146, note.)

(2) *Péage*, droit de passage ou d'entrée. (G. Balencie, *Souv. de la Big.*, t. i, p. 147, en note.)

(3) A la suite de cet état, le manuscrit présente un feuillet blanc aux deux pages, ce qui semble indiquer que l'état n'est pas complet.

CHAPITRE XVIII

Rôle des Communautés du pays de Bigorre et des feux de taille qu'elles portent (1)

Nota. f = feu ; q = quart de feu ; p = près.

BUREAU DE TARBE

		f	q			f	q
	Allier	0	1		Arricau(v.Ricau)	»	»
	Andrést	19	0		Artagnan	11	2
	Angos	0	2		Asté	9	0
	Antin	3	2	10	Aubarède	4	3
5	Antist	4	3		Aureilhan	14	1
	Arcizac-Adour	6	2		Aurénsan	11	2
	Argelés près Bagnères	1	1		Ausmès ou Osmets	7	2
					Azéréch	17	0

(1) On entendait par le mot de *feu*, ou *feu de taille*, une certaine valeur en immeubles (terres ou maisons) qui servait d'unité pour évaluer la valeur foncière des Communautés.

Chaque communauté était évaluée à *tant de feux*, et sa part dans les impositions de la Province était proportionnelle au nombre de ses *feux*.

Le feu se subdivisait en quatre parties ou *quarts*, et encore en cent *bellugues*, mot qui, désignant au propre une *étincelle* ou *bluette*, signifiait ici une famille ou cheminée.

Le Registre qui renfermait, dans chaque communauté, le détail de ses feux, se nommait *Cadastre* ou *Compoids* (qu'on écrivait aussi *compoix* mais par corruption).

		f	q			f	q
15	Bagnères	58	3		Éscots	0	2
	Barbachén	4	0		Fourquét (v. Ca-		
	Barbazan-Débat	14	2		labantè)	»	»
	Barbazan-Déssus	3	3		Fréchou et Fré-		
	Baudéan	10	2		chét	2	2
20	Bazèt	6	3	55	Gardères	11	1
	Bazillac	12	3		Gayan	23	2
	Bernac-Débat	11	0		Gérde	5	3
	Bernac-Déssus	5	3		Gonès	0	3
	Bernadéts-Déssus	1	2		Goudou	12	1
25	Bétmont p. Luby	1	0	60	Hiis	4	1
	Bonnemaison	0	3		Horgues	3	1
	Bordères p. Tarbe	28	0		Ibos	48	0
	Bordes près Tour-				Jacque	2	0
	nay	14	1		Juillan	15	2
	Bordun	0	1	65	Labarte p. Trouléy	0	2
30	Bouilh-Daban	3	0		Labassère	8	0
	Bouilh-Darrè	7	3		Lacassagne	8	3
	Boulin	0	1		Lafitole	33	0
	Bourg	1	0		Lagarde près		
	Bours	3	2		Siarrouy	1	2
35	Bugar	1	3	70	Laloubère	0	1
	Burg	10	0		Lamarque de		
	Cabanac	6	2		Rustan	1	0
	Cachon (Caixon)	28	2		Laméac	3	2
	Calabantè et				Lansac	0	2
	Fourquét	2	0		La Réoule	18	2
40	Camalès	14	3	75	Laslades	2	0
	Campan	27	1		Léscurry	7	3
	Castétbayac	10	2		Léspouéy	1	0
	Castétbiéilh	8	0		Liac	4	1
	Castéra et Lou	5	0		Lizos	4	2
45	Cazaléy	1	0	80	Louit	4	3
	Chiis	3	1		Lubrét	0	2
	Clarac	9	1		Luby	10	0
	Collongues	3	1		Luc	5	2
	Coussan	1	0		Luquét	5	3
50	Dours	5	1	85	Mansà	1	1
	Escaunéts p. Séron	6	3		Marcarie	3	3
	Éscounéts près				Marsac	6	0
	Escots	1	1		Marseillan	10	1

		f	q			f	q
	Mascaras	5	1		Rabasténs	45	0
90	Mazérolles	7	2		Ricau	2	0
	Mérilheu	1	0		Sabalos	0	1
	Momères	8	0	125	Saint-Lézér	12	2
	Montastruc	12	0		Saint-Luc	4	0
	Montfaucon	15	3		Saint-Martin	0	2
95	Montgaillard	9	1		Sales-Adour	4	1
	Montignac	1	0		Sanous	4	2
	Moulédous	4	1	130	Sarniguét	6	2
	Mun	12	0		Sarriac	20	0
	Nouilhan	4	2		Ségalas	1	0
100	Odos	10	3		Séméac	9	0
	Oléac-Débat	0	1		Sère de Rustan	0	3
	Oléac-Déssus	2	2	135	Séron	10	2
	Ordizan	6	0		Siarrouy	9	2
	Orieux	6	1		Sinzos	6	2
105	Orignac	2	0		Soréac	2	2
	Osméts (voir Ausmés)	»	»		Soues	10	2
				140	Souyéous	7	1
	Ossun p. Azérèch	16	0		Talazac	0	1
	Ouéillous	3	2		Tarbe	114	0
	Ourléch	15	1		Téoulé	1	0
	Ourouch (Oroix)	6	0		Toustat	6	2
110	Ours (Oursbéliᵉ)	20	2	145	Trébons	10	0
	Ouzon	10	2		Trouléy	1	3
	Péruilh	1	1		Tuy (Thuy)	0	1
	Péyraube	0	1		Ugnouas	5	2
	Péyriguère	2	0		Vic	65	0
115	Péyrun et Sos	2	2	150	Viélle-Adour	5	0
	Pintat	0	1		Villembitz	2	3
	Pouéy	1	0		Villenave-près-Béarn	2	2
	Pouy-Astruc	9	3				
	Pouy-Ratou	0	2	153	Villenave-près-Marsac (1)	3	0
120	Pouzac	11	2				
	Puyo	11	2				

(1) Le Rôle des feux que Froidour nous donne pour le bureau de Tarbe est incomplet. Il y manque les communautés de Sarrouilles, Lhés. Génsac, Tarastèch, Moulère et Buzon. Sarrouilles figure dans le quarteron de Tarbe (voir p. 6).

BUREAU DE LOURDE

		f	q			f	q
	Adé	13	1		Lanne p. Bénac	7	0
	Aberà (Averan)	1	2		Lanso	1	0
	Arcizac des Angles	3	1		Layrisse	1	3
	Arrayou	2	0	25	Lérét	0	3
5	Arroudét	3	2		Lézignà	5	2
	Artigues et Castres	11	0		Loubayac	6	2
	Astugue	4	2		Loucrup	2	2
	Ayné	1	3		Louéy	8	1
	Barlés	4	2	30	Lourde	62	2
10	Barri de Bénac	1	1		Louzourm	1	1
	Bartrés	2	3		Lous Angles	6	1
	Bénac	15	0		Nuilh	1	1
	Bisqèr	3	1		Orincles	7	0
	Bourréac	1	3	35	Ossun des Angles	2	0
15	Escoubès	2	1		Paréac	2	0
	Gès des Angles	2	0		Péyrouze	7	2
	Hibarette	2	0		Pouts	0	2
	Jérrét	1	2		Pouyherré	8	2
	Julos	2	3	40	Saint-Pé de Génerés	35	0
20	Lahitte	3	1		Sère des Angles (1)	0	3
	Lamarque près Pontac	6	0				

Lhés était du quarteron de Tarbe; il y a été omis, comme il l'est ici.

Génsac figure dans le quarteron de Vic, p. 8.

Tarastèch était du quarteron de Vic; il y a été omis.

Moulère a été porté par l'auteur dans le quarteron de Bagnères, p. 7, par erreur, je crois.

Buzon, qui était de Bigorre et du quarteron de Rabasténs, manque dans le quarteron, comme dans le Rôle des feux.

Le total des *communautés* et des *feux* pour le bureau de Tarbe, tel que Froidour l'a donné, mon. à 153 communautés et à 1305 feux 3 quarts.

(1) Dans le Bureau de Lourde, qui comprenait tout le quarteron de Lourde, l'auteur a porté, avec raison, les lieux de

LES VALLÉES

VALLÉE D'AZUN

	f	q		f	q
Arcizàs-Soubirou	6	0	5 Bun	8	0
Arras	16	1	Gailhagos	8	1
Arréns	22	3	Marsous	26	1
Aucun	17	3	8 Sirèch	4	0

ESTRÉME DE SALES

Agos	4	1	Gès en Labédà	7	0
Argelès en Labédà	12	1	Ost	4	0
Ayzac	5	1	Ouzous	6	2
Bidalos	1	0	Sales en Labédà	9	0
5 Biéouzac	2	3	10 Sère en Labédà	3	2

RIBÉRA DE SÉN-SABI

Adast	2	2	Nestalas	10	2
Arcizàs-Daban	10	2	Sén-Sabi	21	0
Balagnas	1	0	Souloin	7	1
Cauterés	5	0	9 Us	3	0
5 Laou	3	3			

RIBÉRA DE DABANTAYGUE

Arbouch	2	3	Artaléns et Sént-		
Aréyt	0	3	Andréy	6	0

Artigues et Castre (ou Crast), qu'il avait omis dans le quarteron, p. 9. Mais Nulh est de Castèt-lou-Bou.

A ce propos, disons que, p. 10, note 5, on a imprimé *Astugue* pour *Artigues*. C'est une erreur à corriger.

Le total des *communautés* et des *feux* du bureau de Lourde monte à 141 communautés et 256 feux 3 quarts, d'après Froidour.

		f q			f q
	Ayros	3 0	10	Courèt (Plà de)	0 2
5	Béoucén	5 2		Nouilhà	2 0
	Biéla et Jézat	1 3		Préchac	5 0
	Biélalongue	10 3		Sén-Pastous	9 0
	Bordes près Bièr	1 1		Silhén et Boo	3 3
	Cagots et Bièr	2 3	15	Soui	2 1

ESTRÈME DE CASTÈT-LOU-BOU

		f q			f q
	Bérbérust	2 1		Lias	2 2
	Castèt-lou-Bou	6 0		Lugagnà	1 3
	Chéoust	3 1	10	Ourdis	1 3
	Gazos	7 2		Ourdou	1 3
5	Géou	3 2		Ousté	3 3
	Gèr	3 0	13	Sén-Créac	3 2
	Juncalas	6 1			

VALLÉE DE SURGUÈRE OU BAT SOURIGUÈRE

		f q			f q
	Aouméts (ou Omex)	6 1		Ossén	5 3
	Aspi	3 3	5	Ségus	6 2
	Biyèr (Viger)	3 3			

VALLÉE DE BARÉTGE

		f q			f q
	Bètpouéy	7 0		Estèrre	4 0
	Biéla	4 1	10	Grus	4 0
	Biélanaba près Lus	2 0		Lus	26 0
	Biéy	2 0		Saligos	4 3
	Biscos	2 0		Sassis	4 3
5	Bizos	3 0		Sazos	12 2
	Chèze	3 3	15	Sère en Barétge	2 1
	Esquiéze	5 3		Sérs	5 2
			17	Sén-Marti (1)	2 0

(1) Nous avons un Rôle des feux des Vallées par Noalis, dans son *Cartulaire*; et un autre par Germain II d'Antin, seigneur d'Ouroul, publié par le *Souvenir de la Bigorre* (t. III, p. 13).

Généralement ils concordent avec celui de Froidour. Voici les différences remarquées pour le Labedâ :

Galhagos, 8 f. 1 q. d'après Froidour; 13 f. 1 q. d'après Noalis et d'Antin.

Ouzous, 6 f. 2 q. d'après Froidour et d'Antin; 6 f. 0 q. d'après Noalis.

Soulom, 7 f. 1 q. d'après Froidour et d'Antin; 8 f. 1 q. d'après Noalis.

Bérbérus, 2 f. 1 q. d'après Froidour et d'Antin; 2 f. 2 q. d'après Noalis.

Ousté, 3 f. 3 q. d'après Froidour et d'Antin; 4 f. 3 q. d'après Noalis.

Ossén, 5 f. 3 q. d'après Froidour et Noalis; 3 f. 1 q. d'après d'Antin.

Sazos, 12 f. 2 q. d'après Froidour et Noalis; 12 f. 0 q. d'après d'Antin.

Faisant le total par vallée d'après Froidour, nous trouvons :

Vallée d'Azun (ou d'Azû)	8 communautés.	109f 1 q
Estréme de Sales.	10	55 2
Ribèra de Sén-Sabl.	9	61 2
Ribèra de Dabant-Ayga.	15	57 0
Estréme de Castèt-lou-Bou.	13	46 3
Bat-Surguère	5	26 0
Vallée de Barège.	17	95 2
Total des Sept Vallées.	77 communautés.	451f 2 q

Faisons maintenant la récapitulation pour toute la Bigorre :

Bureau de Tarbe.	153 communautés.	1305f 3 q
Bureau de Lourde.	41	256 3
Les Vallées du Labèdâ.	77	451 2
Total pour toute la Bigorre.	271 communautés	2017f 0 q

On a donné, dans le Rôle, les lieux et les chiffres de Froidour; mais par omission de plusieurs lieux, et par erreur sur les chiffres de quelques feux, les totaux des communautés et des feux sont inexacts.

Froidour, on l'a dit, a omis dans le Rôle les lieux de Buzon, Gensac, Lhès, Sarrouilles et Tarastèch, soit 5, en laissant Moulère qui était du Nébouzan.

Cela porte à 276 le total des Communautés de la Bigorre.

Quant aux feux de taille de la Bigorre entière, un registre de Coufitte, ancien notaire à Lus, les porte à 2011.

Pour le Labédà seul, le total était :

D'après Froidour	454 f.	2 q
D'après G. d'Antin.	459	0
D'après Noalis.	453	1
D'après Coufitte.	457	1

En présence de ces différences, petites d'ailleurs, on regrette le manque d'un Rôle officiel. Je puis pourtant dire que, d'après un document officiel, *Transaction du 28 février 1663, entre les Etats de Bigorre et les vallées du Labéda*, la Bigorre entière comptait *deux mille vingt-sept feux trois-quarts*, dont *quatre cent soixante* pour le Labédà, y compris la communauté de Nulh, qui était en Castét-lou-Bou.

FIN DU MÉMOIRE.

COMPLEMÉNS

AU

MEMOIRE

PREMIER COMPLÉMENT

RÈGLEMENT DES FORÊTS

DU PAYS ET COMTÉ

DE BIGORRE [1]

Louis DE FROIDOUR, *Chevalier, Seigneur de Sérizy, Conseiller du Roi, Grand-Maître Enquêteur et Général Réformateur des Eaux et Forêts au Département de Languedoc, Guienne, Béarn, Basse-Navarre, Soulle et Labourd,*
A tous ceux qui ces présentes lettres verront, salut.

Savoir faisons que, procédant à nos visites dans le ressort de la Maîtrise de Tarbe, et nous étant fait rendre compte par les Officiers des diligences qu'ils avaient faites pour la conservation des Bois et Forêts appar-

---

[1] Ce Règlement est aujourd'hui introuvable dans la Bigorre, pour qui Froidour l'avait tout spécialement rédigé. Je l'ai cherché dans toutes les bibliothèques publiques du Sud-Ouest. La seule qui en possède un exemplaire, est celle de Pau, où je suis allé le copier.

tenant aux Archevêques, Évêques, Abbés et autres gens de Main-Morte, et aux Communautés Ecclésiastiques et Séculières, nous aurions trouvé qu'ils n'avaient fait aucunes visites, ni même aucunes fonctions de leurs charges dans le Comté de Bigorre, et ce, d'autant qu'encore que l'Établissement de ladite Maîtrise dût y être reçu comme le plus avantageux qui pût y être procuré, vu le mauvais état et la ruine presque entière des Bois de ce Pays, qui ne peuvent être rétablis ni conservés qu'en y faisant exactement observer les Règlemens de Sa Majesté : ce qui ne peut se faire absolument qu'il n'y ait des Officiers qui soient spécialement ordonnés pour y tenir la main, et qui en soient responsables ;

Néanmoins les Gens des trois États dudit pays, ne connaissant pas leur véritable intérêt, et s'étant laissé surprendre par les fortes sollicitations des Juges ordinaires, qui trouvaient dans cet Établissement quelque diminution de leur autorité et de leur Juridiction, avaient fait tout ce qu'ils avaient pu pour obtenir la suppression de ladite Maîtrise, en ce qui concerne ledit Pays de Bigorre, ayant, pour y trouver plus de facilité, traité avec lesdits Officiers, auxquels ils avaient payé une indemnité, selon qu'ils en étaient convenus, étant stipulé par ledit Traité que les Gens desdits États seraient tenus d'obtenir, dans certain temps, ladite suppression ; et que cependant lesdits Officiers s'abstiendraient de leurs fonctions, les intérêts des sommes reçues par lesdits Officiers devant leur tenir lieu de dédommagement pour la cessation de leur exercice.

Lequel Traité étant directement opposé à l'esprit de

l'Ordonnance (1), nous aurions réprimandé lesdits Officiers pour l'avoir fait, et leur aurions ordonné de restituer incessamment les deniers qu'ils avaient reçus, de faire ensuite leurs visites dans lesdites Forêts du Pays de Bigorre, et d'y faire observer les Règlemens de Sa Majesté, à peine de répondre eux-mêmes de tous les délits et abus que nous y trouverions à notre première visite;

A quoi lesdits Officiers satisfaisant, en tant qu'il dépendait d'eux, auraient fait divers actes de réquisitions et protestations aux Sindics Généraux dudit Pays, à ce qu'ils eussent à recevoir le remboursement desdites sommes, et à rapporter l'écrit passé entre lesdites parties, concernant ledit Traité, pour le canceller; mais lesdits Sindics, de même que les autres Ecclésiastiques, Gentilshommes et Députés, qui composent l'Assemblée des États dudit Pays, ne pouvant se désabuser, et les Juges ordinaires, qui continuaient leurs sollicitations, les flattant toujours qu'à la faveur des recommandations puissantes qu'ils avaient à la Cour, ils obtiendraient la suppression de ladite Maîtrise, auraient traîné l'affaire en longueur, jusques à ce que le sieur de Villepinte, l'un desdits Sindics Généraux, s'étant trouvé à la Cour pour ses affaires particulières, et ayant été prié par les Gens desdits États de solliciter ladite suppression, aurait présenté, sous les noms de leurs Sindics, une requête à feu monseigneur le Contrôleur Général des Finances, aux fins d'icelle, laquelle requête ledit Seigneur Contrôleur Général aurait rejetée, avec des paroles

(1) Ordonnance royale du 13 août 1669.

qui auraient fait connaître audit sieur de Villepinte que Sa Majesté voulait absolument que ladite Maîtrise subsistât.

De sorte que les Gens desdits États considérant que l'Établissement de ladite Maîtrise était devenu nécessaire par la volonté du Roi, et que tout ce qu'ils pouvaient faire, était de faire en sorte qu'il fût le moins à charge qu'il se pourrait audit Pays, soit par les adoucissements que l'on pourrait apporter à l'exécution de l'Ordonnance de Sa Majesté, soit par le règlement des fonctions et des droits que lesdits Officiers pourraient prendre pour tout ce qu'ils feraient dans leurs charges, Nous auraient fait remontrer, en notre dernière visite, par ledit Sr de Villepinte et par le Sr de Briquet, leurs Sindics Généraux, qu'il était très difficile et même impossible que ladite Ordonnance fut exécutée dans ledit Pays de Bigorre dans toute sa rigueur ; que de plus comme lesdits Officiers n'y avaient encore fait aucun exercice de leurs charges, il était à propos qu'il fût fait un Règlement de leurs fonctions, aussi bien que de tous les droits qu'ils pouvaient prétendre, et que ledit Règlement étant fait de concert avec les États dudit Pays, il se trouverait que l'établissement de ladite Maîtrise, qui jusques à présent avait été considéré comme ruineux, serait dans les suites trouvé utile et avantageux audit Pays.

Sur quoi Nous leur aurions fait entendre que Nous ne pourrions faire aucun Règlement contraire à la disposition de l'Ordonnance, ni y apporter aucune modification, le Roi seul s'étant réservé ce pouvoir ; que ladite Ordonnance n'était pas si difficile à pratiquer qu'ils se l'étaient imaginé ; qu'elle ne paraissait difficile que parce qu'elle n'était pas entendue, et qu'on ne connaissait pas l'utilité qu'on trouverait à la pratiquer; que néantmoins s'il y avait quelques articles dont l'exécution parût impossible dans ledit Pays, Nous en dresserions notre procès-verbal et en donnerions notre avis au Roi, pour y être pourvu par Sa Majesté, en son Conseil, selon son bon plaisir ; que les Gens des trois États du Pays de Nébouzan avaient été dans la même erreur que ceux de la Bigorre; que Nous avions eu plusieurs conférences avec eux dans lesquelles Nous leur avions expliqué ladite Ordonnance et les motifs de ses dispositions, ensuite desquelles Nous avions fait un projet de Règlement, pour leur rendre facile l'exécution de ladite Ordonnance, dans la coupe et administration de leurs Bois; et que comme les Bois de la Bigorre étaient de même nature que ceux dudit Pays de Nébouzan, Nous ne pouvions mieux faire que de leur donner ledit Règlement en communication, afin que dans tout le mois de Novembre, pour toutes préfictions et délais, ils Nous rendissent leur résolution, parce que Nous ne pouvions pas, sans Nous exposer aux reproches de la Cour, souffrir plus longtemps l'inexécution des Règlemens et les énormes abus qui se commettaient tous les jours, au préjudice d'iceux, dans toutes les Forêts dudit Pays.

Et cependant, sur les réquisitions desdits Srs. de Villepinte et de Briquet, et sur l'assurance qu'ils Nous auraient donnée que dans ce délai ils assembleraient le Conseil de la Direction dudit Pays, et Nous rendraient une réponse précise sur ledit Règlement, Nous aurions ordonné auxdits Officiers de surseoir leurs visites dans ledit Pays de Bigorre ; et comme après avoir fait toutes nos visites de l'année 1683, Nous Nous serions rendu, vers la fin du mois de décembre, en la ville de Toulouse, où notre Siège général est établi, et où nous faisons notre résidence ordinaire, ledit sieur de Villepinte, Sindic Général de la Noblesse dudit Pays, chargé de l'exécution de la délibération prise dans le Conseil de ladite Direction, et député par ledit Conseil, se serait incontinent rendu auprès de Nous, avec les Officiers de ladite Maîtrise, et Nous aurait remontré que notre projet de Règlement avait été examiné dans ladite Direction, et que comme Nous lui avions fait entendre, et audit sieur de Briquet son collègue, en la conférence que Nous avions eue avec eux à Tarbe, au mois d'octobre dernier, qu'il fallait nécessairement qu'ils acceptassent ledit Règlement, ou qu'ils se soumissent à l'exécution de l'Ordonnance, il était obligé de convenir que, encore que ledit Règlement ne contînt précisément que ce qui était établi par l'Ordonnance, néanmoins il leur était plus avantageux de l'accepter, en ce qu'il facilitait l'exécution de ladite Ordonnance, par le soin que Nous avions pris d'y éclaircir les choses, et par les moyens que Nous avions proposés de les exécuter ; mais que l'on y avait fait quelques observations sur lesquelles les États espéraient que Nous voudrions bien réfléchir et leur rendre justice :

Premièrement, que par le premier et le sixième articles, Nous réduisions la coupe des Bois de Haute Futaie à la centième ou quatre-vingtième partie, en quoi il leur semblait que Nous leur faisions un grief considérable, parce que Nous les privions de la liberté de couper lesdits Bois en la manière qu'ils trouveraient à propos; qu'il n'y avait aucun article dans l'Ordonnance par lequel il fût défendu de couper les Bois de Haute Futaie; et que, moyennant la réserve du quart, les Communautés devaient avoir la liberté d'user du reste ainsi que bon leur semblerait :

A quoi nous lui aurions remontré que par Lettres Patentes de François I, du mois de juin 1537, par l'Ordonnance d'Henri II, du mois de février 1558, par les États tenus à Orléans en 1559, et par Lettres Patentes d'Henri III, du mois de mai 1579, il est expressément défendu aux Communautés Régulières et Laïques, et autres Gens de Main-Morte, de vendre ni couper aucuns Bois de Futaie, anciens ni modernes baliveaux, sans Lettres Patentes du Roi bien et dûment vérifiées; que la réserve du quart n'est ordonnée que dans les Bois Taillis, afin de repeupler le royaume de Haute Futaie, qui commence à manquer, et qui manquerait absolument dans peu d'années, si l'on ne faisait exécuter l'Ordonnance du Roi dans toute sa rigueur à cet égard; que Nous n'avions ordonné aucune réserve dans les Bois de Haute Futaie, mais qu'il était de notre devoir d'entretenir en Bois de Haute Futaie, les Forêts que nous trouvions plantées en Haute Futaie, et que c'était pour cette raison que Nous défendions d'y faire des coupes qu'à raison du centième, l'âge des Bois de Haute Futaie étant réglé à cent ans, le projet de Règlement que Nous leur avions communiqué étant conforme à cet égard à ceux de la réformation ; et que le Pays trouvait cet avantage dans l'exécution dudit Règlement, que pour faire lesdites coupes, les Communautés ne seraient point obligées de recourir aux Lettres Patentes de Sa Majesté, et de se consumer en frais pour les obtenir et pour les faire ensuite enregistrer au Parlement, à la Table de Marbre et au Greffe de la Maitrise.

Ledit sieur de Villepinte Nous aurait remontré, en outre, sur les cinquième et douzième articles, que pour décharger les Communautés des frais qu'elles seraient tenues de faire tous les ans pour le mesurage de leurs coupes, il suffirait qu'elles fissent une fois diviser leurs Bois, après la réserve du quart, en dix coupes, et les séparer les unes des autres par des bornes, ce qui serait un mesurage qui servirait à perpétuité, suivant lequel les Communautés pourraient ensuite exploiter annuellement une coupe :

A quoi Nous aurions très volontiers donné les mains.

Il Nous aurait remontré encore, sur le xviie article, que Nous rendions les Consuls responsables des jeunes arbres que les particuliers seraient tenus de replanter, au lieu des vieux qui seraient coupés dans les Bois plantés à la main, et avions, en cas de défaut, ordonné des amendes contre eux ; ce qui n'était pas juste, parce que les Consuls des villages n'ayant pas la même autorité que les Officiers du Roi, pour obliger les particuliers à planter lesdits jeunes arbres, il était raisonnable que lesdits Consuls en fussent déchargés en dressant leurs procès-verbaux contre ceux qui seraient refusans ou délayans de planter lesdits arbres :

Ce que Nous aurions trouvé à propos, et même de déclarer lesdits particuliers déchus de tous droits d'usage, jusques à ce qu'ils eussent fait lesdits complans.

Et enfin ledit sieur de Villepinte Nous aurait remontré que le point le plus considérable était de régler les fonctions desdits Officiers et tous les droits qu'ils pourraient prendre pour toutes leurs vacations et expéditions, les États dudit Pays prétendant entre autres choses que l'Ordonnance de Sa Majesté voulant que les ventes des Bois des Communautés se fissent sans frais, lesdits Officiers ne pouvaient absolument rien prétendre de tout ce qu'ils feraient concernant lesdites ventes; et que pour cette raison, lesdites ventes devaient être faites par les Officiers des lieux :

A quoi nous lui aurions remontré qu'il donnait une mauvaise explication à l'Ordonnance, et que pour l'éclaircir sur ce point, il fallait distinguer deux sortes de Bois, savoir : ceux qui devaient être coupés par certaine quantité d'arpens, qui devait être mesurée par l'Arpenteur ordinaire dé la Maîtrise, et que pour ce mesurage Sa Majesté ne prétendait pas qu'il fût fait gratuitement et sans frais, n'étant pas juste qu'un Arpenteur qui n'avait quelquefois point d'autres biens que son compas ou sa chaîne, avec son équerre, se consumât en frais, pendant trois ou quatre mois de l'année, sans espérance d'aucune rétribution, et que les Communautés devaient payer son salaire; que la seconde espèce de Bois était de ceux qui devaient être coupés par certaine quantité de pieds d'arbres qui devaient être marqués par les Officiers; et que s'il était juste, comme il était obligé d'en demeurer d'accord, que l'Arpenteur fût payé de son mesurage, il était juste, par la même raison, que lesdits Officiers fussent payés des journées qu'ils employeraient au marquement des arbres, qui tenait lieu de mesurage; et qu'au lieu que les Officiers pouvaient prétendre d'assister tous audit marquement, ce qui irait à de grands frais, Nous voulions bien soulager lesdites Communautés en tout ce qui dépendrait de Nous, et qu'un seul suffirait; que lorsqu'il ne se ferait aucune vente, les Communautés seraient tenues de payer lesdits frais, et que lorsqu'il s'en ferait, elles en seraient déchargées, parce que lesdits frais et tous ceux qui se faisaient pour les publications et autres choses nécessaires, pour parvenir à l'adjudication, devaient être pris sur le sol pour livre du prix des ventes, conformément à ce qui se pratique dans les Forêts du Roi; que quand l'Ordonnance veut que les ventes se fassent sans frais, c'est à dire que les adjudications se fassent sans frais; parce que devant être faites à l'audience, et étant défendu aux Officiers de rien prendre de tout ce qui se fait à l'audience, il est certain, que les adjudications doivent être faites sans frais. Mais que cette prohibition n'empêche pas que le Greffier qui donne sa peine et qui dépense du papier timbré, ne puisse prétendre son droit pour l'expédition de l'adjudication. Que quand il y a des marchands, ils sont obligés de faire faire les récolemens; que lorsqu'il n'y en a point et que les Communautés exploitent elles-mêmes leurs Bois pour leur usage, les Officiers peuvent les visiter pour en faire les récolemens ou pour reconnaître les abus qui y ont été commis, sans qu'ils puissent rien prétendre pour leurs visites, tant qu'ils trouveront les coupes bien et dûment exploitées; mais lorsqu'ils y trouveront des délits, abus et malversations, l'Ordonnance veut qu'ils les répriment, et pour lors il est juste qu'ils soient payés de leurs vacations suivant l'usage observé dans tout le ressort du Parlement de Toulouse; et ce, suivant la taxe que nous leur en ferons pour chaque nature d'affaire, ou selon le Règlement que nous pouvons leur donner. Qu'au reste, quand l'Ordonnance parle des Juges des lieux, elle n'entend parler que des Juges établis par les Seigneurs particuliers dans leurs Justices pour le fait des Bois, et non pas des Juges Royaux qui n'ont aucune inspection sur les Forêts et sur tout ce qui en dépend. Et qu'enfin Nous convenions de régler tous les droits qui seraient pris par les Officiers, généralement pour toutes leurs vacations et expéditions.

Et tout ce que dessus bien et dûment discuté et examiné par ledit sieur de Villepinte avec le Conseil porté par l'acte de délibération prise par le Conseil de la Direction dudit Pays de Bigorre, portant la députation dudit sieur de Villepinte;

Ouï Maîtres Bernard Dirat et Laurent Boube, anciens Procureurs du Sénéchal de cette ville, sur les taxes des vacations des Juges, et des expéditions du Greffier, dudit Sénéchal, comme aussi le Procureur du Roi en notre Siége en ses conclusions; et tout considéré, Nous, du consentement tant dudit Procureur du Roi que dudit sieur de Villepinte et dudit Conseil, avons fait le Règlement qui ensuit :

ARTICLE I

Premièrement, Nous avons ordonné et ordonnons qu'il sera permis aux Communautés dont les Bois ont été plantés à la main dans leurs Landes, ou qui sont plantés d'arbres de Haute Futaie sous lesquels il n'y a aucune naissance de taillis, d'y couper, par chacun an, pour leur chauffage et pour leurs autres nécessités et usages, la quantité d'arbres qu'il conviendra et qu'il sera jugé nécessaire par les Consuls et par trois ou quatre Prud'hommes nommés par la Communauté, avec telle modération néantmoins que ladite coupe ne puisse excéder la centième et tout au plus l'octantième partie desdits Bois, afin que ladite coupe puisse être entretenue d'année en année, perpétuellement et à toujours, en nature de Futaie de l'âge de cent ans, et au moins de quatre vingts ans, auquel âge les Bois desdites Landes sont de hauteur et grosseur suffisantes, pour pouvoir être employés en bois de chauffage, en bois à bâtir et autres ouvrages.

ARTICLE II

Ordonnons que lesdits arbres, et notamment ceux qui seront destinés pour le chauffage, seront pris et choisis entre les plus mal-venans, et entre ceux qui seront creux, gelés, éventés et pourris, et les moins profitans, soit à raison du corps de l'arbre, soit à raison du fruit et du glandage ; et seront marqués par lesdits Consuls et Prud'hommes, en la présence du Garde de la Forêt, avec le marteau de la Communauté, au pied et le plus près de terre que faire se pourra ; en telle sorte qu'on puisse les abattre sans toucher à ladite marque, et que ladite marque puisse être représentée toutes fois et quantes que besoin sera ; duquel choix et marque lesdits Consuls et

Prud'hommes dresseront procès-verbal, et en feront deux expéditions, l'une pour demeurer vers eux, et l'autre pour la remettre au Greffe de ladite Maîtrise.

ARTICLE III

Et ensuite, sera par lesdits Officiers de ladite Maîtrise, procédé au contrôle desdits arbres, et le marteau du Roi appliqué à chacun d'iceux, aussi au pied et le plus près de terre que faire se pourra; dont lesdits Officiers dresseront pareillement leurs procès-verbaux, contenant le nombre et la qualité desdits arbres, et en délivreront une expédition aux Consuls; et ce faisant, pourront lesdits Officiers, en cas d'excès ou abus dans le marquement desdits arbres, diminuer le nombre de ceux qui auront été marqués par lesdits Consuls, et en faire ôter la marque.

ARTICLE IV

Quant aux Bois Taillis, et autres qui sont naturellement plantés, Nous ordonnons qu'il en sera pris un quart au meilleur fonds et où le Bois est de la meilleure essence, le mieux venant et de la plus belle espérance, pour être mis en réserve, et pour le laisser croître en Futaie, lequel quart sera choisi et borné par les Officiers de ladite Maîtrise, contre *(sic)* le surplus des Bois.

Faisons défenses auxdits Consuls, Sindics et habitans d'y faire aucune coupe, et auxdits Officiers de permettre ou souffrir qu'il y en soit fait, à peine de 2000 livres d'amende, contre chacun particulier contrevenant; et en outre contre lesdits Officiers, de privation de leurs charges, sauf, en cas d'incendie ou ruine notable de l'Église et autres lieux et édifices, et autres nécessités publiques, à se pourvoir pardevers le Roi, pour obtenir Lettres Patentes de Sa Majesté, conformément à son Ordonnance.

ARTICLE V

Et ce qui restera desdits Bois après que ladite réserve y aura été faite, sera exploité par coupes réglées de l'âge de dix ans au moins, conformément à ladite Ordonnance, au mesurage desquelles il sera annuellement procédé par l'un des Arpenteurs ordinaires de ladite Maîtrise, en vertu du mandement du Maître Particulier ou de son Lieutenant, contresigné du Greffier de ladite Maîtrise, commençant par un bout et continuant de suite en suite et de proche en proche, les années suivantes, sans aucune interruption, jusqu'à l'entière exploitation desdits Taillis; après laquelle on retournera faire les coupes à l'endroit par lequel on aura commencé :

N'entendons néantmoins empêcher que pour éviter les frais du mesurage que ledit Arpenteur sera obligé de faire tous les ans, lesdites Communautés ne puissent faire partager leurs Bois, savoir : les Taillis, après la réserve du quart, en dix coupes, et les Bois de haute Futaie en cent coupes, séparant les une des autres par des fossés ou bornes, pour les exploiter ensuite annuellement, de suite en suite et de proche en proche, comme dessus.

ARTICLE VI

Et pour ce qui est des Bois de Haute Futaie sous lesquels il y a des Taillis, Nous ordonnons que les coupes y seront établies par certaine quantité de perches ou arpens, eu égard aux besoins des habitans et à la contenance desdits Bois, en telle sorte néantmoins que lesdites coupes ne puissent excéder la centième, ou au plus l'octantième partie, et que lesdites coupes puissent être entretenues perpétuellement et à toujours, à l'assiette et mesurage desquelles il sera pareillement procédé par ledit Arpenteur, commençant par un bout et continuant les années suivantes de suite en suite et de proche en proche.

ARTICLE VII

Et d'autant que la fin principale du présent Règlement est de conserver les Bois et de les ménager et administrer pour le plus grand profit des Communautés, auxquelles de trop grandes coupes seraient dommageables, Nous déclarons n'entendre empêcher que, encore que nous leur permettions de couper annuellement, la centième ou octantième partie de leurs Futaies et des Bois plantés à la main, et la dixième de leurs Taillis après la réserve du quart, elles ne puissent restreindre les susdites coupes, savoir celles des bois de Futaie, à la six ou sept-vingtième et même à la deux-centième partie, et lesdits Taillis à la quinzième, vingtième, vingt-cinquième, trentième et quarantième, ainsi que lesdites Communautés le trouveront plus à propos.

ARTICLE VIII

Ordonnons que ledit Arpenteur, procédant aux assiettes et mesurages des coupes, tant de Futaies que de Taillis, sera tenu d'y appeler les Consuls et Prud'hommes nommés par la Communauté, ensemble les Gardes des Forêts; fera marquer du marteau de la Communauté, les pieds corniers, tournans et parois; et de tout dressera procès-verbal, avec plan et figure géométrique, dont il remettra une expédition auxdits Consuls, et une autre au Greffe de ladite Maîtrise.

ARTICLE IX

Et pour faire toutes lesdites marques, seront tenus lesdits Consuls en chacune Communauté, d'avoir un marteau à la marque de la Communauté, qui sera gardé en un coffre fermant à trois clés, dont l'une sera entre les mains du premier Consul, la seconde entre les mains du Sindic ou ancien Prud'homme, et la troisième entre les mains du Greffier Consulaire, qui conservera ledit coffre.

ARTICLE X

Incontinent après que lesdits Consuls auront obtenu la permission de couper, par la délivrance actuelle que lesdits Officiers leur auront faite de leur procès-verbal de contrôle, pour ce qui concerne les Bois plantés à la main, ou ceux de Haute Futaie sous lesquels il n'y a point de Taillis, et ledit Arpenteur de son procès-verbal de mesurage pour le regard des Bois Taillis, ou de Futaie sous lesquels il y a des Taillis, ils feront procéder à la coupe et ameublissement des Bois marqués et mesurés en bois en grume, c'est à dire en corps d'arbre, en bois de corde, de pagelle, cotterets ou fagots, ou autres marchandises telles qu'il sera trouvé à propos par la Communauté, et ce, par des bûcherons entendus, aux frais et dépens de ladite Communauté ; lesquels Bois ils partageront ensuite, avec lesdits Prud'hommes, entre tous les habitans du lieu, à proportion de leurs possessions et de leur allivrement, en cas que les Fiefs qui sont dus au Roi ou à d'autres Seigneurs dont les Bois sont tenus, soient payés par les habitans sur le pied de leur allivrement; ou également entre tous les habitans, en cas que lesdits Fiefs et autres charges dues à raison desdits Bois soient payés également par tous les habitans.

Si mieux n'aiment lesdits habitans, pour décharger la Communauté des frais de coupe et ameublissement desdits Bois, qu'il soit procédé à la vente d'iceux à un ou plusieurs marchands, au plus offrant et dernier enchérisseur, à la charge de convertir lesdits Bois en bois de chauffage et autres, et de ne les débiter qu'aux seuls habitans du lieu, à certain prix dont il sera convenu, ou bien même avec liberté de les débiter à qui et à tel prix que bon semblera auxdits marchands, pour être les deniers des prix employés au payement de la taille et autres dettes plus pressantes de la Communauté, ainsi qu'il sera jugé être plus profitable à ladite Communauté.

ARTICLE XI

Ordonnons que dans le mois de Juin de chacune année, lesdits Consuls assembleront la Communauté en Conseil général dans lequel ils feront lire le présent Règlement, feront nommer un Garde pour la conservation des Bois communs, ensemble trois ou quatre Prud'hommes pour procéder à la marque des arbres et partage du Bois, et feront délibérer sur la qualité de la coupe qui sera faite, savoir, s'il sera coupé plus ou moins ; comme aussi sur la manière dont lesdites coupes seront exploitées, savoir : par des bûcherons ou par des marchands, et si lesdits marchands ne vendront qu'aux seuls habitans à certain prix, ou s'ils auront la liberté de vendre ainsi et à tel prix que bon leur semblera.

ARTICLE XII

Ordonnons que dans le même mois de Juin, et dans ceux de Juillet et Août, les Consuls procéderont à la marque des arbres, en telle sorte que dans ceux de septembre et octobre, lesdits Officiers puissent procéder au contrôle d'iceux, et ledit Arpenteur au mesurage des coupes qui doivent être exploitées par arpent, et que dans les mois de Novembre et Décembre lesdits Bois puissent être coupés, assemblés et partagés.

N'entendons néanmoins empêcher qu'en cas que les temps par Nous ordonnés pour toutes les choses susdites, fussent incommodes aux Communautés, elles ne les puissent changer pour leur plus grande commodité, à la charge d'en convenir dans l'assemblée des États ou de la Direction, et que le Règlement qui y sera pris soit uniforme pour tout ledit Pays.

ARTICLE XIII

Et moyennant lesdites coupes, avons fait et faisons défenses à tous particuliers de quelque condition qu'ils soient, habitans et autres, et même aux Consuls, de prendre ni couper aucun bois dans lesdites Forêts, ni en ébrancher les arbres, à peine d'amende et de confiscation au profit du Roi, de restitution au profit de la Communauté, et dépens envers le Garde, conformément aux Ordonnances.

ARTICLE XIV

Seront tenus lesdits Consuls faisant procéder auxdites coupes, ou les marchands adjudicataires d'icelles, d'observer en leur exploitation les Ordonnances de Sa Majesté; et ce faisant, de faire couper en saisons permises et hors de temps de sève, tant les Bois abroutis et abougris et autres mauvais bois que les bons, ensemble les vieux hacots et vieilles souches provenant des bois coupés par délit, commençant par un bout et allant de suite tout d'un suivant, et sans recourir à tire et aire, et à fleur de terre.

Enjoignons auxdits Consuls de visiter lesdites coupes, pour voir si lesdits bûcherons exploitent bien et dûment; et en cas qu'ils eussent manqué en quelque chose, de faire réparer leurs manquemens à l'instant même en leur présence, à peine d'en répondre en leurs propres et privés noms.

ARTICLE XV

Seront tenus, tant lesdits Consuls que marchands, de faire laisser les marques qui auront été appliquées au pied de chaque arbre, et dans le Taillis le nombre de seize baliveaux de l'âge du bois en coupe en chacun arpent, qui seront choisis entre les plus beaux et les mieux venans, et de la meilleure essence, c'est à dire de chêne autant que faire se pourra, et ainsi continuer d'année en année jusques à l'entière exploitation du Bois, et qu'on recommence à le couper de nouveau; auquel cas on laissera pareillement le nombre de seize balivaux de l'âge du bois qui sera en coupe, outre les anciens et modernes réservés aux coupes précédentes, sans qu'il soit permis d'en couper qu'en vertu de Lettres Patentes de Sa Majesté; attendu que lesdits baliveaux tiennent nature de fonds; et faisons très expresses inhibitions et défenses à tous particuliers, après que ces arbres auront été coupés, abattus et enlevés, de bûcher ni rien couper aux souches restantes, d'en ôter et arracher l'écorce et d'en enlever la marque, sous les mêmes peines et amendes que s'ils avaient abattu l'arbre entier.

ARTICLE XVI

Pourront les Officiers de ladite Maîtrise, procéder à la visite desdites Forêts et des coupes qui y auront été faites, même procéder à leur récolement lorsqu'ils jugeront à propos, et qu'il leur sera par Nous ordonné, et réprimeront les abus qu'ils trouveront y avoir été commis.

ARTICLE XVII

Et d'autant que les Bois qui ont été plantés à la main, et que les arbres de vieille Haute Futaie ne repoussent aucun rejet pour le repeuplement des coupes, et que lesdites Forêts se trouveraient dépeuplées en peu d'années, s'il n'était pourvu à leur entretènement, Nous avons ordonné et ordonnons qu'à la diligence des mêmes Consuls qui auront fait la marque, soit qu'ils ayent fait faire l'exploitation de la coupe, ou qu'elle ait été faite par des marchands, il sera replanté aux frais de la Communauté, par chacun an, quatre jeunes arbres Chênes pour chaque vieil qui aura été coupé, lesquels jeunes arbres seront de grosseur suffisante, droits, bien venans et de belle espérance, et seront armés d'épines afin que les bestiaux ne les puissent endommager en s'y frottant; et ce, sans préjudice des complans extraordinaires que lesdites Communautés pourront faire annuellement ou de temps en temps, pour le peuplement de leurs Landes et l'augmentation de leurs Bois; et seront lesdits complans faits, savoir, également par tous les habitans dans les lieux où les Bois provenans des coupes se partageront également; et à proportion des allivremens de chacun, dans ceux où lesdits Bois se partagent sur le pied de l'allivrement; ou par les marchands de bois, si la Communauté trouve à propos de les en charger :

A quoi les Consuls tiendront la main, procéderont contre les particuliers défaillans, par amendes et autres voies qu'ils aviseront bon être, avec telle diligence qu'à faute de représenter aux Officiers de ladite Maîtrise, lors de leurs visites et récolemens, tous les complans, ils seront condamnés à soixante sols d'amende en leurs propres et privés noms, et contraints solidairement et par corps au payement d'icelle pour chacun pied d'arbre que l'on aura omis de planter. Seront néantmoins déchargés des amendes pourvu qu'ils ayent dressé leurs procès-verbaux contre les défaillans, et iceux remis au Greffe de la Maîtrise, pour y être pourvu par lesdits Officiers, qui pourront condamner les défaillans aux amendes avec dépens, et même les priver de tout usage jusqu'à ce qu'ils ayent fait les complans dont ils seront chargés.

ARTICLE XVIII

Permettons aux habitans des lieux, de faire pâturer, en tout temps et saisons, leur gros et menu bétail de quelque qualité qu'il soit, dans les Landes, dans les Bois plantés à la main, et sous les Futaies où il n'y a aucune naissance de Taillis; leur faisant défenses de faire pâturer dans lesdits Taillis aucunes chèvres, moutons et brebis, à peine de confiscation desdits bestiaux, et de trois livres d'amende pour chaque tête, et de punition corporelle contre le pâtre en cas de récidive. Pourront faire pâturer dans les Taillis les autres bestiaux, pourvu que lesdits Taillis ayent atteint l'âge de cinq ans et de quatre au moins, et qu'ils ayent été déclarés défensables par lesdits Officiers, et non autrement à peine de confiscation et d'amende : auquel effet seront tenus lesdits Officiers, en procédant aux récolemens, de déclarer les ventes qui seront défensables.

ARTICLE XIX

Ordonnons que pour la conservation desdits Bois, les habitans proposeront annuellement un, deux ou plusieurs Gardes, selon la quantité des Bois, qui seront gagés, et lesdits gages payés, soit sur le fonds des restitutions qui seront ordonnées au profit de la Communauté, en cas qu'il y en ait aucunes, soit sur les autres émolumens; lesquels Gardes jouiront en outre des droits ordinaires et accoutumés dont jouissent les Gardes des Forêts du Roi pour leurs droits de capture, savoir : de huit sols six deniers pour chaque rapport, à prendre sur les parties condamnées, outre l'amende et la restitution, plus des haches, serpes, coignées et autres ferremens dont les délinquans se trouveront saisis, et des charrettes et harnais avec lesquels lesdits delinquans enlevaient les bois dérobés, sans préjudice de la confiscation des bêtes de voiture et du bois, au profit de qui il appartiendra; et moyennant ce, seront tenus d'être assidus à leurs gardes, veiller à la conservation desdits Bois, faire et dresser leurs rapports de tous les délits, et seront responsables de tous ceux qu'ils auront omis de dénoncer.

ARTICLE XX

Et ayant égard à la remontrance qui nous a été faite par les Sindics Généraux dudit Pays, à ce qu'il nous plût les décharger de l'établissement d'un Garde, ce qui n'est pas en notre pouvoir, Sa Majesté voulant par son Ordonnance qu'il en soit établi, nous ordonnons qu'un même Garde pourra servir pour les Bois de plusieurs Communautés qui se trouveront voisines, si mieux elles n'aiment que les Sergens qu'elles établissent pour la conservation des moissons, fassent aussi la fonction de Garde pour le fait de leurs Bois, ainsi que lesdits députés nous l'ont proposé dans leurs mémoires, et qu'il est contenu dans le procès-verbal que nous avons dressé de leurs remontrances.

ARTICLE XXI

Et d'autant que la plus grande partie des Communautés dudit Pays de Bigorre sont dans la justice du Roi, et que de plus elles sont presque toutes dans la distance de quatre lieues de la ville de Tarbe où le siège de ladite Maîtrise est établi, nous ordonnons que tous lesdits Gardes, soit qu'ils soient spécialement ordonnés pour la garde des Forêts, soit qu'ils soient ordonnés pour lesdites Forêts et pour la conservation des moissons tout ensemble, seront tenus de venir prêter le serment devant le Maître Particulier ou son Lieutenant, et ce, dans le mois après la publication du présent Règlement, à peine de trois livres d'amende contre les Consuls qui auront omis de les envoyer.

Seront aussi tenus lesdits Gardes d'apporter, de quinzaine en quinzaine, et au plus tard de mois en mois, leurs rapports devant le Maître Particulier ou sondit Lieutenant, au siège de ladite Maîtrise, pour être pourvu sur iceux ainsi qu'il appartiendra ; faisant défenses auxdits Gardes de mettre leurs rapports entre les mains des Consuls, et auxdits Consuls d'en prendre connaissance, sinon pour faire la poursuite des délits devant ledit Maître particulier.

ARTICLE XXII

Et ayant égard à la remontrance qui nous a été faite par lesdits Sindics concernant les prétentions des Seigneurs particuliers sur les Bois des Communautés, nous avons ordonné et ordonnons qu'en tous ceux dont ils ont aliéné le fonds et propriété auxdites Communautés, moyennant quelque redevance féodale ou censuelle, en deniers ou en grains, ils ne pourront prétendre d'en jouir que comme les autres habitans, à proportion de leur allivrement ; qu'ils pourront prétendre le tiers de ceux qu'ils ont donnés gratuitement et sans charge d'aucun cens, redevance, prestation ou servitude, pourvu que les deux autres tiers suffisent pour l'usage de la Parroisse, conformément à l'Ordonnance de Sa Majesté. Et quant à ceux où ils n'ont donné que le simple usage, nous ordonnons qu'ils en jouiront comme propriétaires, sous la réserve dudit usage, qui sera réglé suivant les actes des concessions faites par leurs auteurs, et pour quoi ils seront tenus de donner annuellement et faire marquer un triage que les Consuls feront exploiter et dont ils partageront les bois, en la manière qu'il est prescrit pour les Bois communaux.

Ordonnons en outre que dans les terres où les

Seigneurs particuliers auront la justice, et des Officiers particuliers pour l'exercer, les assiettes et contrôles desdites coupes seront faites par leurs Juges, en la présence du Procureur fiscal, à la diligence desdits Consuls et Prud'hommes, lesquels Juges et Procureurs fiscaux auront chacun une clé du marteau, et la troisième demeurera entre les mains du premier Consul, et dresseront procès-verbal des assiettes, pour en remettre une expédition en leur Greffe, une autre être délivrée aux Consuls, et une troisième au Greffe de la Maîtrise ; feront les ventes des coupes ordinaires des Bois que les Communautés trouveront à propos de vendre, et ensuite les récolemens, leur enjoignant de tenir la main à l'exécution des Ordonnances, pour le fait desdites coupes, exploitation et vidange d'icelles, à peine d'en répondre en leurs propres et privés noms.

Ordonnons en outre que lesdits Seigneurs particuliers ayant haute justice, jouiront des amendes et confiscations qui seront ordonnées pour les délits qui seront commis èsdits Bois, savoir : par les Officiers de ladite Maîtrise, s'ils se trouvent dans la distance de quatre lieues, et par leurs Officiers en cas que lesdits Bois soient en une plus grande distance des sièges de la Maîtrise ou des Gruries en dépendantes.

ARTICLE XXIII

Et d'autant que lesdits Sindics Généraux nous ont remontré qu'il y avait plusieurs Communautés où il n'y avait personne qui sût écrire ; à raison de quoi il leur serait impossible de proposer des Gardes qui sachent écrire, comme l'Ordonnance de Sa Majesté le requiert, Nous ordonnons que, tout autant que faire se pourra, les Gardes proposés par lesdites Communautés sauront lire et écrire ; et qu'en cas qu'elles n'en puissent trouver qui le puissent faire, ceux qu'elles proposeront feront écrire leurs rapports et procès-verbaux par les premiers notaires ou autres personnes du voisinage qu'ils trouveront à propos, sans que, pour raison de ce, les particuliers qui seront par eux dénoncés puissent prétendre de se disculper, sous prétexte de la nullité de leurs rapports ; pourvu, qu'avant la condamnation, les Officiers du Siège, devant lesquels ils seront remis, en ayent fait faire lecture audit Garde, et qu'il soit demeuré d'accord du contenu en iceluy, et l'ait affirmé véritable.

ARTICLE XXIV

Au surplus, faisons défenses auxdits Consuls et habitans d'excéder leurs coupes ordinaires, sans notre expresse permission, à peine d'amende arbitraire. Et attendu qu'il y en a quelques-unes [Communautés] qui ont grande quantité de Bois, et dont les coupes ordinaires, après la réserve du quart, excèderont ce qu'il convient pour l'usage des habitans, Nous ordonnons qu'il en sera fait deux coupes annuellement, savoir : l'une, pour ledit usage, et l'autre pour être vendue au profit de la Communauté, au plus offrant et dernier enchérisseur : ce qui ne pourra être fait que par devant les Officiers de ladite Maîtrise, en la présence du Sindic ou de l'un des Consuls de ladite Communauté, et dans les formes prescrites par les Ordonnances; ou devant les Officiers des Seigneurs Hauts-Justiciers, en cas que les Bois soient assis dans les terres dépendantes de leurs Hautes-Justices.

Pourront néanmoins lesdites Communautés mettre en réserve ce qui sera superflu, pour s'en servir en cas d'incendie ou autre ruine publique.

ARTICLE XXV

Et d'autant qu'aux termes de l'Ordonnance de Sa Majesté, article premier du Titre des Bois appartenant aux Communautés, lesdites Communautés sont tenues de faire arpenter, figurer et borner leurs Bois, et d'en rapporter les procès-verbaux, plans et figures au Greffe de la Maîtrise, Nous ordonnons que lesdits Officiers procédant à l'assiette de la réserve qui doit être faite du quart des Bois, pour les laisser croitre en Futaie, et des coupes ordinaires desdits Bois, feront aussi borner lesdites Forêts, porteront avec eux les plans et figures qui en auront été ci-devant faites, dans lesquelles ils feront faire remarque, par l'Arpenteur dont ils seront accompagnés, des bornes qu'ils auront fait poser, tant pour le bornage entier de la Forêt, que pour la séparation de ladite réserve, observant la distance qu'il y aura des unes aux autres; feront corriger et réformer lesdits plans, en cas qu'ils ne les trouvent pas réguliers; feront procéder au mesurage, figure et bornage de celles qui n'ont pas encore été mesurées; et de tout en dresseront leurs procès-verbaux, qui seront signés d'eux, dudit Arpenteur, et même de ceux des Consuls ou Députés des Communautés qui sauront écrire, pour le tout être mis et réservé au Greffe, sauf à en donner des expéditions aux Communautés, si elles le requiérent.

ARTICLE XXVI

Et pour le regard des Bois appartenant à des particuliers, Nous avons fait défenses auxdits particuliers, de vendre ou faire exploiter ceux de Haute Futaie qui se trouveront assis à dix lieues de la Mer (1), et deux des Rivières navigables, qu'ils n'en ayent six mois auparavant donné avis à Mgr le Contrôleur Général des Finances, et à Nous, à peine de 3000 livres d'amende et de confiscation; comme aussi de couper leurs Bois Taillis qu'ils n'ayent au moins l'âge de dix ans, et même ceux qui se trouveront joignant lesdites Forêts de Sa Majesté, sans avoir, au préalable, déclaré au Greffe de la Maîtrise, la quantité et qualité de ceux qu'ils en voudront vendre.

Ordonnons qu'ils observeront en la coupe et exploitation desdits Bois, ce qui est prescrit pour la coupe et exploitation de ceux de Sa Majesté; qu'ils seront tenus, en ce faisant, de laisser en chacun arpent de Taillis, seize baliveaux de l'âge du Bois, outre les anciens et modernes, qu'ils pourront néantmoins couper à leur profit lorsqu'ils auront atteint l'âge de quarante ans; et dix en chaque arpent de Futaie, qu'ils pourront aussi couper lorsqu'ils auront l'âge de six-vingt ans.

(1) Notez que par un arrêt du Conseil, de novembre 1683, et Lettres Patentes expédiées en conséquence, la distance de la Mer est réglée à 15 lieues, et celle des Rivières navigables à...

ARTICLE XXVII

Et afin que lesdites Communautés ne puissent se plaindre d'aucune exaction ni d'aucun excès, dans les droits que lesdits Officiers pourront prendre pour leurs peines, salaires, vacations et expéditions, Nous ordonnons qu'ils seront payés pour leurs journées ordinaires, suivant le Règlement qui en a été fait par les Commissaires de la réformation générale, et qui a été approuvé par Sa Majesté, savoir : au Maître Particulier, six livres; au Lieutenant, au Procureur du Roi et au Garde-Marteau, quatre livres; et au Greffier, trois livres, outre ses écritures et expéditions ;

Et lorsqu'ils vaqueront en vertu de commission du Parlement, des Juges en dernier ressort, et de notre Siège, ledit Maître Particulier prendra sept livres dix sols; lesdits Lieutenant, Procureur du Roi et Garde-Marteau, chacun cent sols; et ledit Greffier, trois livres quinze sols, outre ses écritures et expéditions.

ARTICLE XXVIII

Ordonnons que pour les Commissions qui seront annuellement dressées et délivrées par les Officiers de ladite Maîtrise, aux Arpenteurs qui seront employés au mesurage des coupes ordinaires de Bois Taillis, ou de Futaie, qui doivent être faites par arpent, il leur sera payé par chaque Communauté, un sol pour arpent de Taillis, et trois sols pour arpent de Futaie, qui seront reçus par l'Arpenteur, outre sa taxe, que nous avons réglée à raison d'un écu par jour, lesquels deniers il sera tenu de remettre entre les mains du Greffier, lorsqu'il rapportera au greffe les procès-verbaux et plans de ses mesurages ;

Et pour le regard des Bois où les coupes doivent être établies par pieds d'arbres qui doivent être marqués et martelés par lesdits Officiers, quoique lesdits Officiers puissent prétendre devoir tous assister auxdits martelages, Nous ordonnons, pour soulager d'autant plus lesdites Communautés, que lesdits martelages seront faits par un seul Officier, soit par le Maître Particulier, le Lieutenant, le Procureur du Roi, le Garde-Marteau, ou par le Greffier, qui prendront chacun un triage, a condition néantmoins que par quelque Officier qu'il y soit procédé, il sera payé six livres de chaque journée; sauf ensuite à en faire le partage entre lesdits Officiers ainsi qu'il appartiendra; et pourront lesdits Officiers mener un Garde avec eux, pour la journée duquel il sera payé en outre trente sols, sans qu'au surplus pour toutes lesdites délivrances, lesdites Communautés soient tenues d'aucuns autres frais; faisant défenses aux Officiers de ladite Maîtrise et à tous autres, d'exiger aucune chose des Consuls et habitans desdites Communautés, sous prétexte desdites délivrances de visite, et de récolemens, qu'en cas seulement de délits et abus; et qu'après qu'il sera intervenu jugement de condamnation avec dépens sur leurs procès-verbaux, lesquels dépens seront liquidés par le Maître Particulier ou son Lieutenant, conformément aux taxes ordonnées par le présent Règlement, et ensuite recouvrés avec les amendes, par le Receveur desdites amendes, pour iceux être payés auxdits Officiers, par ses mains, ou par celles du Greffier, sans que lesdits Officiers les puissent recevoir autrement.

Permettons néantmoins auxdits Officiers de prendre le sol pour livre du prix des Bois que lesdites Communautés trouveront à propos de vendre, pour les frais des arpentages, martelages, publications et affiches, et autres frais nécessaires pour les adjudications; et autre sol pour livre pour les droits de récolemens que les marchands seront tenus d'en faire faire à leurs dépens; qui ne pourront excéder ledit sol pour livre; moyennant quoi lesdites Communautés seront déchargées de tous frais.

ARTICLE XXIX

Les plaintes pourront être faites par requête ou devant les Juges, auquel cas sera payé audit Juge dix sols de celles qu'il recevra, et au Greffier cinq sols. Et en cas qu'elles se fassent par requête, ne sera payé aucune chose.

ARTICLE XXX

Pour assigner témoins, cinq sols; et pour le Contrôle et le Sceau trois sols quatre deniers.

ARTICLE XXXI

Pour les informations que ledit Maître Particulier ou son Lieutenant feront, il leur sera payé dix sols pour recevoir la déposition de chaque témoin, comme aussi pareille somme pour leur résomption, et pareille somme pour la confrontation d'iceux à l'accusé, et au Greffier moitié moins.

ARTICLE XXXII

Sera payé au Procureur du Roi pour les conclusions qu'il prendra sur lesdites informations, dix sols.

ARTICLE XXXIII

Lesdits Maître Particulier ou son Lieutenant auront, pour chaque décret d'ajournement personnel, de prise de corps, ou autres qu'ils rendront sur lesdites informations, pareille somme de dix sols.

ARTICLE XXXIV

Et le Greffier, pour l'expédition en forme d'un décret d'ajournement personnel, prendra dix sols dix deniers, y compris le Sceau et le Contrôle ; pour expédition d'un ajournement personnel converti en décret de prise de corps, et tout autre décret de prise de corps, vingt-trois sols quatre deniers.

ARTICLE XXXV

Ledit Greffier, pour les présentations des Communautés et des particuliers sur assignations introductives d'instance en matière civile, et même en matière criminelle, lorsqu'il sera besoin du ministère d'un Procureur, aura trois sols six deniers de la partie assignée, et ne pourra prendre aucunes choses des présentations sur ajournemens personnels.

ARTICLE XXXVI

Pour l'expédition du Tillet, défaut et autrement pour l'expédition du certificat qui sera donné par le Greffier au demandeur en la cause, contenant que la partie assignée ne s'est point présentée, lui sera payé sept sols six deniers.

ARTICLE XXXVII

Sera payé audit Maître Particulier ou son Lieutenant, pour chaque interrogatoire en matière civile, et audition de chaque accusé en matière criminelle, quinze sols, et audit Greffier sept sols six deniers.

ARTICLE XXXVIII

Pour les sentences interlocutoires et définitives, lesdits Officiers seront tenus de se taxer modérément suivant le mérite des affaires, comme aussi le Procureur du Roi pour ses conclusions.

ARTICLE XXXIX

Le Greffier aura, pour expédition de chaque diette, sept sols six deniers; pour expédition de sentences expédiées en une seule feuille, onze sols six deniers, y compris le Contrôle et le Sceau; et de toutes les autres qui s'expédient en cahiers, cinq sols de la première feuille et deux sols six deniers des autres; aura encore pour le droit de Contrôle, la somme à quoi monteront lesdits rôles, et vingt deniers pour le Sceau; et sera payé de même de toutes les expéditions qu'il délivrera aux parties, à la charge que chaque page contiendra au moins douze lignes, et la ligne huit sillabes; faisant défense audit Greffier de mettre dans ses expéditions moindre nombre de lignes et de sillabes, à peine de concussion; et lui enjoignons de mettre au bas de chacune desdites expéditions, le montant de ses droits et ce qu'il aura reçu, à peine de vingt livres d'amende en cas de contravention.

ARTICLE XL

Pour ce qui est des ordonnances sur requêtes, ne pourront les juges en prendre aucun droit, mais seulement le Greffier son expédition, dont il sera payé comme des sentences qui s'expédient en une seule feuille; et où la feuille ne serait pas suffisante, il sera payé de même que des sentences qui s'expédient en rôles.

ARTICLE XLI

Lui sera payé pour les affirmations et les expéditions d'icelles, dix sols.

ARTICLE XLII

Pour la réception de chaque production, un sol huit deniers; pour les continuations et remises, pareille somme; pour les communications desdites productions, cinq sols; et pour le retirement d'icelles, pareille somme.

ARTICLE XLIII

Plus, sera payé audit Greffier, de chacun exécutoire de taxe, pour rapport ou pour dépens, trois sols six deniers, compris le Contrôle et le Sceau.

ARTICLE XLIV ET DERNIER

Et outre toutes lesdites taxes, ledit Greffier prendra encore la valeur du papier timbré qu'il aura employé auxdites expéditions.

Fait à Toulouse, au Siège général des Eaux et Forêts de la Table de Marbre du Palais, le 12 Janvier 1681. Signés à l'Original :

De FROIDOUR.
De LAFONT. Lieutenant Général.
GUIBBERT.
De PIRA.
FORNIER, pour le Procureur du Roi absent.
Et DELPECH, Commis Greffier.

DEUXIÈME COMPLÉMENT

MAITRISE PARTICULIÈRE

DE

TARBE

—

I

Arrêt du Conseil d'État de Mars 1671 créant la Maîtrise de Tarbe

Le Roi s'étant fait représenter, en son Conseil, le procès-verbal des sieurs de Bézons, Conseiller ordinaire du Roi en ses Conseils, de Sève, ès-Conseils de Sa Majesté, Maître des Requêtes ordinaire de son Hôtel, et de Froidour, Commissaires députés pour la réformation générale des Eaux et Forêts du département de la Grande Maîtrise de Toulouse, du 5 Mai 1670, contenant qu'il serait expédient, pour le bien du service de Sa Majesté, de transférer le siège des Eaux et Forêts de la Maîtrise Particulière de Cominge, en la ville de Saint-Gaudéns,.... et d'établir un siège de Maîtrise Particulière des Eaux et Forêts en la ville de Tarbe;........ comme aussi deux sièges de Grurie, à Saint-Girons et à Arreau, sous le ressort de la Maîtrise de Saint-Gaudens, et un autre à Nogaro, sous le ressort de la Maîtrise de Tarbe;

Sur quoi, ouï le rapport du sieur Colbert, Conseiller ordinaire au Conseil Royal, et Contrôleur Général des Finances, Sa Majesté, étant en son Conseil, conformément à l'avis desdits sieurs Commissaires, a ordonné et ordonne.....:

Que le siège de la Maîtrise de Cominge sera fixé en la ville de Saint-Gaudens, et aura pour son ressort :

Les Châtellenies d'Aurignac, Salies et Castillon, au Comté de Cominge; et l'Isle-en-Doudon, le pays de Couzerans, la Baronnie d'Aspet, le Vicomté de Brouilhois et autres Aides de Cominge, le pays appelé le Petit Cominge, qui est du gouvernement du Languedoc; le Vicomté de Nébouzan; les Quatre Vallées d'Aure, Neste, Barousse et Magnouac; avec les Châtellenies ou sièges de Montréjau, Boulogne et Galan, en la Judicature de Rivière.

Et enjoint Sa Majesté aux Officiers de ladite Maîtrise de résider ès-dits lieux, à peine de privation de leurs charges.......

A Sa Majesté créé et érigé un siège de Maîtrise Particulière dans le pays de Bigorre, dont le siège sera fixé en la ville de Tarbe, et qui aura pour son ressort :

Ledit pays de Bigorre,

Le Bas-Armagnac,

La Rivière-Basse,

Le Pardiac,

Et les Châtellenies de Marciac, Beaumarchais et

Trie, avec le pays des Fites et Afites, en la judicature de Rivière[-Verdun],

Et le Comté de Rivière-Basse.

Laquelle Maîtrise nouvellement érigée sera composée du nombre d'Officiers portés par l'Édit du mois d'Avril 1667, avec pareil pouvoir, autorité et juridiction que les Officiers des autres Maîtrises de ce royaume...

Ordonne Sa Majesté qu'il sera établi deux sièges de Grurie sous le ressort de la Maîtrise de Saint-Gaudéns, savoir : un en la ville de Saint-Girons, pour le Couzerans et les Châtellenies de Salies et Castillon; et l'autre à Arreau, pour les Vallées d'Aure, Louron et Bareilles; et un autre en la ville de Nogaro, sous le ressort de la Maîtrise de Tarbe, pour le Bas-Armagnac.......

Fait au Conseil d'État du Roi, Sa Majesté y étant, tenu à Saint-Germain en Laye, le... jour de Mars 1671. Signé Phélyppeaux (1).

---

(1) Je signale, pour les corriger, deux inexactitudes dans le texte de l'arrêt.

L'une est dans le ressort indiqué pour la Maîtrise de Tarbe; il faut supprimer ces mots : *et le comté de Rivière-Basse*, qui signifient la même chose que *la Rivière-Basse*, déjà énumérée, et qui n'était pas un comté.

L'autre est dans le ressort indiqué pour la Maîtrise de Saint-Gaudéns; il faut y supprimer les mots : *le vicomté de Brouhois*, parce que cette vicomté était dans le ressort de la Maîtrise de l'Isle-Jourdain. Quelques lecteurs me sauront gré de leur donner une idée de ce petit pays, dont nos géografies ne parlent plus :

La *vicomté de Brouhois* (ou Brulhois) était dans l'angle occidental formé par le Gers et la Garonne; je veux dire qu'elle était bornée à l'Est par le Gers, et au Nord par la Garonne.

Elle était dans le Condomois, et du ressort de la Sénéchaussée d'Armagnac, du Présidial de Lectoure, de l'Élection

II

État du ressort de la Maîtrise Particulière des Eaux et Forêts de Tarbe

La Province de Bigorre et les Pays de Bas-Armagnac, Rivière-Basse et Pardiac, dans lesquels il y a quantité de Forêts, étant éloignés et hors de commerce d'avec les lieux de l'Isle-Jourdain, où il y a d'ancienneté une Maîtrise établie, et de Saint-Gaudens, où l'on a trouvé à propos d'établir le siège de la Maîtrise de Cominge, de manière qu'il n'est pas possible que les Officiers de l'un ou l'autre de ces deux sièges puissent, avec succès, se charger de la direc-

de Lomagne, et du Parlement de Toulouse, et pour le spirituel, de l'Évêché d'Agen.

Voici les lieux qui la composaient :

1° [*Lieux dans le département du Gers*]

Le Pergain et Taillac ;

2° [*Lieux dans le département de Lot-et-Garonne*]

La Plume, Aubiac, Estillac, Le Buscou, Moiras, Roquefort, Sainte-Colombe, Ségougnan et Sérignac ;

Layrac, Caudecoste et Cucq ;

Bauléns, Daubèze, Le Saumon, Montcaup et Montesquieu ;

Batre, Brads, Hails et Le Nom-de-Dieu (qui était une Commanderie de Malte).

Observons que *Broulhois* était le même que *Pays Broulhois* ou *Pays des Broulhs*, ainsi nommé à cause de la nature du pays, du gascon *broulh*, français *broil*, broussailles, petits bois, etc., servant de pâturages.

Nota. — Dans *Broulhois*, prononcez *lh* comme les *ill* mouillés en français.

tion et de la garde des Bois qui sont dans lesdits pays; ces Bois d'ailleurs étant ruinés par les dérèglemens et excessifs abus que l'on commet dans leurs coupes, parce qu'il n'y a aucun Officier qui prenne soin de leur conservation, et que, s'il n'y était pourvu, les Forêts tomberaient dans une ruine extrême dont jamais elles ne pourraient se relever, nous avons estimé qu'il était nécessaire d'établir en la ville de Tarbe, Capitale de ladite province de Bigorre, un siège de Maîtrise Particulière, dont le ressort contiendra tous les Pays et Lieux ci-après déclarés :

I. Le Comté de Bigorre, contenant cinq villes principales, à savoir : Tarbe, Bagnères, Lourde, Vic et Rabasténs; et les sept Vallées du Labédà appelées Azù (Azun), Estréme de Sales, Ribèra de Sén-Sabi, Ribèra de Dabant-Ayga, Estréme de Castèt-lou-Bou, Bat Souriguère, Barètje; lesquelles Villes et Vallées enferment les Communautés suivantes :

1° La ville de Tarbe avec son quarteron composé des lieux suivans (*Voir* p. 5, et ajouter les lieux de *Lhès* et de *Lizos*);

2° La ville de Bagnères avec son quarteron composé des lieux suivans (*Voir* p. 7) ;

3° La ville de Vic et son quarteron composé des lieux suivans (*Voir* p. 8);

4° La ville de Rabasténs et son quarteron composé des lieux suivans (*Voir* p. 9, et ajouter *Buzon et Ségalas*);

5° La ville de Lourde et son quarteron composé des lieux suivans (*Voir* p. 10, ajouter *Artigue et Crast*, et retrancher *Nuilh* pour le porter dans l'Estréme de Castèt-lou-Bou);

6° La Vallée d'Azù avec ses huit Communautés (*Voir* p. 13);

7° L'Estréme de Sales, composée des Communautés suivantes (*Voir* p. 13);

8° La Ribèra de Sén-Sabi, composée des Communautés suivantes (*Voir* p. 14; l'auteur écrit *Caularès* ou *Caoutarès*, conformément à la prononciation locale, qui est la seule bonne);

9° La Ribèra de Dabant-Ayga, composée des Communautés suivantes (*Voir* p. 14, et ajouter *Boo* et *Ourtiac*);

10° L'Estréme de Castèt-lou-Bou, composée des Communautés suivantes (*Voir* p. 15, et ajouter *Nulh*);

11° La Bat Souriguère ou Bat Surguère, composée des Communautés suivantes (*Voir* p. 15);

12° Enfin, la vallée de Barètje, composée des Communautés suivantes (*Voir* p. 16, et ajouter *Chèze*).

II. Plus les Châtellenies de Marciac, Beaumarchais et Tric, toutes trois en la Judicature de Rivière et Élection de Rivière-Verdun, savoir (1) :

A. La Châtellenie de Marciac, composée des lieux suivans et des hameaux et *arronsis* qui en dépendent :

---

(1) Parmi les anciennes communautés indiquées par Froidour, dans les Châtellenies, le Pardiac et le Bas-Armagnac, un certain nombre ne sont plus aujourd'hui que des hameaux ou sections de commune. Grâce à l'obligeance de M. l'abbé Cazauran, Directeur au Grand Séminaire d'Auch, et de M. l'abbé de Carsalade du Pont, Secrétaire de l'Archevêché, à qui j'adresse ici mes remerciements, j'ai pu indiquer les communes actuelles auxquelles ces communautés déchues se rattachent.

1° [Canton de Marciac]

Marciac et Pallane;

2° [Canton de Miélan]

Miélan et Sainte-Dode;

3° [Canton de Montesquieu]

Bars, Lannérous et Saint-Christau;

4° [Canton de Mirande]

Mazérétes.

B. La Châtellenie ou siège de Beaumarchés (1), composée des paroisses suivantes :

1° [Canton de Beaumarchais]

Beaumarchais, Cayron, Cousténs et Ricau (hameau de Beaumarchais);

2° [Canton de Marciac]

Scieurac;

3° [Canton de Montesquieu]

Armous, Baccarisse (réuni à Gazax), Lou Caou (réuni à Armous) et Courties.

C. La Châtellenie ou siège de Tric, composée des deux paroisses de Tric et de Castéts, avec plusieurs hameaux en dépendant.

III. Plus le pays appelé Fites et Refites, dans la Judicature de Rivière et Élection d'Astarac, comprenant :

---

(1) Cette Châtellenie était enclavée dans l'Armagnac, mais dépendait de l'Élection de Rivière-Verdun.

1° [*Lieux dans les Hautes-Pirénées*]

Esparros, Lanespède, Tournay, Chelle-Débat, Saint-Séver de Rustan, Sénac, Moumoulous, Fréchéde, Estampures, Lapèyre, Sadournin, Tournous-Darré, Puydarrieux, Sentous, Lustar, Libaros et Bonnefont;

2° [*Lieux dans le Gèrs, canton de Miélan*]

Marseilhan-Débat, Sarraguzan, Bastanous, Sadailhan et Castèts.

IV. Plus la Judicature et Collecte de Rivière-Basse, en Armagnac, et en l'Élection d'Auch, composée des lieux suivans :

1° [*Canton de Castelnau-R.-B., H.-Pir.*]

Castelnau-R.-B., Hagédét, Hères, Hichac (commune de Soubs-la-Cause), Las Cazères, Madiran, Mazéres (réuni à Castelnau-R.-B.), Saint-Lanne, Soubs-la-cause et Villefranque;

2° [*Canton de Maubourguet, H.-Pir.*]

Auriébat, Caussade, Estirac, Labatut, Lahitte Toupière, Maubourguet, Sauveterre, Sombrun et Vidouze;

3° [*Canton de Plaisance, Gèrs*]

Belloc (réuni à Ju), Cahuzac, Canet, Galiax, Goux, Ju, Préchac, Saint-Aunis, Tasque et Tieste;

4° [*Canton de Marciac, Gèrs*]

Armentieux et La Devéze.

V. Plus le Comté de Pardiac, en l'Élection d'Astarac, composé des lieux suivans [*tous actuellement dans le département du Gers*] :

1° [*Canton de Miélan*]

Aux, Aussat (réuni à Aux), Betplan, Castelfranc (commune d'Estampes), Estampes, Haget de Pardiac, Laguian, Lanne-Francon (commune de Aux), Las (près de Miélan), Malabat, Mazous (réuni à Laguian), Montégut et Villecomtal;

2° [*Canton de Marciac*]

Beccas, Blouzon, Cazaux (près de Villecomtal), Jourdun (près de Marciac), Juillac, Mon-Pardiac, Montlézun, Ricourt, Saint-Justin de Pardiac, Tilhac et Tronséns;

3° [*Canton de Montesquieu*]

Gazax, Lous Litges, Mascaras, Peyrusse-Vieille et Saint-Christau;

4° [*Canton de Mirande*]

La Serre de Pardiac (près de Berdoues), et Marseillan de Pardiac;

5° [*Canton de Masseube*]

Samaran.

VI. Plus le Bas-Armagnac, en l'Élection d'Auch, composé de la Collecte de Nogaro et de la Collecte d'Eauze [*actuellement dans le département du Gers*].

A. La Collecte de Nogaro comprenant les lieux suivans, savoir :

1° [Canton d'Aignan].

Aignan, Arparéns (commune de Fustérouàou), Avéron, Bergelle réuni à Avéron), Bouzon, Castelnavet, Fustérouàou, Gellemale (commune de Bouzon-Gellenave), Gellenave (réuni à Bouzon), La Caussade (commune de Sarragachies), La Leugue (commune de Sarragachies), Lou Camp (commune de Saint-Gô), Lou Cournàou (dépend de Saint-Gô, commune de Bouzon-Gellenave), Lou Sous-Débat, Margouét, Méymes (*réuni à Margouét*), Peyglérize (commune de Bouzon), Pouey-Draguin, Sabazan, Sarragachies, Saint-Gô (commune de Bouzon-Gellenave) et Termes ;

2° [Canton de Cazaubon]

Bourrouilhan, Estang, Maupas et Panjas ;

3° [Canton de Nogaro]

Arblades-le-Haut, Bétous, Bouit-Juzan (commune de Nogaro) Bouit-Soubiran (commune de Nogaro), Cantiran (commune de Caupéne), Caupéne, Claréns (commune de Lanne-Soubiran), Cravén-Sère, Crémén (commune de Magnan), Daunian (commune de Magnan), Espagnét (commune de Caupéne), Labeyrie (commune de Caupéne), Lagardère de Bétous (commune de Bétous), Lanne-Juzan, Lanne-Soubiran, Laterrade de Mau (commune de Lau-Juzan), Laterterrade-Saint-Aubin (commune du Houga), Lau (commune de Lau-Juzan), Lespitau-Sainte-Christie (commune de Cravén-Sère), Loissan (commune de Arblade-le-Haut), Lou Béda, Lou Castagnet (commune de Sainte-Griède ou de Saint-Martin), Lou Hagét (commune de Sourbès), Lou Houga, Luppé,

Magnan, Manciét, Monlézun, Mormès, Nogaro, Perchéde, Saint-Aubin (commune du Houga), Saint-Martin, Sainte-Christie, Sainte-Griède, Sales, Sion, Sourbès, Urgosse (commune de Nogaro), Vieil-Capet (commune de Sourbès) et Violes (commune de Luppé);

4° [Canton de Plaisance]

Izotjes, Laguian (réuni à Maumusson), La Serrade, Maumusson et Plaisance;

5° [Canton de Riscle]

Arblade-le-Bas, Aurénsan, Barcelone, Barte-Cugnard (commune de Saint-Germé), Bernède, Camicas (commune d'Aurénsan), Caumont, Corneilhan, Gée, Gellemale (commune d'Aurénsan), La Bartéte, Lagardère-Saint-Mont (commune de Saint-Mont), Lannux, Lapujole (réuni à Lou Lin), Lou Lin ou Le Lin, Lou Pourrét (commune de La Bartéte), Lou Sersou (commune de La Bartéte), Maulichères Projan, Rivière (réuni à Gée), Saint-Germé, Saint-Mont, Saint-Pol (commune de La Bartéte), Ségos, Tarsac, Vergoignan, Verlus, Viella, Vilhères (commune de Ségos) et Vizous (commune de Ségos).

B. La Collecte d'Éauze est composée des lieux suivans :

I° [Canton de Cazaubon]

Campagne, Castex, Cazaubon, Lanne-Magnan, Marguestau, Mauléon, Montclar, Taychousin (commune de Lanne-Magnan);

2° [Canton d'Éauze]

Brétagne, Castelnau d'Éauze, Éauze, Saint-Amans (commune de Éauze);

[*Dans les Landes*]

Labastide d'Armagnac.

Dans tous lesquels lieux, les Officiers de ladite Maîtrise connaîtront des manières des Eaux et Forêts, et y exerceront leur juridiction, conformément aux ordonnances et au nouveau règlement de Sa Majesté.

Fait et arrêté par nous, Claude Bazin, Chevalier, Seigneur de Bézons, Conseiller ordinaire du Roi en tous ses Conseils, et Intendant de Justice, Police et Finances en Languedoc; Guillaume de Sève, Chevalier, Seigneur de Châtillon, Conseiller du Roi en ses Conseils, M^e des Requêtes ordinaire de son Hôtel, départi pour l'exécution de ses ordres en la Généralité de Montauban; et Louis de Froidour, Écuyer, Seigneur de Sérizi, Conseiller du Roi en ses Conseils, Lieutenant Général Civil et Criminel au Baillage et en la Maîtrise des Eaux et Forêts du Comté de Marle et La Fère; Commissaires députés par Sa Majesté pour la réformation générale des Eaux et Forêts du département de la Grande Maîtrise de Toulouse. A Montauban, le 7e jour de Mai 1670. Signés : BAZIN, DE SÈVE, DE FROIDOUR.

(*Archives du Parlement de Toulouse*, registre de la Maîtrise de Tarbe.)

TROISIÈME COMPLÉMENT

LA SÉNÉCHAUSSÉE
DE
BIGORRE

—

Froidour, qui s'est plu à narrer longuement les démêlés du Sénéchal, Comte de Toulonjon, avec l'Évêque de Tarbe, et les Gouverneurs de Guyenne, n'a consacré que six lignes au Sénéchal considéré comme chef de la Justice, et à ses Officiers. (Voir p. 123.)

Ce sujet mériterait, ce me semble, d'être étudié par un de nos érudits, versé dans la connaissance des lois ; en attendant qu'un tel travail soit donné aux amis de notre vieille Bigorre, je veux réunir, dans ce Complément, quelques glanes récoltées dans de vieilles *chartes relatives au Labédá*, dans les *Registres du Parlement de Toulouse*, et dans l'*Histoire de Bigorre* de Larcher, manuscrit précieux, qui mériterait les honneurs de la publication.

Au temps de Froidour, et depuis, jusqu'à sa suppression par la Révolution, la Cour de la Sénéchaussée était ainsi composée : le Sénéchal, quatre Lieutenans, quatre Conseillers, un Procureur du Roi et un Avocat du Roi.

Le Sénéchal siégeait et présidait quelquefois. D'ordinaire, il s'en déchargeait sur ses Lieutenans : le Lieutenant Général appelé plus ordinairement le Juge-Mage, le Lieutenant Principal, le Lieutenant Particulier, et le Lieutenant Criminel. C'étaient, ainsi que les autres Officiers de la Cour, des magistrats gradués, qui, dans l'exercice de leurs fonctions, étaient revêtus d'une *robe longue*, selon un usage que les magistrats de nos jours conservent encore.

Outre ces quatre Lieutenans, les Sénéchaux eurent parfois, suivant les besoins des temps et des lieux, et en dehors de leur Cour, où il ne siégeait pas, un cinquième Lieutenant, non gradué, pris parmi les gens d'épée, et ne portant pas de robe : on l'appelait *Lieutenant de robe courte*, par opposition aux autres qui étaient les *Lieutenants de robe longue*. Il exerçait sa fonction de Lieutenant l'épée au côté, comme un militaire qu'il était.

Avant l'organisation qu'on vient d'indiquer, c'est-à-dire jusque vers le milieu du xvie siècle, la Cour du Sénéchal, outre le Juge-Mage et le Procureur du Comte ou du Roi, était composée d'un *Juge d'Appeaux*, d'un *Juge Ordinaire de Bigorre*, d'un *Lieutenant de robe longue*, et d'un ou plus d'un *magistrat non qualifié*. C'est du moins ce qui me semble résulter de la Liste donnée par Larcher en son *Histoire de Bigorre*, Liste où il a rassemblé et fondu tous ces Officiers, avec les Juges-Mages, sans s'expliquer sur leurs fonctions respectives. J'ai pensé qu'il valait mieux en faire quatre Listes distinctes, qu'on trouvera plus loin, précédées de quelques explications.

Encore un mot. Par un édit de Juin 1656 (et non 1654), le Roi érigea la Cour de la Sénéchaussée en Présidial, et y adjoignit deux présidens, et un prévôt de la maréchaussée avec douze archers. Mais sur la plainte énergique du pays, il ne tarda pas à reconnaître lui-même les graves inconvéniens de cette création pour les Bigourdans et la complète inutilité des officiers adjoints; et par un nouvel édit, où tout cela est expliqué, donné à Paris en Juin 1663, le Présidial et les Officiers adjoints furent supprimés, et la Cour rétablie en l'état antérieur. (Reg. 20, f° 245, du Parl.)

I

Les Sénéchaux

Le Sénéchal représentait le Comte. Il rendait la Justice et administrait en son nom. C'était le premier magistrat de la Bigorre, et ses décisions furent *souveraines*, jusqu'à l'institution du Parlement de Paris, et de celui de Toulouse.

Le plus ancien qui nous soit connu date de 1248. Était-il le premier?

Les *Fors de Bigorre*, promulgués, au plus tard, en 1113, ne permettaient pas au Comte d'être Juge. *Nunquam judex sit Comes*, dit l'article XXVIII. On pourrait donc croire que les Sénéchaux remontent tout au moins à l'époque des Fors, et même plus haut, puisque les Fors n'innovèrent pas et ne furent que la Coutume mise en écrit.

Les Sénéchaux des anciens temps étaient hommes de guerre, et commandaient les forces militaires en l'absence du Comte. Plus tard, il se fit une distinction ou séparation, et le commandement des troupes qui tenaient garnison dans la Province, ou y venaient en quartier d'hiver, fut donné à un *Gouverneur*, tandis que l'Administration et la Justice étaient laissées au Sénéchal. Ordinairement, le même personnage cumulait les deux fonctions; parfois elles étaient données à deux personnages différens.

Les historiens de la Bigorre : Duco, Larcher et Davézac, nous ont donné des Listes des Sénéchaux.

La Liste de Duco est au Chapitre III du Livre II de son *Histoire de la Province et Comté de Bigorre*, écrite entre 1730 et 1740. Elle comprend vingt-deux Sénéchaux, et se termine par Jean-Jacques de Mua, qui fut l'avant-dernier de tous. Duco a le soin de dire que, outre ceux qu'il nomme, il y en a eu d'autres, tels que le *Chevalier de Rabasténs*, un *Seigneur de Rochechouart*, un *Seigneur de Biron*. Mais, ajoute-t-il, on a perdu leur époque, en sorte qu'on ne peut les placer dans leur lieu.

Larcher nous a laissé plusieurs Listes, dont une dans son *Glanage*, t. IX, p. 310, une autre dans son *Calendrier du Diocèse*, une troisième dans son *Histoire de Bigorre*; elles ne comprennent pas moins de quarante-six Sénéchaux. Ces Listes datent d'entre 1760 et 1770.

La Liste de Davézac-Macaya se trouve en note, p. 272, t. II, de ses *Essais Historiques sur la Bigorre*, Bagnères, 1823. Dressée 60 ans après celles de Larcher, on s'attendrait à la trouver plus complète. C'est tout le contraire : l'auteur n'y a compris que vingt-neuf Sénéchaux, et n'a pas noté pourquoi il a rejeté tous les autres. En outre, les dates qui accompagnent les noms sont *erronées* pour au moins les dix derniers, c'est-à-dire précisément pour cette partie de la Liste qui était la moins mal aisée à établir rigoureusement. A raison de l'estime souvent méritée dont jouit Davézac, et de la confiance qu'il inspire, j'ai dû faire ces constatations.

La Liste donnée par La Boulinière (*Itinéraire des Hautes-Pyrénées*, t. II, p. 374, Paris, 1825) n'est que la copie de celle de Davézac, avec ce changement *capital*, que le copiste a mis *à la queue* de chaque nom le millésime que Davézac avait placé *à la tête*. Cette Liste ne compte pas.

La Liste qui va suivre n'est autre que celle donnée par Larcher, *Histoire de Bigorre*, p. 45-49, à laquelle quelques trouvailles heureuses m'ont permis de faire des additions et corrections.

Pour tous les Sénéchaux, moins un, postérieur à l'an 1600, j'ai pu indiquer la date de leurs Provisions, qui furent enregistrées au Parlement de Toulouse. Pareille indication précise a pu être donnée pour la plupart des Officiers de la Sénéchaussée, après 1600.

I. Pèy de Bordeaux
1248

Pèy de Bordeaux, *alias* de Bourdeille, Sénéchal de Bigorre pour la comtesse Peyrouna. C'est notre plus ancien Sénéchal connu.

Il fut présent avec Pélégri, Vicomte de Labédà, Arnàout, Vicomte d'Asté, et Aoujè de Sérignac, Juges de la Cour de Bigorre, à la restitution faite aux Templiers de Bordères, par Aoujè, Seigneur d'Ossun, dans le cloître de l'église de Tarbe, le samedi avant la fête de Noël de l'an 1248.

II. Bernat de Podénsac
1257

Sénéchal après Pèy de Bordeaux, sous Simon de Montfort, Comte de Leycester, quand celui-ci eut pris possession de la Bigorre, en vertu de la donation qui lui en fut faite, en 1258, par le Comte Esqibat.

III. Oussét d'Argelès
1272-1283

Oussét d'Argelès (1) était Sénéchal de Bigorre pour le Comte Esqibat; et quand celui-ci fit son testament, le 18 août 1283, il le nomma pour un de ses exécuteurs testamentaires.

C'est à lui que succéda Pélégri de Labédà.

Nota. Larcher, *Histoire de Bigorre*, p. 45, donne un « *Osset de Bagneres*, 1272 », en y préposant +. C'est, évidemment, le même que Oussét d'Argelès près Bagnères.

IV. Pélégri de Labédà
1283-1281

Pélégri de Labédà, frère puîné du Vicomte Arnàout de Labédà, fut choisi par la Comtesse Constance, le 1er Septembre 1283, pour son Sénéchal.

(1) Il s'agit d'Argelès, près de Bagnères.

Vers la fin de Février ou commencement de Mars 1284, il consentit, sur l'ordre de la Princesse Constance, à laisser Jean de Grailly, Sénéchal en Gascogne pour le Roi d'Angleterre, se saisir du Comté de Bigorre, contre lequel ledit Roi, qui s'en prétendait suzerain, avait porté un arrêt de séquestre le 12 Février précédent.

Le Parlement ambulant du Roi de France ayant, par un arrêt rendu le jour de la Chandeleur (2 Février 1290), débouté le Roi d'Angleterre de ses prétentions à la suzeraineté, l'arrêt de séquestre fut annulé du coup : Constance reprit donc possession du Comté, et Pélégri de Labédà de sa charge. Il ne la garda pas longtemps; car le Roi Filippe le Bel, ayant fait rendre contre notre malheureux Comté un arrêt de séquestre par son Parlement, le jour de La Toussaint 1292, son Sénéchal de Toulouse en fit peu après prendre possession, et ce second séquestre ne finit qu'en 1425.

Nous retrouvons Pélégri de Labédà dans la célèbre Enquête de 1300 : il figure parmi les onze Barons, au septième rang, pour un revenu de 50 livres mourlàs.

* *

On n'imagine pas, sans difficulté, comment et à quel titre le *Roi d'Angleterre* pouvait intervenir dans les affaires intérieures du *Comté de Bigorre*, quand on considère l'immense distance des deux pays, et que l'on juge des temps passés d'après les temps présens, comme cela n'est que trop habituel. Ce fait très curieux et très important de notre Histoire de Bigorre, s'est produit à deux reprises : d'abord en 1284 et jusqu'en 1290, puis encore en 1360 et jusqu'en 1407.

La seconde immixtion, motivée par le traité de Brétigny, de 1360, qui céda la Bigorre en toute Souveraineté au Roi d'Angleterre, ne fut, malgré tout, que la conséquence éloignée de la première. Il suffit donc d'expliquer celle-ci, ce qu'on pourrait faire en quelques lignes, comme suit :

Le Roi d'Angleterre de cette époque était *Duc de Guyènne et de Gascogne*;

Comme Duc de Gascogne, il était *Suzerain du Comté de Bigorre*, qui en était une partie;

Et quand le Comté de Bigorre était vacant, faute d'un héritier universellement reconnu, le suzerain avait le droit de le séquestrer entre ses mains, jusqu'à ce que l'héritier légitime fut reconnu.

Mais pour être bien comprise, cette explication sommaire a besoin d'être développée avec quelque ampleur.

Tout d'abord rappelons-nous que la Princesse Aliénor de Guyènne, s'étant séparée du Roi Louis VII, après la décision du Concile de Beaugency, qui, le 18 Mars 1152, avait déclaré que leur mariage était nul, l'ex-Reine, redevenue Duchesse d'Aquitaine et Gascogne, épousait à Poitiers, dès le 12 Mai suivant, Henri Plantagenet, fils du Comte d'Anjou, lui apportant en dot son Duché d'Aquitaine et de Gascogne, c'est-à-dire toutes les provinces qui, depuis la Loire jusqu'aux Pirénées, occupaient tout le couchant de la France actuelle, et qu'on nommait le Poitou, la Marche, l'Aunis, la Saintonge, l'Angoumois, le Bordelais et la *Gascogne*.

Par ce mariage, Henri Plantagenet devenait *Duc d'Aquitaine et Gascogne*. Deux ans plus tard, en 1154, il devint *Roi d'Angleterre*, sous le nom d'Henri II.

Le Roi Henri II et ses successeurs prétendaient, comme Ducs d'Aquitaine et de Gascogne, à la suzeraineté de la Bigorre, cette province étant partie de la Gascogne; leur prétention était fondée en droit, mais, en fait, jamais les Comtes de Bigorre, suivant l'historien Davézac, ne s'étaient soumis à l'hommage envers eux. Tel était l'état des choses en 1254, Henri III étant Roi d'Angleterre.

Or, en cette année, tandis que le Comte Esqibat, qui venait à peine de prendre possession du Comté, guerroyait, avec peu de succès, contre Géraud, Vicomte de Fézénzaguet, Gastou, Vicomte de Béarn, qui prétendait, au nom de sa femme Màta, fille de la Comtesse Peyrouna, à l'héritage de la Bigorre, prit les armes pour faire valoir ses droits. Esqibat, ayant deux ennemis sur les bras, et ne pouvant seul opposer une résistance sérieuse à Gastou, imagina d'attacher l'intérêt de son puissant voisin le Duc d'Aquitaine et Gascogne, Roi d'Angleterre, au sien propre; et c'est ce qu'il fit en 1254, *en se reconnaissant formellement son vassal*, vassal du Duc d'Aquitaine bien entendu. Le Roi accueillit avec empressement cet hommage volontaire, qui reconnaissait sa suzeraineté sur la Bigorre.

Esqibat étant mort en 1283, plusieurs compétiteurs prétendirent au Comté de Bigorre, dont les deux principaux étaient : la Princesse Constance, fille de Gastou de Béarn et de Màta de Bigorre, et la Princesse Laure, sœur et héritière universelle d'Esqibat. Les Etats du Comté, réunis à Tarbe, reconnurent que, seuls, les droits de Constance étaient légitimes, et ils la proclamèrent Comtesse. Mais Laure, évincée, en appela à Édouard Ier, Roi d'Angleterre, Duc d'Aquitaine, lui exposant que, comme suzerain, il lui appartenait d'assigner devant lui les parties, pour faire droit à leurs réclamations, et au préalable et suivant la coutume, de mettre sous sa main le Comté, objet du litige.

De son côté, Constance, qui n'avait pas les moyens de faire autrement, déclara qu'elle se soumettrait à la décision du Roi.

Celui-ci porta donc un arrêt de séquestre, par lequel il chargeait Jean de Grailly, son Sénéchal en Gascogne, de se saisir, en son nom, du Comté de Bigorre. Cet arrêt est du 16 Février 1284.

Grailly se rendit incontinent à Tarbe pour exécuter sa commission, et, devant les Etats assemblés, Pélégri de Labéda, et Pèy de Bégole, l'un Sénéchal, et l'autre Procureur de Constance, lui firent remise du Comté ; à quoi les Etats consentirent aussi, moyennant qu'ils fussent maintenus en leurs fors et privilèges : ce que Grailly leur promit solennellement, au nom de son maître.

Depuis ce jour, le pays fut sous l'obéissance du Roi d'Angleterre, qui, saisi du Comté, ne se pressa nullement de décider entre les deux prétendantes. Mais le jour de la Chandeleur (2 Février) 1290, le Parlement ambulant du Roi de France cassa indirectement l'arrêt de séquestre de 1284, et voici comment : En l'an 1062, notre Comte Bernat Ier, mû par pure piété, avait constitué une rente annuelle et perpétuelle de 60 sols mourlàs en faveur de l'Église du Puy en Vélay. Celle-ci, par une interprétation erronée de la charte de constitution, se croyant vraiment suzeraine du Comté de Bigorre, en revendiqua l'hommage contre le Roi d'Angleterre, Duc d'Aquitaine, par devant leur suzerain commun, le Roi de France, qui fit juger la contestation par son Parlement ambulant; et ce Parlement donna gain de cause à l'Église du Puy, sans probablement partager son erreur, mais plutôt pour seconder les vues secrètes et ambitieuses du Roi Filippe-le-Bel, sur le Comté de Bigorre.

Le Roi d'Angleterre étant débouté de la suzeraineté, son arrêt de séquestre tomba, et Constance put reprendre possession du Comté.

On le voit donc, ce n'est pas comme Roi d'Angleterre qu'Édouard intervenait en Bigorre, en 1284, mais comme Duc d'Aquitaine et de Gascogne, suzerain de la Bigorre, et cela était tout naturel et bien différent. Mais comme nos historiens ne le qualifient que de Roi d'Angleterre, cela donne le change au lecteur et l'embarrasse.

Je termine ces explications, déjà longues, par une remarque qui n'est pas sans utilité.

Le Roi Édouard Ier, de même que ses prédécesseurs jusqu'à leur aïeul commun Henri II, n'était point, comme on serait porté à le penser, sur son titre de Roi d'Angleterre, un prince de race, de langue et de mœurs anglaises: au contraire, il était *français de race, de langue et de mœurs*, en prenant le mot *français* dans le sens très large qu'il avait, en ces temps où l'idée de l'unité française n'existait pas encore. Ses possessions en France : la Guyenne et la Gascogne, avec l'Anjou et la Normandie, formaient un territoire autant ou même plus grand que celui sur lequel régnait le Roi de France. Nos pères ne pouvaient avoir aucune répugnance à lui obéir. D'ailleurs, il n'était servi dans nos provinces du Sud-Ouest que par des Bigourdans et des Gascons qui, en le servant, servaient leur suzerain, et aucunement par des *soldats saxons* qui auraient été regardés et traités comme des ennemis.

Et plus tard, lorsque le traité de Brétigny eut livré la Bigorre au Roi d'Angleterre, qui la garda, en tout ou en partie, depuis 1361 jusqu'en 1407, nous voyons dans les longues guerres qui commencèrent dès 1369, les Chevaliers du temps se partager entre le Roi de France et le Roi d'Angleterre, au gré de leurs sentimens ou de leurs intérêts ; nous en voyons même, et des plus braves et loyaux, tels que Arnaout de Labédà, servir alternativement l'un et l'autre, sans que nul y trouvât à redire, pas même le Roi de France quand il les avait contre lui. Il faut donc se défier des historiens qui, en racontant les luttes de ces temps anciens, nous parlent de l'*Anglais*, des *troupes anglaises*, avec la passion et les sentimens haineux que nous pourrions éprouver aujourd'hui. Cela est faux, au moins pour notre Gascogne.

V. Oussét de Bagnères

1289

Par lettres données à Condom, le 3 Mai 1289, Édouard Ier, Roi d'Angleterre et Duc d'Aquitaine et de Gascogne, le nomma son Sénéchal en Bigorre, le Comté étant vacant. (Davézac, t. II, p. 49, note.)

VI. Pélégri de Labédà
1290 à 1292

Pélégri de Labédà est une seconde fois Sénéchal pour la Comtesse Constance.

VII. Dalmace de Marciac
1300

Dalmace de Marciac, Chevalier, était Sénéchal de Bigorre, en Octobre 1300, pour le Roi Filippe-le-Bel ou pour sa femme la Reine Jeanne de Navarre, qui se prétendait Comtesse de Bigorre. Il est nommé dans le second Procès-verbal de la célèbre *Enquête sur la Bigorre*. (*Souvenir de la Bigorre*, t. 1, p. 106.)

VIII. Alexandre Baudoin
1301 aux Ides de Janvier

(Registres de Vital Curred, LARCHER, *Histoire de Bigorre*, p. 45.)

IX. Guilhèm de Rabasténs
1305-1307

(LARCHER, *Histoire de Bigorre*, p. 45.)

X. Pèy-Ramoun de Rabasténs
1314

Fut Sénéchal de Bigorre depuis 1314 jusqu'en 1320. En 1314, le Roi Filippe-le-Bel étant mort, son fils,

Louis-le-Hutin, qui lui succéda, donna la Marche et la Bigorre à son frère puîné, Charles-le-Bel. Celui-ci nomma pour son Sénéchal, en Bigorre, le Chevalier Pèy-Ramoun de Rabasténs, qui prit possession du Comté au nom du Prince.

Vers 1320, le Sénéchal de Bigorre, repoussant les Aragonais qui avaient fait une descente en Labédà, et jusqu'aux environs de Lourde, les refoula par delà le port de Gabarnie jusqu'au bourg de Broto, en la vallée de ce nom, où, dans un dernier combat, il fut tué, au rapport du chroniqueur Mauran. Ce Sénéchal était-il le Chevalier de Rabasténs?...

XI. Jourdain de Lubertio
1320-1323

(LARCHER, *Histoire de Bigorre*, p. 46.)

XII. Guilhèm de Cassou
1327

XIII. Guilhem de Carsan ou de Carsano
1324-1329

Il était Seigneur de Saint-Paul. (LARCHER, *Histoire de Bigorre*, p. 46.)

XIV. Pierre de Crossis
1331

(LARCHER, *Histoire de Bigorre*, p. 46.)

XV. Payan de Mailhin
1338

Payan de Mailhin, Seigneur de Saint-Georges, était Sénéchal pour le Roi de France, au 4 Mars 1338, suivant une ordonnance, en date de ce jour, de Gassie de Serres, Avocat des causes fiscales, et Lieutenant dudit Sénéchal. Cette ordonnance est à la suite d'un acte de 1316, du Cartulaire de Sén-Sabi, autorisant les habitans de Cauterès à transférer leurs habitations au bord droit du Gaye, et au pied septentrional du Château.

XVI. Foulques de Moras
1340

Dans les Archives des Hautes-Pirénées, série H. 42, on trouve une sentence de Foulques de Moras, Sénéchal de Bigorre, maintenant l'Abbaye de l'Escaladieu en la Justice haute, moyenne et basse du lieu de Bounamazou.

XVII. Hugues de Bèt-Pouéy ou de Bellopodio
1311

Hugues de Bèt-Pouéy, damoiseau, était, non Sénéchal, mais *Régent de la Sénéchaussée*, en 1351.

Lorsqu'un Sénéchal quittait sa charge, par décès ou autrement, on enfermait le sceau de la Cour de la Sénéchaussée, pour ne plus s'en servir, jusqu'à l'installation du nouveau Sénéchal ; et le Régent, qui était à la tête de la Sénéchaussée, ne scellait qu'avec son propre sceau, même quand les lettres à sceller avaient été accordées par le Sénéchal dont il tenait la place. *(Tablettes du Dr Fontan.)*

XVIII. Guilhèm de Montenay, ou de Montenayo
1315-1316

(LARCHER, *Histoire de Bigorre*, p. 46.)

XIX. Arnaout d'Espagne
1318-1319

Seigneur de Montespan. (LARCHER, *Histoire de Bigorre*, p. 46.)

XX. Bertrand de Terride
1353-1355

Seigneur de Pénonville, et Châtelain de Lourde. (LARCHER, *Histoire de Bigorre*, p. 46.)

XXI. Gautié de Suburre ou de Subriis
1358

Seigneur de Nocla. (LARCHER, *Histoire de Bigorre*, p. 46.)

XXII. Le Sire de Bazilhac
1361

En vertu d'un ordre exprès donné par le Roi Jean, au Bois de Vincennes, le 12 Août 1361, le Sire de Bazilhac, Sénéchal de Bigorre, délivra le Château de

Tarbe, et le Comté de Bigorre, entre les mains du Roi d'Angleterre, en exécution du traité de Brétigny. (Duco.)

On sait que le Roi Jean, vaincu et fait prisonnier, à la bataille de Poitiers, par le Prince Noir, conclut avec le Roi d'Angleterre, Edouard III, un traité par lequel il s'obligeait à payer une rançon de trois millions d'écus d'or, et *d'affranchir* le Roi d'Angleterre *de toute suzeraineté* pour ses provinces d'Aquitaine et de Gascogne, parmi lesquelles on compte le Poitou, la Saintonge, l'Aunis, l'Angoumois, le Périgord, le Limousin, le Quercy, le Rouergue, l'Agénais, la Bigorre et le reste de la Gascogne.

Ce traité fut signé, le 8 Mai 1360, à Brétigny, hameau des environs de Chartres.

XXIII. Jean de Rochis
1365

Sénéchal pour le Prince d'Aquitaine (ou le Roi d'Angleterre.

En 1367, Arnàout de Labédà, Chevalier, Seigneur d'Andrést, était son Lieutenant.

XXIV. Bernat de Rivière
1370-1373

Chevalier, Seigneur de Labatut, Sénéchal pour le Roi de France. (LARCHER, *Histoire de Bigorre*, p. 46.)

Le Prince Noir, créé par son père *Prince d'Aquitaine*, ayant mécontenté les provinces gasconnes par les impôts dont il les chargea, les Seigneurs et les villes du Comté de Bigorre se soulevèrent contre l'Anglais, en 1369, et le Duc d'Anjou, accompagné du connétable Du Guesclin, secondant ce mouvement, se rendit maître de la Plaine de Bigorre, et en confia le commandement à Jean, comte d'Armagnac (1369-1370).

Depuis lors, et jusqu'après l'expulsion totale de l'Anglais, on vit simultanément, en Bigorre, un Sénéchal pour le Roi de France, et un autre pour le Roi d'Angleterre.

XXV. Bernat de Jussan
1370

Sénéchal pour le Roi d'Angleterre. (LARCHER, *Histoire de Bigorre*, p. 46.)

XXVI. Messire Jacmes Izalguier
1374-1376-1377

Jacmes, James ou Jacques Izalguier, était Sénéchal de Bigorre pour le Roi de France, Charles V. Il est nommé, avec sa qualité de Sénéchal de Bigorre, dans le traité secret conclu par Gaston Fébus, Comte de Foix et Vicomte de Béarn, avec le Duc d'Anjou, en 1374, et qui est rapporté par Lagrèze, dans sa *Chronique de Lourde*, page 71, d'après l'original conservé aux Archives de Pau.

Nous le trouvons, comme témoin :

1° Dans le projet de paix entre le Comte de Foix et le Comte d'Armagnac, rapporté dans l'*Histoire du Languedoc*, t. IV, Preuves, col. 335 à 338, avec la date suivante : au siège devant Cazères, l'an de grâce 1376, le 12ᵉ jour de Novembre ;

2° Dans la Promesse du Comte de Foix, de servir le Roi Charles V, faite à Tarbe en Bigorre, le 25 Janvier 1376. (*Id.*, Preuves, col. 339.)

3° Et encore dans le Traité de Paix entre les Comtes de Foix et d'Armagnac, signé à Tarbe, le 27 Janvier 1377. (*Id.*, Preuves, col. 343 et 349.)

XXVII. Arnàout-Guilhèm de Montlézun
1382

Seigneur de Saint-Lari et de Mazéroles.
Sénéchal pour le Roi de France Charles V. (LARCHER, *Histoire de Bigorre*, p. 46.)

XXVIII. Jean de Béarn
1384-1407

Jean de Béarn fut Sénéchal de Bigorre pour le Roi d'Angleterre, depuis l'an 1384 jusqu'en l'an 1407.

Il était capitaine du Château de Lourde, depuis 1474, quand le Roi d'Angleterre le confirma dans ce commandement et lui conféra la charge de son Sénéchal en Bigorre, par lettres patentes données à Westminster, le 20 Janvier 1384, et il le maintint dans les deux charges par nouvelles lettres du 5 Novembre 1400. (Davézac, t. II, p. 105, *note.*)

Jean de Béarn est un des plus brillans personnages de l'histoire de la Bigorre. Le trait suivant, que j'emprunte à l'historien Duco, peut donner une idée de son incomparable vaillance. C'était en l'an 1387 : Urbain,

Archevêque de Bordeaux, fut envoyé en ambassade à Don Pèdro, Roi d'Aragon, par le Duc de Lancastre, Lieutenant général du Roi d'Angleterre en Guyenne et Gascogne, pour retirer les sommes qui étaient dues à l'Anglais. Le Conseil d'Aragon, offensé, soit de la demande, soit du langage de l'ambassadeur, le fit arrêter. Aussitôt que le Duc de Lancastre en fut averti, il donna ordre à Jean de Béarn, Sénéchal de Bigorre, d'aller délivrer l'Archevêque. Jean partit incontinent de Lourde, accompagné de ses braves frères d'armes, Pèy d'Anchin, Arnaoutou de Rustain, Arnaoutou de Sainte-Colombe, et des gens d'armes de Lourde. Ayant remonté la vallée du Gave jusqu'au port de Gabarnie, il se précipita dans l'Aragon, avec la rapidité des torrens de nos montagnes, bravant et renversant tous les obstacles, et prenant les châteaux qui étaient sur son passage; arrivé à Barcelone, il délivre l'Archevêque prisonnier, et le ramenant avec lui, il regagne la citadelle de Lourde avec le même bonheur et la même rapidité qu'il en était parti.

Grâce à son habileté militaire et à son courage indomptable, le château de Lourde resta au Roi d'Angleterre jusqu'au mois de Novembre 1407, tandis qu'il avait perdu depuis plus de vingt ans la Plaine de Bigorre, et depuis trois ou quatre ans tout le Labédà. La faim et la soif purent seules contraindre Jean à capituler, après un siège qui n'avait pas duré moins de dix-huit mois.

XXIX. Jourdain d'Aigreville
1385-1386

Sénéchal pour le Roi de France.

En 1386, le prénom est « Jaque ». (Larcher, *Histoire de Bigorre*, p. 46.)

XXX. Arnàout-Ramoun de Castèt-Bayac
1389

Sénéchal pour le Roi de France.

XXXI. Arnaout-Guilhèm de Montlézun
1391

Il était Sénéchal pour le Roi Charles V, d'après Davézac. Duco ne le mentionne pas. C'est probablement le Arnàout-Guilhèm de Montlézun de 1382 de Larcher, plus haut nommé, malgré la différence des dates.

XXXII. Jean, Vicomte d'Asté
1392

Sénéchal pour le Roi de France. (Larcher, *Histoire de Bigorre*, p. 46.)

XXXIII. Messire Gadifèr de La Salle
1396-1399-1405

Nous le trouvons comme témoin, avec sa qualité de Sénéchal de Bigorre pour le Roi Charles V, à l'Accord entre le Connétable de Sancerre, et Archambaud de Grailly, Comte de Foix, conclu à Tarbe le xe de Mai 1399. (*Histoire du Languedoc*, t. IV, Preuves, col. 390, ligne 16.)

Il est appelé, dans certains actes, *Guidamor de Aula*; Davézac l'appelle *Waïfer d'Aula*.

Vers 1403, il vendit une maison à Tarbe, à noble Arnâout de Labédâ, Seigneur d'Andrést et de Castèt-Jélous, qui lui succéda peu après. (LARCHER, *Glanage*, XIII, n° 135.)

En 1405, il avait pour Lieutenant Gui-Anèr de Aula.

XXXIV. Arnâout IV, Vicomte de Labédâ
1406 à 1421

Arnâout IV, l'un des plus vaillans de nos Vicomtes de Labédâ, fut Sénéchal de Bigorre pour le Roi de France, de 1406 à 1421.

Il fit la guerre contre les Anglais sous les ordres de Jean de Bourbon, Comte de Clermont.

Quand le Château de Lourde fut repris, en 1407, sur Jean de Béarn, qui le commandait pour le Roi d'Angleterre, il en fut nommé Capitaine.

Il avait pris le parti du Comte de Foix, dans la longue querelle de celui-ci avec le Comte d'Armagnac. Aussi, quand le Comte de Foix fut mis en possession du Comté de Bigorre, en 1425, ne tarda-t-il pas à récompenser le Vicomte Arnâout en lui faisant don de la bailie de la vallée d'Azû, une des plus riches du Labédâ.

XXXV. Bernat de Béarn
1424

Sénéchal pour le Roi d'Angleterre. (LARCHER, *Histoire de Bigorre*, p. 47.)

XXXVI. Bernat de Castèt-Bayac
1422-1423-1428

Bernat de Castèt-Bayac, Chevalier, Chambellan du Roi Charles VII, était Sénéchal en 1422-1423-1428, d'abord pour le Roi de France, ensuite pour Jean, Comte de Foix et de Bigorre, à qui le Roi fit donation du Comté en 1425. (LARCHER, *Histoire de Bigorre*, p. 47.)

XXXVII. Arnàout de Labédà
1429

Seigneur de Castètjélous. (LARCHER, *Histoire de Bigorre*, p. 47.) Il avait été Sénéchal, une première fois, depuis 1406 jusqu'en 1421.

XXXVIII. Bernat de Coarraze
1432

(LARCHER, *Histoire de Bigorre*, p. 47.)

XXXIX. Jean, Vicomte d'Asté
1437-1441

Il était Sénéchal pour le Comte de Foix et de Bigorre. A la suite d'une Charte de l'Abbaye de Sèn-Sabi, autorisant quelques habitans de Cauterès, en l'an 1397, à aller demeurer auprès des sources de Peyraouta, on trouve une ordonnance de ce Sénéchal, datée de Tarbe, le 14 Janvier 1437.

Arnàout V, Vicomte de Labédà, faisant son testament le 20 Septembre 1441, nomme Jean, Vicomte d'Asté, Sénéchal de Bigorre, pour l'un de ses exécuteurs testamentaires.

XL. Bernat de Béarn
1445-1453

Bernat de Béarn, Chevalier, était Sénéchal de Bigorre pour Gastou de Grailly, Comte de Foix et de Bigorre, et Vicomte de Béarn, au 6 Octobre 1445, suivant qu'il est dit en la sentence rendue, à cette date, par Ramoun de Juncà, Juge-Mage, entre la Communauté d'Arcizàs-Déssus et l'Estréme de Sales. *(Cartul. de Noalis, f° 410, v°.)*

En Juillet-Septembre 1453, nous le trouvons, avec le Comte de Foix et le Sire de Labédà Ramoun-Gassie VII, combattant en Médoc, contre les Anglais, sous les ordres du Comte de Clermont. *(Histoire de la Guyènne, par H. RIDADIEU, p. 318.)*

XLI. Sans-Gassie d'Aure, Vicomte d'Asté
1450-1452

Seigneur de Montaudan. (LARCHER, *Histoire de Bigorre*, p. 47.)

XLII. Ramoun de Salignac
1456

Ramoun de Salignac était Sénéchal de Quercy et de Bigorre, quand il maria, l'an 1456, sa fille Catalina, avec Gastou III, Seigneur de Biron, en Périgord. (Duco.)

XLIII. Manaout d'Aure
1456-1457

Seigneur de Larboust. (LARCHER, *Histoire de Bigorre*, p. 47.)

XLIV. Sans-Gassie d'Aure, Vicomte d'Asté
1458

Paraît avoir succédé immédiatement à Ramoun de Salignac, dès 1456. En cette année et la suivante, nous le voyons guerroyant en Navarre, sous les ordres de Gastou, Comte de Foix et de Bigorre. En 1458, le Comte assiégea Garris, ville de la Basse-Navarre, qui se défendit vigoureusement. Le Sénéchal de Bigorre y fut tué. Cependant la place fut emportée d'assaut, et Gastou eut la cruauté de faire couper le poing et crever les yeux aux assiégés, en punition de leurs propres excès, et sans doute aussi de leur résistance. (Duco.)

Sans-Gassie était fils de Jean III, vicomte d'Asté. Nous l'avons déjà vu Sénéchal de Bigorre en 1450 et 1452.

XLV. Manaout d'Aure
1459

On conserve dans les Archives des Hautes-Pirénées un *vidimus* de transaction, passée entre les Prébendiers et les Jacobins de Bagnères, délivrée en l'année 1459, par Jacques Colin, notaire de Tarbe, sur l'ordre de Manaout d'Aure, seigneur de Larboust, Sénéchal de Bigorre. (*Archives*, II. 213.)

Il avait succédé immédiatement à Sans-Gassie d'Auro, et avait été Sénéchal une première fois en 1456 et 1457.

XLVI. Pèy-Arnaout, Seigneur de Castèt-Bayao
1460

Il était Sénéchal de Bigorre, quand, par contrat du 15 Janvier 1460, il épousa Toinette de Labédà, fille du Vicomte Ramoun-Gassie VII. (MAURAN, p. 30, *note*.)
Il avait succédé à Manaout d'Auro.
N'est mentionné dans aucune Liste.

XLVII. Ramoun-Gassie VII, Vicomte de Labédà
1463-1470

C'est Larcher qui nous apprend que Ramoun-Gassie VII était Sénéchal de Bigorre en 1463 et 1470.

XLVIII. Guilhèm de Rabastens
1469

(LARCHER, *Histoire de Bigorre*, p. 47.)

XLIX. Arnàout d'Antin
1469

(LARCHER, *Histoire de Bigorre*, p. 47.)

L. Pèy de Béarn
1476-1477

Je ne connais ce Sénéchal de Bigorre que par l'arrêt suivant du Parlement de Toulouse :

Samedi 4e Janv. 1477.

« *Veues par la court les informations et procès fait de et sur la prise et emprisonnement de la personne de maistre Jehan Seguier, Conseiller du Roy nostre Sire, en la d. Court, en la ville de Tarbe, en besoignant illec en l'exécution de certaines lectres royaulx obtenues par maistre Pélegrin de Fontan; et autres abus, excès et délicts faiz et commis en celte partie par les officiers du Comté de Bigorre et autres; et aussi certaines autres informations faictes à la requeste de Jehan de Ponte et Arnault de Capite-Villa, ensemble certaines lectres et exploix obtenues et faiz à l'encontre de Pierre de Béarn, escuier, sieur de Milcens, Séneschal de Bigorre, et Fortanier de Béarn, ausquelz est imposé entre autres choses, avoir fait pandre et estrangler Pierre de Capite-Villa et Guillaume de Ponte, sans aucun procès ne informations, et après les inhibitions faictes tant par vertu des lectres en cas d'appel obtenues tant de la chancellerie que du juge d'appeaulx du d. Comté de Bigorre, par les parens et amys d'iceulx Pierre de Capite Villa et Guillaume de Ponte.* — *La Court a ordonné et ordonne que le d. Pierre de Béarn, Sénéchal de Bigorre, et Fortanier de Béarn, maistre Bonshom de Morenx, juge mage de Bigorre, et maistre Augier de Lafont, procureur comtal au d. Comté de Bigorre, ung nommé Berdolo, jadiz capitaine de Marsilhan, ung nommé Faquet de Ortes,*

Jamet de Finecorbe, Jaquet le Bourguignon, ung nommé Bernardo, Sergent de Tarbe, et ung nommé Barthélemy, aliàs Olier, lieutenant du chastellain de Tarbe, seront prins au corps quelque part que trouvez pourront estre, hors lieu saint, et amenez prisonniers, à leurs despens, en la Conciergerie du palais royal à Tholoze, pour ester à droit et à justice; et, au cas que prins ne pourront estre, eulx et pareillement maistre Barthélemy Deoso, procureur au d. Comté de Bigorre, seront adjournez à comparoir en personne à la d. Court, sur peine de bannissement de ce royaulme, et de confiscation de corps et de biens, pour respondre de et sur les abus, excès, délictz et forfaiz, dont il est apparu et appert par les d. informations et procès; et seront prins et mis en la main du Roy, réaument et de fait, tous et chacuns leurs biens, par bon et loyal inventaire, et soubz icelle, tenuz et gouvernez par bons et souffisans commissaires, jusques à ce que par la Court en soit autrement ordonné. Et sera fait l'adjournement aux personnes des dessusd., se appréhendez peuvent estre, ou sinon à leurs domiciles et aux personnes de leurs procureurs, serviteurs familiers et entremecteurs de leurs besoignes, s'aucuns en ont, et ..... seur actes sémoncés ès lieux et Villes insignes plus prouchains des lieux esquelz ilz ont acostumé le plus souvent de converser, à son de trompe et par cry publique, et aliàs informa in talibus solita. — Et au surplus la Court a suspendu et suspend les d. Pierre de Béarn, Séneschal de Bigorre, et Fortanier de Béarn, de tous offices, administrations et exercice de justice et autres publiques en ce royaume; et leur sera défendu et aussi à leurs lieuxtenans, commis et députez, publiquement et à son de trompe, que ne se ingèrent d'en user, et à tous et chacuns les subgetz du Roy de non leur obéyr, soubz la peine de mil marcz *d'argent, au d. Sieur à appliquer, et autre peine que pourroient encourir envers le Roy et justice, le tout comme dessus, jusques à ce que par la Court autrement en soit ordonné.*

(Archives du Parlement de Toulouse, Reg. B. 1, f° 265, v°.)

LI. Arnaout d'Astain
1478

Arnaout d'Astain, seigneur de Beccaries (ou plutôt de Beccaas), est cité, avec le titre de Sénéchal de Bigorre, comme l'un des arbitres choisis par Ramoun-Gassie VII, Vicomte de Labéda, et son frère puîné Bernat, dans leur compromis fait au château d'Andrest, le 18 Mai 1478.

Dans ce même document, un autre des arbitres choisis, Bonhomme de Morens ou de Morennis, est cité avec le titre de Juge-Mage de Bigorre.

Dans une Enquête faite à Argelès-en-Labéda, le 20 Octobre de l'an 1492, relative à une poursuite dirigée contre Assibat de Labéda, seigneur d'Arcizas-Déssus, on trouve une déposition de Peyrot de Biéouzac, fils légitime de Jouan de Barètja, Seigneur de Biéouzac, et d'Antonia de Couarràza d'Arzaas, où il est dit, entre autres faits, que « en lo tems passad, can Mossén « de Becaas èra Senescaou de Begorra, ò noble Assi- « bat de Labeda son Loctenent.... »

Ce Mossén de Bécaas était le même que Arnaout d'Astain, Sénéchal en 1478 ; car Larcher nous dit (*Histoire de Bigorre*, p. 49), qu'Assibat de Labéda était son Lieutenant de robe courte en 1477, et 1481. Or ces dates s'accordent bien avec celle de 1478.

Voici, d'ailleurs, quelques détails sur Assibat : il était fils puîné de Bertrand de Labédà, seigneur de Sauveterre, fils lui-même d'Arnaout IV, Vicomte de Labédà, Sénéchal de Bigorre.

Assibat épousa, avant 1466, Miramounda de Abadia, d'Arcizàs-Déssus, et devint, du chef de sa femme, Seigneur de l'Abbadia de ce lieu. Il vivait encore en 1492; il était mort avant 1505.

Par la déposition de Peyrot de Bicouzac, nous apprenons qu'Assibat ayant emprunté, pour un jour, à noble Assibat de Couarràza, Seigneur d'Arzaas, un cheval de la valeur d'environ soixante écus petits, le Seigneur d'Arzaas ne put jamais obtenir qu'il lui fut rendu, malgré de nombreuses réclamations; il adressa donc une supplique à la Reine Catalina, qui l'autorisa à saisir et vendre à l'encan les biens dudit Assibat de Labédà, jusqu'à concurrence de la valeur du cheval. Assibat de Labédà ayant résisté à l'exécution, sans pour cela rendre le cheval, une enquête fut ouverte contre lui, de laquelle j'ignore les suites. Il faut croire que force resta au bon droit. (Voir *Les Vicomtes de Labédà*, par Jean Bourdette.)

LII. Bernat, Baron de Castèt-Bayac
1488

L'an 1488, Bernat de Castèt-Bayac, Sénéchal de Bigorre, avec Pierre de Béarn, Sénéchal de Marsan, et Manàout de Nabailles (ou Navailles), seigneur de Bignoles (ou Vignoles), fit le procès à ceux qui avaient trempé dans la conspiration contre Catalina, Reine de Navarre, Comtesse de Foix et de Bigorre, et sa mère Madelène, princesse de Viana. (Duco.)

LIII. Gastou, Baron de Castèt-Bayao
1498-1500-1509

(LARCHER, *Histoire de Bigorre*, p. 48.)

LIV. Manaout de Navailles
1512

Manaout de Navailles, Baron de Hontàous, Seigneur de Bignoles, Commandeur de Bessanet, était Sénéchal de Bigorre en 1512, pour la Reine Catalina et le Roi Jean. (LARCHER.)

« La sénéchaussée vaquoit au 12 novembre 1512. » (LARCHER, *Histoire de Bigorre*, p. 48.)

LV. Jean d'Antin
1511-1515-1523

Jean d'Antin, Baron d'Antin, Seigneur de Bonnefont et des Affites, était Sénéchal de Bigorre, en 1514, suivant les lettres expédiées par Ferrand et Saciati, ses Lieutenans. (DUCO.) Il l'était encore en 1515 et 1523. (LARCHER.)

LVI. Arnaout d'Antin
1535-1537

« Noble et puissant Seigneur Arnaout d'Antin, « Chevalier, Seigneur et Baron d'Antin, Sénéchal de « Bigorre, » est ainsi nommé et qualifié dans son contrat de mariage, du 4 Avril 1535, passé à Bénac, dans la maison de noble et puissant Seigneur, Jean-

Marc de Montaut, Seigneur de Bénac, suivant lequel contrat il épousa Anne d'Andoins, sœur de Jean d'Andoins, Seigneur et Baron d'Andoins. (MAURAN, p. 121, note.)

Il était encore Sénéchal en 1552, 1553, 1567, suivant Larcher, et encore en 1568, suivant Mauran, p. 120. (LARCHER, *Histoire de Bigorre*, p. 48.)

LVII. Jean-Marc de Montaut
1538

On lit dans les *Annales de Toulouse*, par G. de La Faille, seconde partie, année 1538, p. 110 de l'édition de 1701 :

« Jean-Marc de Montaut, Chevalier, Seigneur de
« Bénac, un des Capitouls de cette année [1538], s'ex-
« cusa devant le Sénéchal [de Toulouse], sur la
« Charge qu'il avait de Gentilhomme ordinaire de la
« Chambre du Roi; et plus encore parce qu'il était
« Sénéchal de Bigorre. Le Sénéchal n'ayant point eu
« égard à son excuse, il en appela au Parlement, qui
« l'en débouta aussi, parce qu'il était habitant de cette
« Ville [de Toulouse]. C'était le bisaïeul de feu Mon-
« sieur le Duc de Navailles. »

Jean-Marc de Montaut, fils d'Anné de Montaut, Baron de Bénac, né le 6 Mai 1499, mourut à Toulouse, le 13 Janvier 1556 ; il résidait habituellement à Toulouse, et en fut Capitoul en 1538. Il avait épousé Madelène d'Andoins, qui lui apporta la Baronnie de Navailles. Le P. Anselme, à qui j'emprunte ces détails (t. VII, p. 605), ne dit pas, comme le fait La Faille, qu'il ait été Sénéchal de Bigorre. Je crois La Faille, ancien Capitoul, mieux informé que le P. Anselme.

Jean-Marc fut père de Filippo Ier de Montaut, premier époux de Marie de Gontaut de Saint-Géniès, qui, devenue veuve, épousa Jean-Jacques de Bourbon, Vicomte de Labédâ.

C'est à Bénac, nous l'avons vu, et dans la maison de Jean-Marc, que, le 4 Avril 1535, fut passé le contrat de mariage de noble Arnaout d'Antin, Baron d'Antin et Sénéchal de Bigorre, avec Anne d'Andoins, qui était sœur de Madelène d'Andoins, épouse de Jean-Marc.

Si, comme cela résulte du texte de La Faille et de l'Arrêt du Parlement de Toulouse, Jean-Marc était Sénéchal en 1538, il faut que le Baron d'Antin se soit démis de cette charge pendant quelque temps en sa faveur, pour la reprendre ensuite.

Larcher, dans son *Dictionnnaire*, v° *Bigorre*, article *Sénéchaux*, dit : « Jean-Marc de Montaut, Seigneur « de Bénac, Sénéchal de Bigorre, pour le Roi de « Navarre.... »

Et le même Larcher, dans le *Calendrier du diocèse de Tarbe*, 1761, où il donne une Liste de Sénéchaux, dit encore dans cette Liste : « Jean-Marc de Montaut, « Baron de Bénac, 1528. »

Ces deux citations, que je dois à une obligeante communication de M. G. Balencie, et auxquelles j'en pourrais joindre une troisième tirée de l'*Histoire de Bigorre*, p. 48, aussi de Larcher, confirment celle tirée de La Faille. Mais il y faut corriger 1528 en 1538, puisque Jean-Marc ne fut élu Capitoul qu'en cette année 1538, et qu'il s'excusait de l'être par le motif qu'il était Sénéchal de Bigorre.

LVIII. Arnaout d'Antin

1552-1553-1567

Arnaout d'Antin reprit la charge de Sénéchal, dont Jean-Marc de Montaut s'était démis.

En 1568, il fut établi Gouverneur du pays, conjointement avec le Baron de Bazilhac, pour la défense de la Bigorre contre les huguenots. (Mauran, p. 120.)

Il mourut avant le 10 Mai 1570, jour où sa charge fut donnée à Filippe de Montaut-Bénac.

LIX. Filippe de Montaut-Bénac

1570-1573

Filippe de Montaut, Baron de Bénac, fut nommé Sénéchal de Bigorre, *pour la première fois*, par la Reine Jeanne d'Albret, à La Rochelle, le 10 Mai 1570, après le décès de Arnaout d'Antin. Il céda sa charge, au mois de Juin 1573, à Antoine de Rivière, et la reprit après la mort de ce dernier, entre 1579 et 1585. Enfin, il la céda à Marc-Antoine de Campeils, en Janvier 1596. (V. Mauran, p. 46, *note.*)

LX. Antoine de Rivière

1573

Il succéda à Filippe de Montaut-Bénac, comme Sénéchal de Bigorre, en Juin 1573. Il fut fait Gouverneur particulier de la Bigorre en 1576 ou un peu plus tard.

Antoine de Rivière était Seigneur et Vicomte de Labatut et d'Auriabat. Il avait pour Lieutenant de robe courte, le Seigneur de Horgues.

A sa mort, arrivée en 1579 ou peu après, Filippe de Montaut redevint Sénéchal de Bigorre.

LXI. Filippe de Montaut-Bénac
vers 1579

Sénéchal *pour la seconde fois*, depuis le décès d'Antoine de Rivière, jusqu'en Janvier 1596.

Davézac, qui a suivi Duco, porte dans sa Liste, avec la date 1578, un Bernat de Montaut, duquel il dit (t. II, p. 258, *note*) qu'il fut Sénéchal de Bigorre avant son frère Filippe. C'est une erreur dont Larcher a su se garantir : Bernat ne fut jamais Sénéchal, mais son frère le fut deux fois, ainsi que le démontre M. Balencie, dans sa note sur Mauran. *(Sommaire description,* p. 46.)

Le Sénéchal Filippe de Montaut, dit M. Balencie, était un ardent huguenot. Veuf de Jeanne de Caumont, dont il n'avait pas eu d'enfans, il épousa, par contrat du 15 Juillet 1592, Marie de Gontaut-Saint-Géniès, qui ne lui en donna pas non plus. Il testa le 9 Juillet 1597 en faveur de son frère Bernat, et mourut entre Février 1600 et Mars 1601.

LXII. Marc-Antoine de Campeils
1596 à 1636

On lit dans Larcher (*Glanage*, t. IX, p. 217) :
« La garnison de Tarbe fut congédiée le 1er Jan-
« vier 1596, par Filippe de Montaut, Sénéchal de

« Bigorre, et le 11 Février suivant, les États furent
« assemblés devant Messire Marc-Antoine de Cam-
« peils, Baron de Luc, Sénéchal de Bigorre. »

Larcher nous apprend ainsi que Marc-Antoine de Campeils prit possession de la charge de Sénéchal de Bigorre, en Janvier 1596. Il fait d'ailleurs une petite erreur en le qualifiant de Baron de Luc, car la Seigneurie de Luc ne fut érigée en Baronie qu'au mois d'Octobre 1596, par lettres d'Henri IV, datées de Rouen, en la huitième année de son règne. (Reg. 14, f° 4, du *Parlement*.) Ces lettres d'Henri IV furent confirmées par d'autres lettres de Louis XIII, datées de Paris, le 21 Novembre 1610, où nous lisons que ladite Baronie se composait des lieux suivans : Luc, Espiéilh, Las Ladas, Bernadets-Déssus, Espéch et Oueilhous. (Reg. 14, f° 4, du *Parlement*.)

Filippe de Montaut n'avait pas d'enfans ; il se démit de sa charge en faveur de Marc-Antoine de Campeils, Seigneur de Luc, qui avait épousé Jeanne, fille de son frère puîné Bernat de Montaut.

Gastou d'Armagnac, Seigneur de Horgues, tué dans une rencontre en Mai 1621, était Lieutenant de robe courte du Sénéchal Baron de Luc.

LXIII. Filippe II de Montaut-Bénac

21 Décembre 1636 à 2 Mai 1654

Il succéda au Baron de Luc, décédé, « suivant
« Lettres-patentes contenant don de la charge de
« Sénéchal et Gouverneur au pays et Comté de
« Bigorre, en faveur du sieur Filippe de Mont-Hault,
« marquis de Bénac, données, à Noisy, le 21 Décem-

« bre 1636, par le Roi Louis XIV, en l'an 27e de son
« règne; registrées au Parlement de Toulouse le
« 1er Avril 1637. » (*Archives du Parlement*, Reg. 28,
f° 46.)

Davézac le fait Sénéchal en 1650; il l'était en effet,
et même depuis 14 ans.

M. de Carsalade le fait Sénéchal dès 1626. (*Souvenir
de la Bigorre*, t. II, p. 132.) Il semble avoir fait erreur
en lisant 1626 pour 1636.

C'est ce même Filippe de Montaut qui hérita de la
Vicomté de Labédà, en 1643, en vertu du testament
de la Vicomtesse Marie de Gontaut de Saint-Géniès,
qui en avait elle-même hérité de son second mari,
Jean-Jacques de Bourbon, Vicomte de Labédà. (Voir
Les Vicomtes de Labédà, par Jean Bourdette.)

En 1664, il se démit en faveur de Roger de Pardailhan de Gondrin, Marquis d'Antin. Dans les provisions de ce dernier, Filippe de Montaut est ainsi qualifié : « Marquis de Bénac, Comte de Navailles,
« Lieutenant-Général des armées du Roi, Capitaine-
« Lieutenant de deux cents chevau légers de sa
« garde, etc. »

LXIV. Roger de Pardailhan de Gondrin, Marquis d'Antin

2 Mai 1654 à 1661

Provisions de Sénéchal et Gouverneur du pays et
Comté de Bigorre, pour Roger de Pardailhan de Gondrin, Marquis d'Antin, en remplacement du sr Filippe
de Montaut, données à Paris, le 2e jour de Mai 1654;

registrées au Parlement de Toulouse, le 7ᵉ Septembre suivant. (*Archives du Parlement,* Reg. 19, fᵒ 252.)

Eut pour successeur le Comte de Sansous, vers 1664 ou 1665.

LXV. Henri-Bernat de Miosséns, Comte de Sansous
De 1665 au 2 Mars 1668

Henri-Bernat de Miosséns, Comte de Sansous, fut Sénéchal et Gouverneur du Comté de Bigorre, après le Marquis d'Antin.

Ses lettres de provisions ne furent probablement pas enregistrées au Parlement de Toulouse, car, malgré de multiples recherches, je n'ai pu les y trouver.

Il vendit sa charge au Comte de Toulonjon, moyennant 40.000 livres.

LXVI. Henri de Gramont, Comte de Toulonjon
2 Mars 1668 à 10 Mai 1675

Provisions des charges de Sénéchal et Gouverneur du Comté de Bigorre, en faveur du sʳ Henri de Gramont, Comte de Toulonjon, du 2 Mai 1668. (*Archives du Parlement,* Reg. 20, fᵒ 408.)

Le 10 Mai 1675, le Comte de Toulonjon se démit en faveur du sʳ Jean de Mua. On a vu, Chapitre V, de la 1ʳᵉ Partie, comment il avait été obligé de se démettre.

LXVII. Jean de Mua, Baron de Barbazan
10 Mai 1675 à 29 Mars 1688

Provisions des charges de Sénéchal et Gouverneur du Comté de Bigorre, pour messire Jean de Mua,

Seigneur et Baron de Barbazan-Débat et autres lieux, et Conseiller du Roi en la Cour de Parlement de Toulouse, données à Saint-Germain-en-Laye, le 10 Mai 1675, registrées au Parlement de Toulouse, le 27 Novembre suivant. *(Archives du Parlement*, Reg. 23, f° 49, v°.)

Jean de Mua était Sous-Doyen des Conseillers au Parlement de Toulouse, quand il acquit la charge de Sénéchal.

En 1679, un Jean de Mua, Conseiller au Parlement, vint à Lus en Barège, instruire contre ceux qui avaient participé au meurtre de dix ou douze personnes que dans le pays on accusait de sorcellerie. Ce fait, assez curieux, se rapporte à Jean de Mua, l'un des fils puînés du Sénéchal.

En voici un autre, non moins curieux, qui concerne le Sénéchal lui-même, et que je trouve dans les Registres du Parlement :

« Saisie réelle générale de tous et chacun les biens
« de messire Jean de Mua, Seigneur et Baron de Bar-
« bazan, Conseiller en la Cour de Parlement de Tou-
« louse, Sénéchal et Gouverneur pour le Roy au pays
« et Comté de Bigorre, à la requête de la dame de
« Chapeup, du 13 Septembre 1695. » *(Archives du Parlement*, Reg. 30, f° 64.)

Pressé, sans doute, par ses embarras d'argent, qui lui faisaient une position difficile, Jean de Mua obtint, dès 1688, pour son fils Jean-Augustin, des lettres de provisions de sa charge. Cependant il continua de l'exercer jusqu'en 1700.

C'est en Octobre 1695, tandis qu'il était encore Sénéchal, que fut promulgué l'Édit qui rendait *héré-*

ditaire la charge de Sénéchal, moyennant finances, bien entendu, car le Roi Louis XIV, après ses folles dépenses, en était réduit à faire argent de tout.

Si besoigneux qu'il fut lui-même, Jean de Mua paya la finance voulue, ne prévoyant guère que, dans moins de cent ans, il n'y aurait plus de Sénéchaux.

LXVIII. Jean-Augustin de Mua, Baron de Barbazan
1700 à 1759

Provisions de Sénéchal et Gouverneur de Bigorre, en faveur de messire Jean-Augustin de Mua, Major du Régiment Mestre de camp général des Dragons de France; données à Versailles, le 29e jour de Mars 1688; registrées le 27 Mars 1700. (*Archives du Parlement*, Reg. 28, f° 170.)

Il succéda à son père, qui se démit en sa faveur.

Jean-Augustin, était Baron de Barbazan-Débat, Seigneur de Sarniguet et Châtelain de Bidalos. Il paraît avoir rencontré de l'opposition de la part des gens de Tarbe; il est au moins permis de le croire, d'après la lettre suivante :

A mes chers et bien amés les Maire et Echevins de la ville de Tarbe.

DE PAR LE ROI.

Chers et bien amés, Nous avons pourvu le Sr de Mua de Barbazan, de la charge de Sénéchal et Gouverneur de notre Pays de Bigorre; et comme Nous avons été informé que lorsqu'il est allé à Tarbe, vous ne lui avez rendu aucuns honneurs, Nous vous faisons cette Lettre pour vous mander et ordonner très-expressément, que la première fois seule-

ment qu'il ira dans votre dite ville de Tarbe, vous ayez à le recevoir avec vos robes consulaires, à la porte par où il entrera, lui présenter les clefs, et lui faire compliment dans lequel vous le traiterez de Monsieur. Et à ce, ne ferez faute, car tel est notre plaisir.

Donné à Versailles, le 15e jour de Février 1702. Louis, signé. Et plus bas : Phelyppeaux.

Cette Lettre, si précise d'ailleurs, m'inspire un re··· t : c'est que le grand Roi, allant jusqu'au bout, n'ait pas donné la formule du compliment obligatoire. Le cas était difficile pour le Maire de Tarbe, on aimerait à savoir en quels termes ce magistrat s'exécuta. Mais Larcher, qui nous a conservé la Lettre du Roi, a pris moins de souci du compliment du Maire.

LXIX. Jean-Jacques de Mua de Barbazan
1759 à 1786

Provisions, en survivance, de la charge de Sénéchal et de Gouverneur du Comté de Bigorre, en faveur du sieur Jean-Jacques de Mua de Barbazan, Capitaine dans le Régiment Mestre de Camp Général des Dragons, données à Paris, le 29e jour de Juin 1720. (*Archives du Parlement*, Reg. 41, f° 341.)

Jean-Jacques de Mua, fils de Jean-Augustin de Mua, était né le 27 Novembre 1708; il n'avait donc que douze ans quand les Provisions ci-dessus lui furent accordées. D'où la nécessité de Lettres de dispense d'âge, datées du 23 Juin 1721. (*Mêmes archives*, Reg. 41, f° 342.)

Je crois, sans pouvoir l'affirmer, qu'il prit possession de sa charge de Sénéchal en 1759; car un ordre du Roi, en date du 24 Janvier de cette année, le nommait Gouverneur de la Province de Bigorre, en même temps sans doute qu'il prenait possession de la charge de Sénéchal, devenue héréditaire dans sa famille.

Par Lettre du 1er Janvier 1766, le Roi lui retira, sans en dire les motifs, la charge de Gouverneur, pour la donner au Comte de Gontaut.

LXX. Le Comte d'Angos
1786 à 1789

Provisions, en survivance, de la charge de Sénéchal et Gouverneur du pays de Bigorre, en faveur du Sr Comte d'Angos; données à Versailles, le 6e Décembre 1786. (*Archives du Parlement*, Reg. 67, f° 194, v°.)

On peut inférer de là que la charge de Gouverneur avait été donnée de nouveau à Jean-Jacques de Mua.

Jean-Auguste, Comte d'Angos, était neveu de Jean-Jacques de Mua, qui lui céda son office, le 24 Mai 1786. Il fut le dernier de nos Sénéchaux.

VERBAL DE M^{re} DE NESTIER, *com^{re} du Parlement, pour l'installation de Monsieur le Sénéchal* (1).

« L'an mille sept cents quatre vingts huit et le dixieme jour du mois de Novembre, en la ville de Tarbe, écrivant sous nous Raimond Davezac de Cas-

---

(1) Sauf la ponctuation, qu'on a légèrement retouchée, pour plus de clarté, les deux documents qui suivent ont été reproduits tels qu'ils sont. Signe de notre décadence intellectuelle

tera pour le greffier en chef de la senéchaussée de Tarbe, son père, que nous avons pris et nommé d'office, de lui le serment reçû au pareil cas requis a l'effet de la commission dont ci-après.

« Nous Marc-Bertrand-François de Lassus de Nestier, conseiller au parlement de Toulouse, et commissaire député par l'arrêt du d. parlement du huit Mars dernier, pour procéder à l'installation du s' Jean-Auguste Comte Dangos, à l'état et charge de senéchal et gouverneur du pais et comté de Bigorre, étant arrivé en la sus d. ville de Tarbe, le jour d'avant hier lundi huit, et descendu en la maison de m. de Ladeveze, lieutenant général en la senéchaussée du d. Tarbe, où nous avons pris notre logement, nous aurions mandé venir le susdit Davezac, greffier, et le s' Rosière, huissier audiencier en la même ditte sénéchaussée, auxquels après leur avoir fait connoitre notre commission, nous aurions enjoint de nous y assister chacun aux fonctions qui lui appartient, et ayant commandé au d. Rosiere, huissier, davertir de notre arrivée en la presente ville, en la qualité de commissaire du parlement, les corps qui devaient venir nous rendre les hommages dus en pareille circonstance.

« Le lendemain mardi neuvième du courant, seraient venus en notre hôtel pour nous présenter les d. homa-

et littéraire : le culte de l'ortografe est aujourd'hui porté jusqu'au fétichisme et nous obligeons nos enfans à donner à cet accessoire, des années précieuses qu'il faudrait plutôt consacrer à l'étude de la construction du discours. Voyez, dans leurs manuscrits, les auteurs du grand siècle, Mme de Sévigné, Corneille, Bossuet et les autres : ils avaient un médiocre souci de l'ortografe et ne la savaient pas comme nous; savons-nous écrire comme eux?

ges et rendre en notre personne à la Cour du Parlement, dont en ce moment nous avions l'honneur d'être le représentant, et d'exercer l'autorité relativement à l'objet de notre commission, les devoirs qui lui sont dus, le s' Comte Dangos pourvu de la charge de sénéchal de Bigorre en son habit de cérémonie de sénéchal, les officiers de la sénéchaussée en leurs habillements de palais, precedés de leurs huissiers en robes, la communauté des procureurs de la même senéchaussée pareillement en leurs habillements de palais, les officiers de la maitrise des eaux et forêts au departement de Tarbe, le maitre particulier en son habit d'audiance, et l'épée au coté, le lieutenant particulier, et le greffier en chef en robes noires, et bonnets quarrés étant précédés dun garde en bandouliere de la dite maitrise, le maire et consuls de la sus d. ville de Tarbe pour la municipalité dicelle, revetus de leurs robes consulaires et précédés des valets de ville avec leurs livrées, le Chapitre cathedral par le ministère de deux chanoines deputés, en soutane et manteau long, précédés du Bedeau du d. chapitre en son habillement de service en robe, et portant la masse et baguette noire; enfin les Supérieurs des maisons religieuses, Cordeliers, Carmes et Capucins.

« Et ce jourd'huy mercredi dixieme à neuf heures du matin, est comparu en notre hôtel par devant nous m' Figarol, procureur en la senéchaussée de Tarbe, assisté du s' Comte Dangos pourvu par le roi de letat et office de sénéchal d'épée de cette ville, qui nous a dit qu'ayant été comis par arrêt de la cour de parlement de Toulouse du huit Mars dernier pour faire l'installation du dit s' Comte Dangos au dit etat et office de sénéchal d'épée et gouverneur du païs et comté de Bigorre, il nous prie et requiert de vouloir bien y procéder ce jourdhuy matin, auquel effet il nous auroit remis le susdit arrêt portant notre commission; et ayant déféré à la d. requisition, m^re Davezac, cons^er du Roi, greffier en chef de la susd. sénéchaussée, et Rosiere, audiancier, Sallan et Dupoutz, huissiers, s'étant déjà rendus auprès de nous, nous sommes partis desuite, étant monté dans notre carrosse où nous avons été accompagnés du dit s^r Comte Dangos, et du d. m^re Davezac comme notre greffier, et précédés des d. Rosiere, Sallan et Dupoutz, huissiers, pour nous rendre au siège de la d. sénéchaussée, afin de proceder au fait de notre commission; et étant arrivés au d. siege, tous les officiers dicellui ayant à leur tête m^e de Ladeveze, lieutenant général, sont venus nous recevoir à la descente de notre carrosse, et nous ont conduits à la chambre du conseil, où étant, nous avons exposé aux d. officiers le sujet de notre commission, et fait faire lecture du susd. arrêt du parlement du huit Mars dernier portant icelle; après quoi M. de Ladeveze nous ayant remis les placets de l'audiance en laquelle l'installation du d. s^r Comte Dangos devait être premièrement faite, nous nous sommes rendus avec tous les officiers du siège, et à leur tête, en la salle d'audiance, où étant nous avons pris notre place dans l'angle, le lieutenant général étant a notre gauche, et les autres officiers à leurs places ordinaires, ainsi que le greffier et les huissiers, le d. s^r Comte Dangos ayant resté dans le barreau au bout du banc des parties du coté haut de la salle, sur lequel banc on avait été placer un tapis fleurdelizé; la Noblesse s'étant

placée sur des bans dans le parquet, nous avons
ordonné d'ouvrir les huis, et de faire entrer à l'audience ; nous avons fait commander le silence, et fait
réciter par Rosiere, huissier audiancier, deux placets,
avant celui que le d. sʳ Comte Dangos nous avait présenté pour son installation, et la récitation de celui ci
ayant été faite, M. Barere jeune, avocat, a pris la
parole, et le d. sʳ Comte Dangos s'est levé pour l'assister, nous avons ordonné au d. m. Barere de se couvrir
et de faire couvrir sa partie, et après que le d. mᵉ Barere a eu plaidé et conclu à l'installation du d. sʳ Comte
Dangos, en l'état et office de senéchal et gouverneur
du païs et Comté de Bigorre, mᵉ Naveres, avocat du
roi, ayant été oui, nous avons ordonné au greffier de
faire lecture des arrêts denrégistrement des provisions
de Senéchal, de reception, et prestation de serment du
d. sʳ Comte Dangos au d. état et office de senéchal, et
de l'arrêt portant notre commission, à l'effet de son
installation en ycelui; après laquelle lecture mᵉ Naveres oui de nouveau, nous avons ordonné que tant les
dits arrêts que les provisions du d. sʳ Comte Dangos
seraint enregistrées et registres de la senéchaussée,
auxquels officiers de la d. senéchaussée, avons enjoint
de le reconnaitre et à tous autres qu'il appartiendra
de lui obéir en la susdite qualité de sénéchal d'épée,
et de gouverneur du païs et comté de Bigorre. Après
quoi nous avons ordonné à Rosière, huissier audiancier, de faire avancer le sʳ Comte Dangos, lequel étant
arrivé près de notre place, en passant par le milieu du
parquet, nous nous sommes levé, et l'ayant pris par
la main, nous l'avons installé, et fait asseoir à notre
coté gauche, au dessus de mᵉ Ladeveze, lieutenant

général, et, ayant repris notre place, nous avons fait réciter quelques placets ; après quoi ayant fait congédier l'audiance, et vuider la salle, nous sommes allé, toujours accompagné des officiers du siège, à la chambre du conseil où nous avons installé le d. s' Comte Dangos, ayant remontré tant à ce dernier, qu'aux autres officiers du siège leur obligation de concourir ensemble, non seulement de leurs lumieres, mais encore par leur union au bien du service du Roi, et à l'administration exacte de la justice à ses sujets. Après quoi nous sommes descendus pour nous retirer accompagné de tous les sus dits officiers du siège, jusques à notre carrosse ou étant montés en leur présence le d. s' Comte Dangos, et m° Davezac, greffier en chef, nous ont reconduit en la même forme, et de la même manière que nous nous étions rendus au siège de la sénéchaussée.

« Et à d'autres actes n'ayant été par nous procédé, nous avons de tout ce dessus fait et dressé le present procès verbal pour servir et valoir, ainsi qu'il appartiendra, lequel nous avons signé et fait signer par notre greffier. LASSUS DE NESTIER, con^{er} comm^{re} ; Signé DAVEZAC, greffier d'office.

« Collationé par nous sus d' con^{er} comm^{re} sur l'original que nous avons retenu par devers nous pour l'emporter pour être remis au greffe du parlement à Toulouse ; à Tarbe, le 19 décembre 1788.

« LASSUS DE NESTIER, con^{er} comm^{re} (1). »

(1) Archives du département des Hautes-Pyrénées. — Communication du docteur François Fontan.

Discours *prononcé lors de l'installation de Monsieur le Comte Dangos, seigneur chatelain de Vidalos, le   1788, par M. Barere fils, avocat en Parlement* (1).

« L'installation d'un magistrat militaire est un spectacle interessant, et digne de fixer l'attention publique, il reveille le sentiment de l'honneur français, et nous rapelle ce principe constitutif de l'Etat que l'epée et la loy se doivent un secours mutuel; que le militaire doit soutenir la loy et non la detruire, tandis que le magistrat veille à l'interet commun et même à la conservation des privileges du militaire chez tous les peuples. L'inauguration d'un magistrat fut une ceremonie des plus importantes. Lors des beaux jours de Rome, tous les ordres de l'Etat assemblés dans le champ de Mars, confioient aux membres les plus distingués le glaive à la fois vengeur des lois et protecteur de la patrie. De même que dans cette fameuse Republique l'on vit les preteurs, les chefs de province tenir d'une main le bouclier et de l'autre la balance de la justice; de même l'on distingue les Senechaux armés d'un double pouvoir dans les differens ages de notre monarchie.

« Flatté de porter la parole dans ce grand jour, et de remplir un noble devoir auquel plusieurs de mes confrères auroint mieux satisfait que moy, qu'il me soit permis Monsieur le Commisaire d'applaudir au digne

(1) Ce discours est de Jacques Barère jeune (par rapport à son père), cousin germain de Bertrand Barère, le conventionnel.

choix d'une cour souveraine qui vous a fait depositaire de ses droits pour une pareille solennité. Chaque citoyen vient jouir de la gloire d'une illustre famille et vous temoigner sa reconnoissance. C'est icy une fête patriotique que vous embelissés par votre presence, et que vous rendez plus auguste par l'autorité dont vous etes revetu, une fette brillante dont leclat est bien au dessus de mes eloges.

« Mais avant de nous livrer a la joye que nous inspire la reception du Comte Dangos, remplissons Messieurs un devoir sacré envers lhomme respectable auquel il succede. Jean-Jacques de Mua Barbazan, dernier senechal de Bigorre, fut pendant son vivant lobjet de notre veneration et de notre amour; nous devons encore aprés sa mort des homages à sa memoire.

« Sa naissance l'appella d'abord a la carriere des armes. Il passa toute sa jeunesse au noble metier de la guerre, et servit pendant vingt-cinq ans en la qualité de capitaine de dragons; il fit avec distinction les campagnes de Baviere, et de Boheme, et partagea lhonneur de la fameuse retraite de Prague. Sans doute ses talens militaires lauroient méné aux plus hauts grades, mais des mœurs, et une philosophie pour ainsy dire austère, le porterent à quitter le tumulte des armes, pour venir se consacrer parmi nous, a des fonctions plus paisibles, et non moins utiles. Nous lavons vu, Messieurs, digne chef de la magistrature et de la noblesse de Bigorre, honorer ces deux ordres, en leur donnant l'exemple des vertus; nous lavons vu long-temps lorgane du Roy auprés des Etats de cette province, et le protecteur de son pays auprés du throne, reunissant a la fois la confience du gouvernement et celle du peuple; et ce qui peut-etre est assez rare, les meritant egalement lune et l'autre.

« Distingué par son esprit et par ses lumieres, grand dans la representation et dans lexercice de ses fonctions publiques, il portoit partout ailleurs cette noble simplicité presque toujours compagne du vray mérite.

« Si nous le considerions dans sa vie privée, nous verrions en luy le sage rester lamy des sciences et des lettres; il ne sarrachoit à la solitude et a la meditation que pour se livrer aux douceurs de lamitié; et c'est alors que sa conversation faisoit les delices des sociétés.

« Cest dans la patrie d'Henri IV, cest près du berceau du meilleur de nos rois qu'il a terminé sa carriere, emportant au tombeau les regrets dune Cour souveraine avec l'estime generale du païs qui la vû naitre, et de celuy qui la vû mourir.

« Pourquoy vous entretenir plus long-temps dun sujet de douleur; nous devons il est vrai à la memoire de Monsieur de Barbazan un tribut d'eloges et de larmes; mais le Comte Dangos, son successeur, va dignement le remplacer. Le neveu nous consolera de la perte de loncle. Cette place Messieurs etoit digne de luy.

« Sans entrer dans de trop grands détails sur les changements qu'elle peut avoir eprouvés dans divers temps, je me bornerai à vous dire qu'elle est des plus anciennes, et des plus distinguées.

« Lorsque les lumieres commencerent à percer à travers tant de siecles dignorence et de barbarie; lorsque la France voulut s'affranchir du joug despotique de la feodalité ; lorsque nos rois pour obtenir la tranquillité dans leurs domaines , detruisirent ce genre bisarre de combat militaire et judiciaire, que le caractere guerrier de nos peres avoit pû seul introduire et maintenir parmi eux; l'on crea des Ballifs et des Senechaux, qui semblables aux ducs et aux comtes furent comme eux chargés au dédans de l'administration de la justice, et au dehors des devoirs de la guerre.

« Nos legislateurs substituerent à ces jugements superstitieux et militaires des premiers ages, une forme de procéder plus methodique, moins conjecturale et moins barbare. Saint Louis publia enfin un Code de lois.

« Des lors les Seigneurs et les Senechaux embarrassés ou degoutés par la gene des formalités judiciaires, et par lapplication trop suivie quexigoit lexercice de leurs fonctions, se retirerent de leurs tribunaux, pour y laisser a leur place des Lieutenants versés dans la science des loix; sans qu'il y eut (comme le dit Montesquieu) (1), « quelque loy qui leur defendit expres-
« sément de tenir eux mêmes leurs cours. »

« La politique devenant plus prevoyante sentit qu'on pourroit compromettre la gloire de la monarchie en distraisant trop la noblesse des travaux guerriers par letude particulière des loix civiles; un homme immortel que le ciel donna à la France dans des temps malheureux, le chancelier de Lhopital, fut le premier qui osa par lordonnance d'Orleans, distinguer la justice de la force. Il divisa sagement les

(1) « *Esprit des loix*, liv. 28, chap. 43. »

pouvoirs dans les mains des sujets, en confiant les fonctions judiciaires a une classe d'hommes instruits, sans depouiller la noblesse des honneurs de la magistrature. Tels on voit parmi nous les ducs et pairs de France dont l'esprit et le systheme militaire, se confont avec l'authorité des Cours souveraines, pour former un rempart inebranlable contre toute atteinte qui pourroit être portée aux constitutions, ou aux droits de la nation.

« La charge de Senechal tient donc aux armes et aux loix ; elle est à la fois le prix de la noblesse et des services du guerrier, comme la recompense des travaux utiles, et de la probité eclairée du citoyen.

« C'est ce que disoit, il y a deux siecles, un celebre magistrat du Parlement de Toulouse ; (je me sens entrainé Monsieur par le plaisir de citer un de vos illustres confreres M. Dolive.)

« La noblesse du sang, disoit-il, est une des quali-
« tés requises pour meriter l'office de Senechal, elle
« consiste en une longue suite dayeuls qui ont signalé
« leurs noms par la gloire de leurs actions dans les
« employes civils ou militaires ; son prix est d'autant
« plus grand que sa source est avancée dans la nuit
« des siecles les plus reculés (1). »

« Cest par la robe qu'elle entra dans cette famille, c'est par lepée qu'elle y est soutenue.

« Le parlement de Toulouse a long-temp applaudy aux lumieres et au zele d'un Mua Barbazan, son doyen, qui fut Senechal de Bigorre, et layeul maternel du Comte Dangos.

(1) « Actions forenses de M. Dolive. »

« La ville de Nancy conserve le précieux souvenir d'un Jean de Mua Barbazan qui y commanda.

« Les soldats françois furent souvent animés par l'exemple de Jean Auguste de Mua Barbazan qui parvint au grade de brigadier des armées du roy et qui se signala sous les ordres de M. de Dellisle. Laspect terrible du danger n'efraya jamais un autre Jean de Mua Barbazan, capitaine de dragons, comme lattestoient ses nombreuses blessures, et enfin la noblesse qui se transmit chez eux avec le sang, ne degenera pas plus que les talens qui y sont hereditaires.

« Si le Comte Dangos ne pût pas suivre longtemps l'impulsion de son ame et la route brillante que luy avoient tracé ses peres dans la carriere des armes, c'est que des circonstances particulieres, et les liens les plus doux lattacherent à son païs. Il trouva son bonheur auprès d'une epouze cherie qui joint à leclat de la naissance, celuy des charmes et des vertûs; il ne pût abandonner une mere aussi tendre que respectable, et dont les lumières honnoreroient notre sexe, comme ses qualités honnorent le sien. Cest par elle que notre nouveau Senechal reunit sur sa tête, les doubles rayons de gloire qui séchappent des deux familles de Barbazan et Dangos.

« Le temps qui detruit tout ne peut rien sur la veritable noblesse, elle s'accroit au contraire par les progrès des ages, et elle acquiert plus de lustre à mesure qu'elle séloigne de sa source. Tel est, Messieurs, le caractere de la noblesse de la maison Dangos; elle se perdroit dans la nuit des temps, si la memoire n'en avoit eté perpetuée, par ses anciens heros.

« Depuis le douzieme siecle la France les à vus

combatre constament pour elle ; ny les troubles survenus dans le royeaume, ny les dangers des guerres civiles, ny les fureurs du calvinisme, ne purent ebranler leur courage, ny affaiblir leur foy ; si les armes à la main, lamour pour leur prince, leur fait faire des prodiges de valeur, leur croyance ne les deffend pas moins des erreurs de l'heresie ; qui pouvoit donc mieux que cette famille fournir des grands deffenseurs a lEtat, et donner de nos jours des chevaliers à Malthe.

« On distingue au treizieme siecle *Raymond Dangos* qui se reunit avec cinquante barons et gentilshommes à Arnaud Guilhaume souverain de Bearn contre les Anglais ; et qui reçut pour prix de ses services, le commendement de la ville de Monleon. C'est encore contre cette nation ennemie que se signala dans le quinzième siecle *Guicharnaud Dangos*.

« Je laisse à lhistoire du seizieme siecle, le soin de vous apprendre les horreurs commises par les heretiques, et les ravages affreux causés par le fanatisme dans ce royeaume ; je ne parleray dans ce moment que des malheurs eprouvés par cette province du temps de Mongomeri : à ce nom qui fut l'execration et le fleau de nos peres, je dois opposer, Messieurs, celuy d'*Arnaud Dangos*, qui en fut le vengeur et l'appuy.

« C'est en vain que le duc de Mongomery se chef ardent de larmée de la Reine de Navarre, veut s'emparer de la ville de Tarbe, et la metre a contribution ; dejà les efforts de larmée du Roy de France, et la valeur du seigneur de Terride sont impuissans, tout cedoit à la force et à la violence de ce fanatique, toutes les campagnes sont devastées, toutes les villes qui se trouvent sur son passage sont impitoyablement saccagées; qui deffendra notre patrie contre cet ennemi destructeur? le croirés vous, Messieurs; un militaire octogenaire, mais qui à vieilly dans les travaux penibles de la guerre, et à qui Charles IX a' sagement confié la garde de cette ville; *Arnaud Dangos* fait écheoir les funestes projets de Mongomery, il le combat et le met en fuite; et si ce dernier honteux de sa deffaite s'en venge en ravageant les domaines immenses de son vainqueur, en incendiant les forets et les chateaux de ses peres, detruisant tout et le laissant lui même sans azile et presque sans biens, cet intrepide deffenseur de son païs se crut bien dedomagé par l'honneur de la victoire, et par le temoignage solennel de reconnoissance que luy rendirent ses concitoyens (1).

« Le 18 Novembre 1569, le triomphe glorieux pour la maison Dangos fut constaté à jamais dans les archives de cette capitale, par une attestation authentique de quinze gentilshommes, et cet acte de justice et de reconnoissance tout ensemble, fut reclamé par la magistrature du païs, par le corps de la noblesse, et à l'envie par tous les officiers municipaux, et par les principaux habitans des villes et des villages d'alentour.

« Permettez moy, Messieurs, de vous rapeller les termes de cette attestation (2).

---

(1) « La perte que fit cette maison fut évaluée trente mille livres tournois, somme immense pour ce temps la. »

(2) « Ils sont rapportés par les Croniques d'Auch, edition de 1716, par dom Brugelles, et on les lit encore dans le procès verbal envoyé à Malthe pour les preuves de noblesse de cette illustre famille. »

20

« Ils declarent tous qu'ils connoissent cet Arnaud
« Dangos pour franc gentilhomme et pour etre aussy
« grand militaire que bon citoyen. Ils ajoutent que
« presque octogenaire il servoit encore avec zele
« depuis plus de quarante années ses Roys et sa patrie,
« qu'il avoit quatre enfants males qui couroient dans
« les armées la même carrière que leur pere, que deux
« de ces quatre enfants servoient dans les compagnies
« de MM. de Sarlabous et de Gramont, et que les deux
« autres avoient peri les armes à la main, pour la
« deffense de leur religion et de la patrie, après
« avoir fidellement servi toute leur vie, les Rois François Ier, Henry II et François II, leurs souverains. »

« Je pourrois vous nommer encore un *Christophle Dangos de Boucarrés* qui se fit remarquer sous les ordres du duc d'Epernon; un *Arnaud Jean Dangos* son frere, ecuyer à la grande ecurie du Roy; un autre *Jean François Dangos*, à qui Louis XIV donna pour prix de sa valeur une compagnie de cavalerie... etc.

« Disons le donc, Messieurs; chacune des branches dont est issu le Comte Dangos porte l'empreinte ineffassable du courage et du genie, puisque l'une donna des heros à la patrie, et l'autre des hommes consomés dans les premieres fonctions de la magistrature.

« Vous vous felicités sans doute d'avoir vû naitre un de ses freres egalement distingué dans l'etat militaire et parmi les sçavans de l'Urope. Malthe jalouse de posseder non seulement la noblesse la plus epurée, mais encore les plus grands talens, vient de l'arracher aux drapeaux du regiment de Navarre pour en faire un flambeau de son ordre.

« Le Comte Dangos recommandable par tout ce qui

luy appartient par ses ayeuls comme par ses alies, ne doit pas moins à son propre merite la dignité dont on le decore aujourdhuy ; il la transmettra à des descendants qui annoncent dejà qu'ils en seront dignes comme luy. Son fils, d'un age encore tendre, qui vient de faire ses premieres campagnes sous un oncle que la France comptoit au nombre de ses grands officiers de mer (1), nous donne les plus belles esperances.

« Mais ou m'entraine le plaisir de vous parler d'une famille qui doit nous etre si precieuse ! Metons des bornes a des eloges qui nous meneroint encore loin, et pretons nous à l'impatience que le public a de voir l'installation de notre nouveau Senechal.

« Allez, Monsieur, presider dans ce tribunal où les lumieres et l'experience de votre lieutenant general, assurent la bonne administration de la justice, dans ce tribunal qui gouverne si sagement un païs dont les propriétés très divisées, et une population nombreuse doivent necessairement multiplier les differents ; allez dans ce tribunal donner plus de solennité aux décisions des magistrats eclaires qui le composent, et soutenir leur zele par votre presence et par vos suffrages.

« Allez en même temps vous placer à la tête de l'ordre de la noblesse de cette province où il est aussy ancien que la monarchie, à la tête de ces hommes qui nés dans le sein de lhonneur ne sçauroint jamais luy etre infideles, et qui joignent au titre brillant de deffenseurs de l'Etat, celui de vertueux citoyens ; vous y recevrez les hommages d'un peuple qui sait apprécier

(1) « M. de Barbazan, capitaine de vaisseau et chef de division dans le corps de la marine royale. »

en vous le mérite, et qui ne regarde pas linegalité des conditions comme une chimere, ny la noblesse comme un prejugé, vous y recevrez de vos egaux, reunis dans ce sanctuaire, et qui augmentent la pompe de cette ceremonie, le témoignage de la plus vive satisfaction.

« Et vous, Monsieur (1), digne representant d'une cour souveraine, dans laquelle vous etes distingué par vos talens, membre d'une famille si recommandable dans la magistrature et si chere à ce païs cy, agréez dans ce moment le juste tribut de notre reconnoissance; en installant le Comte Dangos, vous combléz nos vœux.

« Puisse la joye publique garant le plus sur de nos sentimens vous rendre les fonctions que vous remplisses aujourdhuy, aussi agreables quelles nous parroissent majestueuses dans vos mains. »

A Monsieur le Senechal instalé

« Jouissez avec nous, Monsieur, du pouvoir qui vous a été donné, de faire respecter dans cette senechaussée la personne du prince et lauthorité des loix.

« Vous voila le chef de la noblesse de cette province; de cette noblesse qui compte parmi ses membres, un Barbazan surnommé sans peur et sans reproche, dont les cendres reposent dans le tombeau de nos Rois, des barons dAntin si fameux dans les croisanes, un Benac dont la descendence cest illustrée par les premiers grades militaires, et par son allience avec

---

(1) « M. de Nestiér, commissaire du parlement et neveu de Mᵉ de Ladeveze, juge mage du senechal de Tarbe. »

des princes, un brave d'Ossun dont les successeurs après avoir servi l'etat dans les camps et dans les embassades, sont devenus le conseil du monarque, un Montesquieu d'Artaignan (Messieurs c'est tout dire) un Monluc, un Marechal de Castelnau, un Marechal de Parrabere, les d'Aure de Gramont, qui figurent avec eclat depuis des siecles dans les fastes de la France et du royeaume de Navarre, et cent autres que je ne nomme point, mais que leurs exploits ont consignés dans les annales de la monarchie.

« Ah! pourquoy quelques lieux de trop m'otent-elles l'occasion de mettre à la tête de ces grands hommes nés dans cette province, l'illustre nom de Gontaut, nom qui rapelle tant d'antiquité, tant d'illustration, tant de hauts faits d'armes et tant de vertus, famille auguste dont nous voyons avec attendrissement le chef, dans le commandant de la Bigorre.

« Vous voila encore Monsieur le chef de la justice de cette province, c'est sous vos auspices que vont se rendre les decisions de ce tribunal.

« Votre nom sera la force du faible, l'effroy de l'oppresseur, et le signal de l'équité.

« C'est dans ce tribunal que par une loy solennelle de l'Etat (1), doit etre jugée la noblesse elle meme.

« Agrée par une Cour superieure, installé avec applaudissement, jouissez maintenant, Monsieur, des vœux que votre patrie adresse au Ciel, pour que votre nouvelle dignité reste longtemps sur votre tete, et quelle passe a jamais sur celle de vos descendans (2). »

(1) « Edit de Cremieu. »
(2) Archives du docteur François Fontan.

II

Les Juges Mages ou Lieutenans Généraux

On a dit, Larcher peut-être, que le *Juge Mage* était ainsi appelé parce qu'il était le *Judex Majorum* ou *Juge des Nobles*.

Cette explication est moins vraie que la suivante : *Maye, màge*, est un mot de notre vieille langue labédanaise et bigourdane qui veut dire *plus grand* et non *des plus grands*. *Yudje Maye* ou *Juge Mage* signifie très exactement : *Juge plus grand*, et non *Juge des plus grands*. On lit dans une sentence de 1419 : *Nos, Johannes de La Lana, Judex Major Senescalliæ Bigorræ...*; et Jean de La Lana n'a pas dit *Judex Majorum*.

Ce sens naturel et littéral est confirmé par l'arrêt de règlement qui suit, et qui, tout en maintenant le Juge Mage dans sa prééminence, nous prouve que les autres Officiers de la Cour du Sénéchal étaient capables des mêmes attributions. Rendu par le Parlement de Toulouse, le 10 Juillet 1586, *entre M° Pèy de Gerde, Lieutenant Principal à la Sénéchaussée de Bigorre, et M° Pèy de La Barriere, Juge Mage de ladite Sénéchaussée, il ordonna que le Juge Mage présiderait en toutes causes civiles et criminelles, tiendrait les audiences, appointerait toutes requêtes, signerait et expédierait les lettres, présiderait aux rapports et jugements des procès; qu'en son absence, ou sur sa récusation, le Lieutenant Principal le remplacerait; et en l'absence ou récusation de ce dernier, le Lieutenant particulier, et conséquemment, le plus ancien Conseiller.* (Reg. B. 100, f° 197, du Parl.)

J'avertis le lecteur que la Liste qui suit est prise de Larcher (*Histoire de la Bigorre*, p. 50), *pour la plupart des Juges Mages antérieurs à Pèy II de La Barrière.*

    I. Filipe (*alias* Pèy) Guiabo. 1309. 1312. 1313.
    II. Pèy Capô. 1329.
    III. Doumenico de Annoa. 1337.
    IV. Jean de Rive. 1358.
    V. Bernat de Valletis. 1355. 1358. 1367.
    VI. Pèy de Lourde. 1401.
    VII. Jean de La Lana. 1417. 1419. 1426.
    VIII. Jourdan de Pouéy. 1418.
    IX. Doumenico de Fita. 1421. 1426.
    X. Ramoun de Junca. 1442-1446.
    XI. Bernat de Castéran. 1460. 1473.
    XII. Bonhomme de Morenxis. 1477. 1478.
Il était curé de Bazillac.
    XIII. Guilhèm de Bohèl (ou Bouélh). 1480. 1482.
    XIV. Gratiam de Bohèl (ou Bouélh). 1483.
    XV. Jean de la Salle. 1484. 1487.
    XVI. Ramoun de Cazarrè. 1491. 1505.
    XVII. Bernat du Lac. 1512. 1523.
    XVIII. Bernard d'Abadie. 1533.

« Noble et Egregy Bernat d'Abadie Seignour d'Esquiule, Conseiller deudit Seignour et son Chanceller de Navarre Judge maye de Begorre et de Nebousan. » (*Compilation*, p. 193.)

    XIX. Douménje de Mesmes. 1545.
Il était seigneur de Rebignan.
    XX. Pèy de Saint-Aubin. 1549.
    XXI. Pèy Ier de La Barrière. 1552.
    XXII. Douménge de Saint-Aubin. 1561.
    XXIII. Arnaout de Caza. 1562. 1567.

XXIV. Gailhard de Galo. 1572. 1576.

XXV. Gaillard de La Barrière. 1577.

XXVI. N. de Monda. 1581.

XXVII. Pèy II de La Barrière. Av. 1584 à 1588.

On lit dans Mauran, p. 46, que le Roi Henri III de Navarre, achetant du vicomte Anne de Labédà tous les droits de ce dernier sur le Comté d'Armagnac et le pays des Quatre-Vallées, se fit représenter, dans l'acte qui en fut passé à Tarbe le 17 avril 1584, par « M° Pèy « de La Barrière, Conseiller et Maître des Requêtes « de la maison du Roi de Navarre, et Juge Mage de « Bigorre. »

Ainsi, P. de La Barrière était Juge Mage avant le 17 Avril 1584. Il se démit en faveur de son fils, qui fut Juge Mage depuis le 16 Juillet 1588 jusqu'en 1601.

XXVIII. Charles de La Barrière. 1588. 1601.

XXIX. Jean Pujo, s^r de Caixon, 1609 à 1640 (*Lettres du 1er Janvier* 1609; Reg. 13, f° 179, *du Parl.*) était Juge Mage pour le Comté de Bigorre, Roi de Navarre, dès 1601, et avait succédé à Charles de La Barrière. Il fut donc confirmé dans sa charge, plutôt que nommé, après l'Édit de 1607 par lequel Henri IV réunit à la couronne tous ses Domaines, dont la Bigorre faisait partie.

XXX. Jacques de Pujo. 1640 à 1671. (*Lettres du 18 Juillet* 1640; Reg. 18, f° 147, *du Parl.*)

XXXI. Guilhèm d'Aignan. 1671 à 1693. (*Provisions du 31 Juillet* 1671; Reg. 21, f° 329, *du Parl.*)

Il était avocat au Parlement de Toulouse, quand il fut nommé en remplacement du précédent, décédé. Davézac (*Essais*, t. 1er, p. 275, note) l'appelle Jean, et lui donne la date de 1684. Ce sont deux erreurs. C'est lui qui fut reçu aux États de Bigorre, comme Baron de Castèt-Biéilh, en l'année 1674. (*Voir plus haut*, p. 158.)

XXXII. Jean-Marc d'Aignan, de Castèt-Biéilh, 1693 à 1713 (*Provisions du 30 Octobre 1693*; Reg. 27, f° 264, *du Parl.*), remplaça son frère décédé. Il était avocat au Parlement. Davézac le fait Juge Mage en 1704, donc onze ans trop tard.

XXXIII. Emmanuel de Pujo de Bordun, sr de Lafitole. 1713 à 1726. (*Provisions du 29 Avril 1713*; Reg. 36, f° 391, *du Parl.*)

Il acquit sa charge de l'héritier de Jean-Marc d'Aignan, de Castèt-Biéilh, qui était décédé le 7 Octobre 1712. Davézac le nomme Pujo-Verdun, et le fait entrer en charge en 1720 : double erreur.

XXXIV. Ambroise de Pujo. 1726 à 1739. (*Provisions du 30 Janvier 1726*; Reg. 44, f° 5, *du Parl.*)

Était avocat au Parlement de Toulouse. Davézac lui donne la date erronée de 1730.

XXXV. Clément de Pujo de Lafitole. 1739 à 1754. (*Provisions du 28 Septembre 1739*; Reg. 46, f° 165, *du Parl.*)

Par acte du 2 Juillet 1739, Ambroise de Pujo, son père, se démit en sa faveur; et comme Clément n'avait que 23 ans et 11 mois environ, et qu'il fallait être âgé de 27 ans (disent les *Provisions*), pour exercer la charge de Juge Mage, le Roi lui accorda des Lettres de Dispense, en date du 18 Septembre 1739.) Reg. 46, f° 164, *du Parl.*)

Il était Seigneur de Lafitole, de Bordun, de Lamotte et d'Espagnette; sur sa demande, et par des Lettres du mois de Mars 1741, où sont rappelés les services judiciaires et militaires de ses ancêtres, le Roi unit ces seigneuries en une seule qu'il érigea en *marquisat de Lafitole*, en sa faveur. (Reg. 46, f° 282, *du Parl.*)

Il manque dans la Liste de Davézac.

XXXVI. Pierre-Marie de Lassus de Ladevéze. 1754 à 1789. (*Provisions du 29 Août 1754*; Reg. 54, f° 8, *du Parl.*)

Le dernier des Juges Mages. Ses Provisions le qualifient « sieur de Sanous et avocat en Parlement. » Davézac le fait entrer en charge en 1770, donc 16 ans trop tard.

III

Les Lieutenans Principaux

I. Guilhèm Abbadie ou Abbaye. 1575.

II. Pèy de Gerde. 1581, 1586, 1591.

III. Jean Demont. 1596. 1609. 1614. (*Lettres du 1er Janvier 1609*; Reg. 13, f° 202, *du Parl.*)

Ces Lettres, qui l'appellent Demont, et non de Mont, le confirmèrent dans sa charge, à titre *royal*.

IV. Théophile de Lafont. 1640.

En 1632, il avait cédé sa charge d'Avocat du Roi à Me Arnaout Couture.

V. Bidaou (ou Vital), Vénessac. 1646. (LARCHER, *Histoire de Bigorre*, p. 58.)

VI. Jean de Lafont. De 1663 à 1717.

Est mentionné dans les *Provisions* du suivant.

VII. Jacques Mascaras. De 1717 à 1735. (*Provisions du 8 Juin 1717*; Reg. 41, f° 120, *du Parl.*)

Était avocat au Parlement de Toulouse; succéda à Jean de Lafont, son beau-père.

VIII. Jean Mascaras, de 1735 à 1789. (*Provisions et lettres de Dispense d'âge, du 23 Décembre 1735; Reg. 45, f° 259, du Parl.*)

Il remplaça son père Jacques; et comme il n'avait que 23 ans et 4 mois, et que l'âge requis était de 27 ans, les Provisions portent en même temps Lettres de dispense.

Nota. Larcher, dans sa liste, p. 58 de l'*Histoire de Bigorre*, nomme deux autres Lieutenans Principaux, savoir :

1° Arnaout de Lafont, 1673, qui aurait succédé à Jean de Lafont; et 2° Jean de Ganderats, qui aurait succédé à Jacques Mascaras.

Mais les Provisions de Jacques Mascaras disent qu'il remplaça son beau-père, Jean Lafont; et celles de Jean Mascaras qu'il succéda à son père Jacques. J'ai dû m'en tenir à ces documens officiels.

J'ajoute encore que Larcher donne la particule *de* aux Mascaras, tandis que les Provisions la leur refusent.

IV

Les Lieutenans Particuliers

Les deux premiers noms seuls sont empruntés à la Liste de Larcher.

I. Péy de Ramounanè. 1547.
II. Péy d'Abbadie. 1582. 1588.
III. Jean Ducasse. 1594 à 1638.

Comme à tous les autres magistrats de la Sénéchaussée, il lui fut accordé de nouvelles Provisions, le 1ᵉʳ Janvier 1609. (Reg. 13, f° 202, *du Parl.*) Avait été avocat comtal.

IV. Jacques Ducasse. De 1638 à 1672.

Fils et successeur de Jean Ducasse. (*Provisions du 31 Décembre 1638*; Reg. 18, f° 84, *du Parl.*)

V. Louis Ducasse. De 1672 à 1701.

Succéda à son père Jacques, qui se démit en sa faveur, suivant Lettres données à Saint-Germain en Laye, le 15ᵉ de Février 1672. (Reg. 21, f° 152, *du Parl.*)

Il mourut, en fonctions, le 17 Novembre 1701. La Charge demeura vacante jusqu'au 31 Octobre 1707, parce que Mᵉ Bernat Cistac, qui en avait traité avec Antoine-Séverin Ducasse, fils et héritier de Louis, assisté de son curateur, ne put réussir à obtenir ses Provisions, et par suite se désista; cela est expliqué dans les Provisions de Mᵉ Pierra.

VI. Pèy Pierra. De 1707 à 1735. (*Provisions du 31 Octobre 1707*; Reg. 36, f° 163, *du Parl.*)

Succéda à Louis Ducasse.

VII. Manuel Dupouts. De 1735 à 1765. (*Provisions du 21 Janvier 1735*; Reg. 45, f° 190, *du Parl.*)

Succéda à Pierra, qui résigna en sa faveur, par acte du 1ᵉʳ Janvier 1735.

VIII. Joseph Mascaras de Lafont. De 1765 à 1786. (*Provisions et Dispense de parenté du 24 Avril 1765*; Reg. 58, f° 163, *du Parl.*)

Succéda à Dupouts, décédé. Comme il était frère de Jean Mascaras, Lieutenant Principal du même siège, il obtint dispense de parenté. *Des lettres d'Honneur de Lieutenant Particulier* en la Sénéchaussée de Bigorre lui furent données; elles sont datées de Versailles, le 24e de Mai 1786. (Reg. 67, f° 77.)

IX. Pierre de Méréns. De 1786 à 1789. (*Provisions du 4 Janvier 1786; Reg. 67, f° 32, du Parl.*)

Succéda à Joseph Mascaras qui résigna en sa faveur. Fut le dernier des Lieutenans Particuliers.

V

Les Lieutenans Criminels

I. Arnàout Dordat. 1321. 1326. 1327.

II. Guilhèm-Miqèou de Auréliac. 1337.

III. Jean Coget. 1402. 1423. 1426.

IV. Pèy de La Barrière. De 1581 à 1593.

Il céda la charge de Juge Mage à son fils Charles, en 1588, et conserva celle de Lieutenant Criminel jusqu'à son décès, arrivé en Décembre 1593.

V. Pèy Lanusse. De Décembre 1593 à .....

Succéda à Pèy de La Barrière, suivant Lettres patentes d'Henri IV, datées de Mantes, le 23 Décembre 1593. (LARCHER, *Glanage*, XIII, n° 113, cité par Balencie, en Mauran, p. 47, note.)

VI. Jean Puyo. De..... à 1608.

Succéda à Pèy de Lanusse. Il cumulait les charges de Juge Mage et de Lieutenant Criminel, et vendit celle-ci à Jean Ier de Mua.

VII. Jean Ier de Mua. 1608 à 1653.

Voici le chef de cette dinastie des Mua, qui a donné deux Lieutenans Criminels et ses quatre derniers Sénéchaux à la Bigorre. Fils de Jean Mua, laboureuraubergiste, de Sarniguet, il acquit la charge de Lieutenant Criminel, le 11 Novembre 1608, moyennant 7075 livres.

Il acheta la Baronie de Barbazà-Débat, par acte du 10 Mars 1638. (LARCHER, *Glanages*, XIV,   .) Il se démit, en 1653, en faveur de son fils Jean II, et mourut de la peste, le 15 Juillet 1654, laissant deux fils nommés Jean-François et Jean.

Jean-François, qui était avocat au Parlement de Toulouse, y acheta une charge de Conseiller, dont les Provisions lui furent accordées le 19 Mars 1646. (Reg. 19, f° 9, *du Parl.*) Ce fut le premier Mua, Baron de Barbazà.

VIII. Jean II de Mua. 1653 à 1654. Il succéda à son père Jean I de Mua, suivant Lettres de Provisions du 19 Mars 1653 (Reg. 19, f° 208, *du Parl.*), mais, dès l'année suivante, ayant été nommé Conseiller au Parlement de Toulouse, en remplacement de son frère Jean-François, suivant Provisions du 20 Avril 1654 (Reg. 19, f° 241, *du Parl.*), il résigna sa charge de Lieutenant Criminel en faveur d'Arnaout Dumèstre.

Jean-François étant décédé le 13 Août 1655, son frère hérita de la Baronie de Barbazà, et fut reçu aux Etats de Bigorre, pour cette Baronie, en 1658. C'est lui qui, en 1675, succéda au Comte de Toulonjon, comme Sénéchal et Gouverneur de Bigorre, et c'est de lui que parle Froidour, en la page 158 ci-dessus.

IX. Arnaout Dumèstre. De 1654 à 1680. (*Provisions du 10 Novembre* 1654; Reg. 19, f° 274, *du Parl.*)

Le 31 Janvier 1665, le Parlement de Toulouse rendit un arrêt portant maintien d'Arnaud Dumestre, Juge-Criminel en la sénéchaussée de Bigorre, en la faculté de précéder les Consuls de la ville de Tarbe, en toutes assemblées publiques et particulières; de connaître des crimes de fausse-monnaie et autres, sans empêcher pourtant les Consuls d'exercer la Justice criminelle pour les délits et les crimes qui seront commis dans le terroir de la ville de Tarbe; défense aux dits Consuls d'imposer au sieur Dumestre aucun logement de gens de guerre, ou de le forcer à la garde de la ville. (*Archives du Parlement;* Reg. B. 871, f° 421.)

X. Jean Fournets. De 1680 à.....

Succéda à Arnaout Dumestre, suivant Provisions du 23 Mai 1680. (Reg. 24, f° 127, *du Parl.*) S'était démis de sa charge de Conseiller, pour prendre celle de Lieutenant Criminel.

XI. Jean-Hector de Caubote. De..... à 1707.

XII. Guilhèm Forcade. De 1708 à 1733. (*Provisions du 2 Septembre 1708; Reg. 36, f° 191, du Parl.*)

Succéda à Jean-Hector de Caubote, sieur de Lalane, décédé le 24 Décembre 1707.)

XIII. Jean-François Dembarrère. De 1734 à 1753. (*Provisions du 16 Juillet 1734; Reg. 45, f° 146, du Parl.*)

Succéda à G. Forcade, son oncle ou beau-père.

XIV. Jean-Bernal Dembarrère. De 1753 à 1789. (*Provisions du 31 Mars 1753; Reg. 51, f° 208, du Parl.*)

Le dernier des Lieutenans Criminels. Fils du précédent, qui se démit en sa faveur, par acte du 2 Janvier 1753.

VI

Les Conseillers

I. Jacques de Séntilhes. Av. 1638.

II. Jean de Séntilhes. 1638 à 1686. (*Provisions du*

14 *Juillet* 1638; Reg. 18, f° 79, *du Parl.*) Succéda à son père Jacques; fut succédé par son fils Joseph-Alexandre, en 1686.

III. Bernat Pujo. Av. 1643. Dans les Provisions du suivant, on dit que Bernat Pujo se démit en sa faveur.

IV. Arnàout Dumestre. 1643 à 1654. (*Provisions du 12 Juin* 1643; Reg. 18, f° 233, *du Parl.*) Succéda à Bernat Pujo. Se démit en 1654, pour devenir Lieutenant Criminel.

V. Jean Fournets. Av. 1670 jusqu'en 1680. Le 2 Juin 1670, il présida à la mise en écrit de la Coutume de Barége. Se démit en 1680, pour être Lieutenant Criminel.

VI. Valentin de Sérignan. 1682 à 1719. (*Provisions du ... février* 1682.) Se démit en Mars 1719 en faveur de son fils Pèy, et fut nommé *Conseiller honoraire* au Sénéchal de Tarbe, par lettres du 12 Avril 1719. (Reg. 41, f° 212, *du Parl.*)

VII. Joseph-Alexandre de Séntilhes. 1686 à 1723. (*Provisions du 20 Novembre* 1686; Reg. 26, f° 30, *du Parl.*) Remplacé par son fils Jean, en 1723.

VIII. Pèy de Sérignan. 1719 à 1735. (*Provisions du 22 Mars* 1719; Reg. 41, f° 207, *du Parl.*) Son fils Bartélémi lui succéda en 1735.

IX. Jean-François Duffourc. Av. 1723 jusqu'en 1761. Remplacé après décés, en 1776, par M⁰ Rolland.

X. Jean de Séntilhés. 1723 à 1766. (*Provisions du 23 Juin* 1723; Reg. 42, f° 214, *du Parl.*) Se démit le 7 Juillet 1766 en faveur de Dominique de Vergès.

XI. Bartélémi de Sérignan. 1735 à 1769. (*Provisions du 26 Septembre* 1735; Reg. 45, f° 263, *du Parl.*) Remplacé, après décés, en 1769, par Martial Lacay.

XII. Jean-Baptiste de Sales. 1744 à 1787. (*Provisions du 24 Juillet 1744*; Reg. 47, f° 277, *du Parl.*) Avait été nommé Avocat du Roi, le 18 Mai 1743. Fut remplacé après décès, en 1787, par son fils Dominique-François.

XIII. Bernat Roland. 1766 à 1776. (*Provisions du 23 Avril 1766*; Reg. 58, f° 385, *du Parl.*) Se démit en 1776, en faveur de Bertrand Barère.

XIV. Dominique de Vergès. 1766 à 1787. (*Provisions du 20 Août 1766*; Reg. 58, f° 383, *du Parl.*) Se démit en 1787, en faveur de M° Monié.

XV. Martial Lacay. 1769 à 1789. (*Provisions du 13 Décembre 1769*; Reg. 60, f° 113, *du Parl.*)

XVI. Bertrand Barère. 1776 à 1789. (*Provisions du 7 Novembre 1776*; Reg. 62, f° 408, *du Parl.*) N'ayant que 21 ans, il lui fut accordé des Lettres de dispense d'âge, le 25 Septembre 1776. (Reg. 62, f° 407, *du Parl.*)

XVII. Dominique-François de Sales. 1787 à 1789. (*Provisions du 25 Avril 1787*; Reg. 67, f° 179, *du Parl.*)

XVIII. Pierre-Bernard Monié. 1787 à 1789. (*Provisions du 25 Avril 1787*; Reg. 67, f° 289, *du Parl.*)

VII

Les Procureurs Comtaux et Royaux

I. Gassie de Serris, *alias* Gassie d'Estayre. 1304.
II. Guilhèm-Arnaout de Fronsiac. De 1314 à 1337.
III. Bernat Viguerie. 1348.
IV. Sans de Luquet. 1352. 1358.

V. Jean de Cancello. 1393. Procureur pour le Roi d'Angleterre.

VI. Pèy Aouzelli. 1420. 1423. 1426. 1428.

VII. Jean de La Caza. 1428. 1438.

VIII. Pèy Aouzèt. Créé le 19 Novembre 1440 (1).

IX. Arnaout Larrè. Créé le 3 Novembre 1442.

X. Jean d'Anti. 1446.

XI. Gastou d'Armagnac. 1449. 1463.

XII. Sans Squirolis. 1468.

XIII. Aoujè de Lafont. 1469. 1472.

XIV. Bertrand d'Ozon. Destitué en 1483; part pour Rome en 1484.

XV. Guilhèm de La Porte. Nommé à la place du précédent, le 7 septembre 1483. 1487.

XVI. Dominique ou Guilhèm Riolis. 1490. 1494.

XVII. Jean Peyrafitte. 1496.

XVIII. Guiraout Barrère. Destitué en 1501.

XIX. Bernat ou Bertrand Caza. Nommé à la place de Barrère. 1501. 1515.

XX. Pèy Abbadie. Nommé sur démission du précédent. 1518.

XXI. Jean L'Abbé. 1541.

XXII. Arnaout Caza. Av. 1553.

XXIII. Pèy Faur. Succéda au précédent le 30 décembre 1553.

XXIV. Pèy Abbadie. 1554. 1555.

XXV. Pèy Du Faur. 1571. 1573.

XXVI. Jean Claberie ou Clabèro. 1577.

XXVII. Pèy Claberie. 1581.

XXVIII. Ramoun Cossio. 1581. 1608.

---

(1) 1432, suivant le docteur Fontan.

XXIX. Jean de La Barrière. 1612. 1637.

XXX. Arnaout Dumestre. 1637. Succéda à Mᵉ Jean de La Barrière, démissionnaire en sa faveur, suivant Lettres données à Paris, le 4ᵉ de mars 1637. (Reg. 18, fᵒ 51.)

XXXI. Jean Vénessac. 1638.

XXXII. Bernat de Pujo. 1639 à 1651. (*Provisions du 15 Mars 1639*; Reg. 18, fᵒ 85, *du Parl.*) Les Provisions disent qu'il succéda à feu Mᵉ Jean Vénessac (1).

XXXIII. Jean Sén-Crist. 1651 à..... (*Provisions du 5 Octobre 1651*; Reg. 19, fᵒ 172, *du Parl.*) Succéda à Bernat de Pujo, démissionnaire en sa faveur.

XXXIV. Jacques-Hériot de Sén-Crist. De .... à 1701. Il est nommé dans les Provisions de Jean Thoron, son successeur.

---

(1) Larcher, dans sa Liste des Procureurs du Roi, place immédiatement après *Jean de la Barrière*, qu'il appelle *Barrère*, les deux suivans avec ces annotations :

« Arnaout Dumestre. De 1638 à 1642. Résigna le 17 Avril « 1642, au suivant, par acte de Pèy Bernac, notaire de Tarbe.

« Bernat de Pujo. De 1642 à 1651. Mort le 16 Septembre « 1651, ayant vendu, dès le 16 Maj précédent, son office, au « suivant (Jean Sén-Crist), pour 8000 livres, devant Mᵉ Sen- « tilhes, notaire. »

Larcher, on le voit, est très précis, mais il est en désaccord flagrant avec les Provisions de Bernat de Pujo qui disent formellement qu'il succéda à feu Mᵉ Jean Vénessac, dès le 15 Mars 1639. J'ai dû m'en rapporter aux *Provisions*, et placer Jean Vénessac entre Arnaout Dumestre et Bernat Pujo.

D'un autre côté, on a vu, dans la Liste des Conseillers, qu'Arnaout Dumestre fut nommé Conseiller par Lettres du 12ᵉ de Juin 1613, en remplacement de Bernat de Pujo, démissionnaire en sa faveur.

En admettant que ces deux officiers sont les mêmes que ceux mentionnés par Larcher, je ne m'explique pas comment Bernat de Pujo était Conseiller en 1613.

XXXV. Jean Thoron. 1701 à 1711. (*Provisions du 10 Juillet* 1701; Reg. 28, f° 325, *du Parl.*) Il était Avocat du Roi en la Sénéchaussée, et quitta cette charge pour prendre celle de Procureur du Roi, vacante par le décès de Jacques-Hériot de Sén-Crist.

XXXVI. Gratian Thoron. 1711 à 1756. (*Provisions du 5 Décembre* 1711; Reg. 36. f° 314, *du Parl.*) Il était né en 1690, et comme il n'avait que 21 ans, le Roi lui accorda des Lettres de dispense, en date du 30 Novembre 1709. (Reg. 36, f° 244, *du Parl.*)

XXXVII. Joseph-Gratian Duboé (*sic*). 1756 à 1783. (*Provisions du 5 Mars* 1756; Reg. 54, f° 237, *du Parl.*) Remplaça son oncle Gratian Thoron, qui résigna en sa faveur, à condition de retenue de service en cas de survivance. N'ayant pas tout-à-fait les 25 ans requis, il obtint du Roi des Lettres de dispense, du 25 Février 1756.

XXXVIII. Jean-Pierre Duboé. 1783 à 1789. (*Provisions du 30 Avril* 1783 *et Lettres de dispense d'âge de la même date;* Reg. 66, f° 187 et f° 186, *du Parl.*) Il n'avait que 21 ans, au lieu de 25 qui étaient requis. Son père Gratian Duboé, qui résigna en sa faveur, obtint des Lettres de survivance, datées aussi du 30 Avril 1783, et transcrites au Reg. 66, f° 198, *du Parlement*.

VIII

Les Avocats comtaux et royaux

I. Gassie de Serris. 1337. 1338.
II. Bernat ou Ramoun de Pouts. 1355.
III. Jean de La Lana. 1401. 1416.

IV. Pèy Aouzelli. 1421.

V. Guilhèm de Porta. 1487-1489.

VI. Dominique Riolis. 1494.

VII. Douménje Bayla. 1541. 1547.

VIII. Arnaout Cestiaa. 1576. 1577.

IX. Jean Ducasse. 1582.

X. Simforién Voriol. 1584. 1598.

XI. Arnaout de Lafont. 1608 à 1614. (*Provisions du 1er Janvier 1609; Reg. 13, f° 180, du Parl.*)

Il était en fonctions comme *Avocat comtal* avant 1609; à partir de 1609, il prit le titre d'*Avocat du Roi*, que lui donna le Comte de Bigorre, devenu Roi de France.

XII. Téofile de Lafont. De... à 1632. Il était vraisemblablement fils d'Arnaout de Lafont, et lui succéda. Est connu par les Provisions du suivant.

XIII. Arnaout Couture. De 1632 à 1647 et au-delà. (*Provisions du 11 Juillet 1632; Reg. 17, f° 196, du Parl.*)

Succéda à T. de Lafont, d'après les Provisions.

XIV. Jean de Couture. De..... à 1675.

Les Lettres de Provision du suivant disent qu'il remplaça Me Jean de Couture, démissionnaire en sa faveur. Jean Couture était sans doute le fils et successeur d'Arnaout de Couture.

XV. Antou Torné. De 1675 à..... (*Provisions datées de Versailles, le 29e de Mars 1675; Reg. 23, f° 10, du Parl.*)

XVI. Jean Thoron. De..... à 1701.

Ses Provisions de Procureur du Roi, datées du 10 Juillet 1701, disent qu'il était Avocat du Roi au même siège. Il avait probablement succédé à Antoine de Forné.

XVII. Dominique de Sales. De 1701 à 1744.

Remplaça probablement Jean Thoron, en 1701 ; fut remplacé par son fils Jean-Baptiste, le 18 Mai 1714, suivant les Provisions de celui-ci.

XVIII. Jean-Baptiste de Sales. De 1713 à 1770. (*Provisions du* 18 *Mai* 1713; Reg. 47, f° 274, *du Parl.*)

Comme il ne prit pas possession dans l'année, il obtint des Lettres de surannation, en date du 18 Juillet 1744. (Reg. 47, f° 275.) Céda sa charge à son fils en 1770, et fut nommé *Conseiller*.

XIX. Dominique-François de Sales. De 1770 à 1787. (*Provisions du* 20 *Mai* 1760; Reg. 60, f° 114, *du Parl.*)

Résigna cet office, par acte du 21 Mars 1787, en faveur du suivant, et prit celui de Conseiller en remplacement de son père.

XX. Jacques de Navères-Bousquet. De 1787 à 1789. (*Provisions du* 27 *Septembre* 1787; Reg. 67, f° 268, *du Parl.*)

IX

Les Lieutenans de robe courte

Les cinq premiers noms de cette Liste sont tirés de Larcher, *Histoire de la Bigorre*, p. 49.

I. Pilefort de Rabasténs. 1307.
II. Jean de Bordes. 1312.
III. Garàoud de Montenay. 1346.
IV. Arnaout de Labédà, seigneur d'Andrést. 1367.
V. Guilhèm de Lesparre. 1374.
VI. Jean de Labédà. 1408.

En 1408, Jean de Labédà, damoiseau, Lieutenant pour le Sénéchal Arnaout IV de Labédà, retenu hors de Tarbe par la guerre, rendit sentence en faveur des prébendiers de Bagnères contre les officiers du Roi. (*Archives des Hautes-Pyrénées*, G. 378.)

VII. Arnaout-Guilhèm de Barbazà, seigneur de Bisqèr. 1413. 1416.

VIII. Assibat de Labédà. 1477. 1481.

IX. Arnaout-Guilhèm de Mayouraou, seigneur d'Arcizàs-Daban. 1491. 1505.

X. Ramoun de Ferra. 1512.

XI. Pèy d'Anti. 1525.

XII. Arnaout - Guilhèm d'Angos et Biélanaba. 1546. 1569.

XIII. Jean de Labédà, seigneur de Horgues. Etait Lieutenant de robe courte en 1573 et 1579, pour le Sénéchal Antoine de Rivière.

XIV. Germain I d'Anti, seigneur d'Ourout, *Lieutenant pour la Montagne*. 1593 à 1625.

XV. Gastou d'Armagnac. 1620.

XVI. François I d'Anti, seigneur d'Ourout, *Lieutenant pour la Montagne*. 1625 à 1641 ou 1642.

XVII. Germain II d'Anti, seigneur d'Ourout, *Lieutenant pour la Montagne*. 1649 à 1667.

XVIII. Jean-François d'Anti, seigneur d'Ourout. *Lieutenant pour la Montagne*. 1667 à 1670.

X

Officiers de l'ancienne Cour du Sénéchal

Larcher, ce puissant travailleur qui a dépouillé, analysé ou transcrit, soit totalement, soit partiellement, en d'immenses manuscrits, une infinité de documens de notre pays de Bigorre (1), y a relevé des noms de *Juges d'Appeaux*, jusqu'en 1565; de *Juges Ordinaires de Bigorre*, jusqu'en 1554; de *Lieutenans de robe longue*, jusqu'en 1572; et d'*Officiers* inqualifiés, jusqu'en 1533 : dates après lesquelles il n'en donne plus.

Qu'étaient ces officiers? Étaient-ils tous distincts entre eux et distincts du Juge Mage? Quelles étaient leurs attributions respectives?

Ces questions difficiles n'ont pas encore été, que je sache, complètement résolues. Un auteur compétent, M. le Conseiller de Lagrèze, ne les a pas traitées dans celui de ses livres dont le titre semblait cependant en promettre la solution : *Histoire du droit dans les Pyrénées*. Il convient d'imiter sa prudente réserve. D'ailleurs, il n'y parle guère que du Juge d'Appeaux, et pour dire qu'on appelait à lui des sentences du Sénéchal : assertion qui semble inadmissible, parce qu'elle n'est appuyée d'aucune preuve, et qu'elle placerait le Juge d'Appeaux au-dessus du Sénéchal, qui était le *Chef suprême* de la Justice en Bigorre.

A. *Juges ordinaires de Bigorre*

Cet officier, qu'il ne faut pas confondre avec le Juge ordinaire de tel ou tel lieu, siégeait à la Cour du

---

(1) Il est honteux d'avoir à le dire : à part une poignée d'érudits, les Bigourdans ignorent le nom et les œuvres de Larcher. Si nos Administrateurs et Conseillers généraux aimaient véritablement leur pays, par le pays j'entends la Bigorre, ils sauraient quelque chose de celui qui a rassemblé les matériaux de son Histoire, et auraient déjà tiré de leur oubli plus que séculaire, ses deux grands ouvrages : le *Dictionnaire*, qui est comme enfoui aux *Archives Départementales*, et le *Glanage*, conservé dans la Bibliothèque de Tarbe.

Sénéchal. Par l'exemple de Pèy Capò, que Larcher cite comme Juge Mage et comme Juge Ordinaire de Bigorre en la même année 1329, exemple qui n'est pas unique, on est porté à se demander si ces deux offices étaient vraiment distincts.

I. Filippe Guiabo. 1309. 1312. 1313.
II. Arnaout de Bonis. 1321. 1324. 1326. 1327.
III. Pèy Capò. 1329.
IV. Arnaout de Probolèno. 1337.
V. Bertrand d'Armagnac. 1418. 1429.
VI. Jean de La Fitol. 1452. 1456.
VII. Bidaou de Palacio. 1453.
VIII. Guilhèm de La Porte. 1484. 1487.
IX. Doumenje de Bayla. 1529. 1533. 1554.
X. Dominique de Xippié (ou Chippié). 1560. 1563.

B. *Juges des Appeaux*

I. Guilhèm de Villaribus. 1323.
II. Bernat de Valletis. 1348.
III. Pèy Manas. 1374.
IV. Pèy de Serris. 1374.
V. Jofroy de Perrin. 1396.
VI. Jean de Baulat. 1408. 1418.
VII. Jourdan de Pouèy. 1418.
VIII. Bidaou de Palacio. 1457.
IX. Jean de La Fita. 1473.
X. Pèy-Ramoun de Perrier. 1512. 1516.
XI. Dominique de Chippié, Juge des Appeaux de Barège. 1560. 1563.
XII. M. de Gamaches, Juge des Appeaux. Janvier 1570. (MAURAN, p. 131.)

C. *Lieutenans de robe longue*

I. Gassie de Serres. 1316.
II. Douménico Larrè. 1326.
III. Pèy Capè. 1329.
IV. Régnier Grilly. 1331.
V. Guilhèm Turpin, Professeur de Droit, Doyen d'Orléans, Lieutenant du Sénéchal Payan de Malhin. 1337.
VI. Laurent de Carsalade. 1353-1358.
VII. Jean de Cancello (ou de Chancel). 1393.
VIII. Pèy de Lourde (pour le Sénéchal du Roi d'Angleterre.)
IX. Jean de La Lane. 1409. 1410.

Il fut choisi pour son Lieutenant par le Sénéchal Arnaout IV de Labédà, dans un procès entre le seigneur d'Ossun et les habitans d'Ourléch. (BALENCIE, en *Mauran*, p. 24, note 2.)

X. Colini, Lieutenant. 1465-1466.
XI. Bertrand d'Ozou, Lieutenant. 1481.
XII. Guilhèm de La Porte, Lieutenant. 1487.
XIII. Jean Putéola, Lieutenant. 1533.
XIV. Pèy de Lupéria, Lieutenant. 1536.
XV. Pèy de Saint-Aubin, Lieutenant. 1542.
XVI. Jean-Antoni de Lussan, Lieutenant de la Reine de Navarre. 1571. 1572.

D. *Officiers inqualifiés*

I. Jean de Bordes. 1301.
II. Pèy de Balsiaco. 1307.

III. Léonard de Bonis. 1324.
IV. Guilhèm Cusséyo. 1327.
V. Jean de Fita-Fita. 1426.
VI. Jean de La Lana. 1426.
VII. Douménje de La Fita. 1429.
VIII. Jean de Caza. 1437.
IX. Ramoun de Fréchou. 1505. 1506.
X. Bernat d'Abadie. 1533.

QUATRIÈME COMPLÉMENT

LES GOUVERNEURS
DE
GUYÈNNE

—

La Bigorre fesait partie du grand Gouvernement de Guyènne; il ne sera donc pas sans utilité pour son histoire de dire par qui la Guyènne fut successivement gouvernée.

Les Rois d'Angleterre possédèrent la province de Guyènne, à titre de Ducs, pendant près de trois siècles, à partir de l'an 1154. Elle était totalement reprise sur eux, en Août 1451, par le Roi de France, Charles VII, qui l'annexa à la couronne. Louis XI, son successeur, forcé par les circonstances, l'en détacha, en 1469, pour la donner en *apanage indépendant*, à son frère Charles de France, qui en jouit deux ans à peine, car il mourut subitement en 1472, non sans soupçon de poison. Louis XI la réannexa à la Couronne, et depuis lors elle n'en fut plus séparée.

Les Rois de France l'administrèrent par un délégué qui porta d'abord le titre de *Lieutenant Général*, puis celui de *Gouverneur* et *Lieutenant Général*.

A raison de l'étendue de ce Gouvernement, le plus vaste de France, il fut donné aux Gouverneurs, un *adjoint* pour commander sous leurs ordres ou en leur absence, dans toutes les parties de ce Gouvernement, avec le titre de *Lieutenant Général*. Et même, à partir de l'année 1771, il y en eut *deux*, l'un pour la Basse-Guyènne, et l'autre pour la Haute-Guyènne.

La Basse-Guyènne comprenait « les Elections de la « généralité de Bordeaux, les pays de Marsan, Tur- « san, Gabardan, Soule, Bayonne et Labourd, le tout « du ressort du Parlement de Bordeaux ;

« Et la Haute-Guyènne comprenait les Elections « de la généralité de Montauban, le Comté de « Bigorre, le Pays de Comminge, le Vicomté de « Nébouzan et le Pays des Quatre-Vallées (Aure, « Neste, Barousse et Magnoac). »

Cette création est expliquée dans les Lettres qui nomment le Comte de Montagut, Lieutenant Général de la Basse-Guyènne.

Il y avait encore, en Guyènne, des Lieutenans du Roi, d'ordre inférieur aux précédens et qui les remplaçaient dans des pays déterminés.

Enfin, nous trouvons des *Lieutenans Vice-Sénéchaux*.

Nous allons donner les listes de ces grands fonctionnaires, et nous les ferons suivre de celle des Intendans.

I

Les Gouverneurs, Lieutenans Généraux

I. Jean I, Comte de Foix, 1418 à 1436.

Nommé Lieutenant Général de Languedoc et de Guyênne, par Lettres du Dauphin Charles, Lieutenant Général du Roi partout le royaume, données à Poitiers, le 17e d'Août 1418. (FLOURAC, *Jean I*er, p. 241.)

Par autres Lettres données à Espaly-lès-Le Puy, le 6e de Janvier 1425, le Dauphin, devenu le Roi Charles VII, le nomme son Lieutenant Général dans le pays de Languedoc et duché de Guyênne. (ID., *id.*, p. 271.)

Enfin, par autres Lettres données à Montluçon, le 23e de Janvier 1427, par le même Roi, Jean Ier fut confirmé dans lesdites fonctions, qu'il exerça jusqu'en 1436, année de son décès. (ID., *id.*, p. 280.)

Après Jean Ier, le Gouvernement de Guyênne fut confié très vraisemblablement aux Comtes de Foix, ses successeurs, savoir :

1436. Gastou;
1471. François-Fébus;
1483. Jean d'Albret.

II. Henri d'Albret, Roi de Navarre, avant 1542 jusqu'en 1555.

Par lettres données à Montsiérande, le 27e de Mai 1542, le Roi François Ier confirme Henri d'Albret, Roi de Navarre, dans les fonctions de Gouverneur et Lieutenant Général. (Reg. 5, f° 25.)

Selon toute vraisemblance, Henri d'Albret avait été

nommé Gouverneur de Guyènne en 1517, après le décès de son père Jean d'Albret ; et quand lui-même mourut, en 1555, cette charge dût être donnée à Antoine de Bourbon, Roi de Navarre, son gendre et successeur ; et après décès de celui-ci, en 1562, à son fils Henri, qui va suivre.

III. Henri de Bourbon, d'abord Prince, puis Roi de Navarre. 1570-1579-1581.

On lit dans les Provisions de Lieutenant Général données à Honorat de Savoye, Marquis de Villars, le 3e de Septembre 1570, qu'il « commandera en l'absence et sous l'autorité du Prince de Navarre, *Gouverneur de Guyenne.* »

Celui-ci prenait encore en 1579 la qualité de Gouverneur et Lieutenant Général pour le Roi au duché de Guyènne, dans une permission datée de Pau, le 29e de Mars 1579, accordée au Consul de Broto en Espagne, d'acheter mille sacs de blé en Bigorre. (J. BOURDETTE, *Annales* du Labédà.)

En 1581, il était encore Gouverneur et Lieutenant Général (voir *Le Maréchal de Matignon* aux *Lieutenans Généraux*) et il dut garder ce titre jusqu'en 1588, date de son avènement à la couronne de France.

IV. Emmanuel de Savoye, Marquis de Villars. De 1592 à 1593.

Sur la demande des Etats de Guyènne, tenus à Agen, il fut nommé Lieutenant Général en Guyènne, *avec les pouvoirs de Gouverneur, et en attendant qu'il en fut établi un,* par Lettres de Charles de Lorraine, Duc de Mayenne, Lieutenant Général de l'Etat et Couronne de France, données à Soissons, le 20e Septembre 1692. (Reg. II, f° 147.)

Villars fut donc *Gouverneur par intérim*, comme on dirait aujourd'hui. Il tenait la province pour la Ligue et contre Henri IV. Il tomba avec la Ligue, en 1593.

V. Le Prince de Condé. Avant 1598 jusqu'en 1615 ou 1616.

Les Lettres données au maréchal d'Ornano, le 12e de Septembre 1598, disent « qu'il commandera sous l'autorité du Prince de Condé, Gouverneur de Guyènne. »

Les Lettres de nomination du Prince manquent dans les Registres du Parlement. Il dût être nommé dès que la Guyènne fut recouvrée sur la Ligue, après 1593.

Se démit avant 1618.

VI. Henri de Lorraine, Duc de Mayènne. De 1618 à 1622.

Nommé par Lettres données à Paris, le 18e de Mai 1618, pour succéder au Prince de Condé, « qui s'était démis depuis quelques annnées. » (Reg. 15, f° 112.)

Par Lettres données au Mans, le 1er d'Août 1620, le Roi révoqua de leurs charges de Gouverneur et de Lieutenant Général, le Duc de Mayènne et le Maréchal de Roquelaure, *pour cause de rébellion* et *félonie*, et, en attendant qu'il fût pourvu à leur remplacement, il ordonnait que pour toutes affaires concernant la province, on s'adressât au Prince de Joinville, et à son défaut, au Maréchal de Thémines ou au sr de Gondrin. (Reg. 15, f° 222.)

Le Duc de Mayènne fit sa paix avec le Roi, et n'eut de successeur qu'après son décès, arrivé en 1621 ou 1622.

VII. Le Duc d'Épernon, Pair, Colonel Général de l'Infanterie de France. De 1622 à 1641.

Nommé par Lettres données à Toulouse, le 7e d'Octobre 1622, en remplacement du Duc de Mayenne, décédé. (Reg. 15, f° 387.)

Le Duc de La Valette, fils du Duc d'Épernon, obtint des Lettres de survivance de la charge de Gouverneur et Lieutenant Général en Guyenne, après son père, données à Saint-Germain-en-Laye, le 31e de Décembre 1634. (Reg. 18, f° 28.)

VIII. Messire Henri de Lorraine, comte de Harcourt. De 1642 à 1643.

Lettres données à Saint-Germain-en-Laye, le 21e de Janvier 1642, « la Charge etant vacante, tant par « la mort du Duc d'Épernon, que par la rébellion et « félonie du Duc de La Valette, son fils. » (Reg. 18, f° 198.)

IX. Le Duc d'Épernon. De 1643 à 1651.

Le Duc de La Valette, devenu Duc d'Épernon, s'étant justifié de l'accusation de *rébellion* et de *félonie*, le Roi, par Lettres données à Paris le 20e d'Août 1643, le nomma pour succéder au Comte de Harcourt, démissionnaire. (Reg. 18, f° 229.)

X. Le Prince de Condé, Prince du sang, Premier Pair. De 1651 à 1655.

Nommé, en remplacement du Duc d'Épernon, démissionnaire en sa faveur, par Lettres données à Paris, le 16e de Mai 1651. (Reg. 19, f° 158.)

En 1655, le Roi le déclara *rebelle* et *félon*, et le remplaça.

XI. Le Prince de Conti. De 1655 à 1660.

Nommé en remplacement du Prince de Condé,

par Lettres données à Paris, le 3e de Février 1655. (Reg. 19, f° 298.)

XII. Le Duc d'Épernon, Pair et Colonel général de l'infanterie de France. De 1660 à 166...

Nommé par Lettres données à Aix le 1er de Février 1660. pour succéder au Prince de Conti, démissionnaire. (Reg. 20, f° 116.)

XIII. Fançois d'Épinay, marquis de Saint-Luc. De 1666 à 1670.

Il n'était que Lieutenant Général. Le Duc d'Épernon, Gouverneur, étant décédé entre 1660 et 1670, le Marquis de Saint-Luc, en attendant qu'un nouveau Gouverneur fût nommé, en exerça les fonctions par intérim, jusqu'à son propre décès, arrivé en 1670, sans que le titre de Gouverneur lui fût donné.

XIV. Le Maréchal d'Albret (César-Fébus). De 1670 à 1673.

Nommé pour succéder au Duc d'Épernon, décédé depuis plusieurs années, et qui avait été suppléé par le Marquis de Saint-Luc, Lieutenant Général, décédé en 1670, par Lettres données à Saint-Germain-en-Laye, le 12e de Novembre 1670. (Reg. 21, f° 305.)

XV. Le Duc de Roquelaure. De 1673 à fin 1688.

Nommé par Lettres données à Versailles, le 11e de Septembre 1673, pour succéder au Maréchal d'Albret, décédé. (Reg. 23, f° 133.)

XVI. Louis-Aléxandre de Bourbon, Comte de Toulouse, Amiral de France, fils naturel et légitimé de Louis XIV. De 1689 à 1695.

Par Lettres données à Versailles, le 1er de Janvier 1689, le Roi le pourvut de la charge de *Gouverneur et Lieutenant Général* en Guyènne, en remplacement du

Duc de Roquelaure, décédé en fonctions (Reg. 26, f° 156); mais comme il n'était pas encore en âge d'exercer ladite charge, le Roi y nomma le Comte de Lorge, pour trois ans, par Lettres du même jour. (Reg. 26, f° 156.)

XVII. Guy de Duras-Fort, Comte de Lorge, Maréchal de France. De 1689 à fin 1691.

Nommé *Gouverneur* et *Lieutenant Général* en Guyènne, *pour trois* ans, par Lettres données à Versailles, le 1er de Janvier 1689. (Reg. 26, f° 156.)

XVIII. Charles d'Albi, Duc de Chaulnes, Pair de France. De 1695 à 1698.

Nommé par Lettres données à Versailles, le 26e de Mars 1695, en remplacement du Comte de Toulouse, démissionnaire. (Reg. 28, f° 106.)

XIX. Charles-Honoré d'Albert, Duc de Chevreuse, Pair de France. De 1698 à 1712.

Nommé par Lettres données à Versailles, le 27e de Mars 1698, pour succéder au Duc de Chaulnes, démissionnaire en sa faveur. (Reg. 28, f° 292.)

XX. Louis-Charles de Bourbon, Comte d'Eu, second fils du Duc du Maine, petit-fils de Louis XIV. De 1712 à 1755.

Nommé par Lettres données à Versailles, le 28e de Décembre 1712, pour succéder au Duc de Chevreuse, décédé. (Reg. 36, f° 371.)

XXI. Louis-François-Armand Duplessis, Maréchal Duc de Richelieu. De 1755 à 1788.

Nommé Gouverneur Lieutenant Général de la province de Guyènne, y compris le Bourdelais Périgord, Agénais, Quercy, Rouergue et Gascogne, en remplacement du Comte d'Eu, démissionnaire, par Lettres données à Versailles, le 21ᵉ de Décembre 1755. (Reg. 53, fᵒ 298.)

Il garde le Gouvernement de Guyènne jusqu'à sa mort, arrivée en 1788. N'était pas remplacé quand la Révolution éclata.

II

Les Lieutenants Généraux

A. *Pour la Guyènne entière*
jusqu'en 1670

I. Honorat de Savoye, Marquis de Villars 1570.

Nommé par Lettres données à Paris, le 3ᵉ de Septembre 1570, pour commander en l'absence et sous l'autorité de Henri de Bourbon, Prince de Navarre, Gouverneur. (Reg. 9, fᵒ 262.)

II. Le Maréchal de Matignon. 1581. 1598.

Par Lettres du 28ᵉ d'Août 1581, il fut envoyé en Guyènne pour y faire exécuter l'*Edit de paix*, avec recommandation de s'entendre avec Henri de Bourbon, Roi de Navarre, Gouverneur et Lieutenant Général du Roi en Guyènne. (Reg. 10, fᵒ 274.)

Plus tard, et probablement après la chute d'Emmanuel de Savoye, Marquis de Villars, qui commandait en Guyènne pour la Ligue, il fut nommé Lieutenant Général et décéda dans ces fonctions, avant le 12ᵉ de Septembre 1598.

III. Le Maréchal Alfonse d'Ornano. De 1598 à 1610.

Nommé par Lettres données à Fontainebleau, le 12ᵉ de Septembre 1598, en remplacement du Maréchal de Matignon, décédé, pour commander en l'absence du Prince de Condé, gouverneur. (Reg. 12, fᵒ 91.)

IV. Le Maréchal de Roquelaure. De 1610 à 1622.

Nommé par Lettres données à Paris, le 15e de Février 1610, pour succéder au Maréchal d'Ornano, décédé. (Reg. 13, f° 186). Fut révoqué par Lettres données au Mans, le 1er d'Août 1620, pour s'être joint au Duc de Mayènne dans sa rébellion. (Reg. 15, f° 222.) Cependant, il ne fut pas remplacé, et s'étant justifié, il conserva sa charge.

V. Le Maréchal de Thémines. De 1622 à 16..

Nommé par Lettres données à Blois, le 21e de Janvier 1622, pour succéder au Maréchal de Roquelaure, *demissionnaire*. (Reg. 15, f° 311.)

VI. Le Maréchal de Saint-Luc. De 16.. à 1644.

Nous n'avons pas ses Lettres de Provisions. Il succéda au Maréchal de Thémines, et fut lui-même remplacé, après décès, par son fils, qui suit, le 30e de Novembre 1644.

VII. François d'Épinay, Marquis de Saint-Luc, Comte d'Estelan. De 1644 à 1670.

Nommé, pour succéder au Maréchal de Saint-Luc, son père, décédé, et commander sous le Duc d'Épernon, Gouverneur, par Lettres données à Paris, le 30e de Novembre 1644. (Reg. 20, f° 64.)

Le Gouverneur de Guyènne étant décédé entre 1660 et 1670 et n'ayant pas été remplacé, le Marquis de Saint-Luc en fit les fonctions par intérim, jusqu'à son propre décès arrivé au commencement de 1670.

B. *Pour la Basse-Guyènne*

De 1671 à 1789

VIII. Le Comte de Montagut, Lieutenant Général des armées du Roi. De 1671 à 1675.

Nommé Lieutenant Général en la Basse-Guyènne, par Lettres données à Versailles, le 13e d'Avril 1671. (Reg. 22, f° 2.)

Fut le *premier* des Lieutenans Généraux de la Basse-Guyènne et succéda, pour cette part, au Marquis de Saint-Luc.

IX. Le Marquis de Bonnelles. De 1729 à 1769.

Lieutenant Général en la Basse-Guyènne, depuis 1729 jusqu'en 1769, d'après l'Almanach Royal.

Il est probable qu'il ne fut pas le successeur immédiat du Comte de Montagut. Les Lieutenans Généraux de la Basse-Guyenne ne sont pas enregistrés au Parlement de Toulouse, et l'Almanach Royal ne les mentionne qu'à partir de 1729.

X. Le Comte de Noailles. De 1770 à 1775.

Lieutenant Général en la Basse-Guyènne, après le Marquis de Bonnelles, depuis 1770 jusqu'en 1775. (*Almanach Royal.*)

XI. Le Maréchal de Mouchy (Filippe, Comte de Noailles, Grand d'Espagne de 1re classe, Duc de Mouchy, Prince de Poix, Marquis d'Arpajon, Vicomte de Lautrec, Baron d'Ambres, etc.). De 1774 à 1787.

Il était Lieutenant Général en la Basse Guyènne, où il avait succédé au Comte de Noailles, en 1674, quand le Roi Louis XVI, par Lettres données à Versailles, le 10e de Février 1775, « jugeant à propos
« d'étendre ses pouvoirs à toute la Guyènne, le
« nomma Commandant en Chef de la Guyènne, en
« icelle compris le Bourdelais, Périgord, Agénais,
« Quercy, Rouergue et Gascogne, où les diocèses de
« Bordeaux, Périgueux, Sarlat, Agen, Cahors, Montauban en partie, Rodés, Vabres, Bazas, Condon,

« Lectoure, Auch, Aire, Dax, Bayonne, Tarbe,
« Lombès, Couzerans et Saint-Bertrand de Comenge,
« et les pays de Soule. » (Reg. 63, f° 181.)

Le Maréchal-Duc ayant négligé de présenter ses Lettres à l'enregistrement en temps requis, obtint des Lettres de surannation données à Versailles, le 20ᵉ de Juillet 1777. (Reg. 63, f° 182.)

Les fonctions de Commandant en chef furent vraisemblablement données au Maréchal de Mouchy, pour soulager d'autant le Maréchal de Richelieu, Gouverneur, qui, en 1775, était âgé de 79 ans. D'ailleurs, le Maréchal de Mouchy continua d'être Lieutenant Général pour la Basse Guyènne.

XII. Le Vicomte de Noailles.

Nommé Lieutenant-Général en la Basse-Guyènne, en survivance au Maréchal de Mouchy, dès l'année 1777; figure avec ce même titre, toujours en survivance, dans l'*Almanach Royal* de 1786.

Fut Lieutenant Général de Juin 1787 à 1789.

C. *Pour la Haute-Guyènne*
De 1775 à 1789

XIII. François de Gélas de Voisins, Marquis d'Ambres, ci-devant Colonel du Régiment d'Espagne. De 1675 à 1712.

Nommé Lieutenant Général en la Haute-Guyènne, par Lettres données à Luzarches, le 11ᵉ de Mai 1675. (Reg. 23, f° 13.)

Succéda, pour cette part, au Marquis de Saint-Luc.

XIV. Hector-Louis de Gélas, Comte de Lautrec, Colonel du Régiment des Dragons. De 1712 à ....

Nommé Lieutenant Général de la Haute-Guyênne, pour succéder au Marquis d'Ambres, son père, démissionnaire en sa faveur, par Lettres données à Versailles, le 5e d'Avril 1712. (Reg. 36, f° 351.)

XV. Le Marquis de Lautrec et le Maréchal de Lautrec.

L'*Almanach Royal* indique comme Lieutenant Général en la Haute-Guyênne :

1° Le Marquis de Lautrec, depuis 1729 jusqu'en 1758;

2° Le Maréchal de Lautrec, en 1759 et 1760;

3° Puis encore le Marquis de Lautrec en 1761 et 1762.

Marquis et Maréchal sont sans doute un seul et même personnage.

XVI. Le Maréchal d'Armentières. Lieutenant Général en la Haute-Guyênne. De 1763 à 1774.

En 1771, le Marquis de Conflans fut nommé en sa survivance. (*Almanach Royal.*)

XVII. Le Marquis de Conflans. De 1775 à 1789.

Fut Lieutenant Général en la Haute-Guyênne, depuis 1775 jusqu'en 1789. *(Almanach Royal.)*

III

Les Commandans en chef

I. Le Maréchal-Duc de Mouchy. (Voir ci-dessus, p. 343.)

II. Louis-Marie-Atanase de Loménie, Comte de Brienne, Lieutenant Général des armées du Roi. De 1787 à 1789.

Nommé *Commandant en chef* de la province de Guyènne, ensemble de la Navarre et du Béarn, par Lettres données à Versailles, le 29ᵉ de Juin 1787, pour succéder au Maréchal-Duc de Mouchy, démissionnaire. (Reg. 67, f° 207.)

Nota. Il y avait eu des *Commandans en chef* avant le Maréchal de Mouchy; il existe, aux Archives d'Argelès, une Ordonnance du 8 Octobre 1695, fixant Argelès pour lieu des Assemblées générales de l'Estréme de Sales, laquelle est rendue par François d'Escoubleau, de Sourdis, *Commandant en Guyènne et pays circonvoisins.*

IV

Les Lieutenans du Roi

I. Messire Antoine-Arnaud de Pardeilhan, sʳ de Gondrin-Montespan, Capitaine de 100 hommes d'armes, Maréchal des Camps et armées du Roi. De 1615 à 1625.

Nommé Lieutenant du Roi ès pays d'Armagnac, Bigorre, Gaure, Brouilhois, Lomagne, Nébouzan, Aure, Barousse, Neste, Magnoac, Rivière-Basse, Astarac, Pardiac, Bazadais, Albret, Cominge, Couzerans et Rivière-Verdun, leurs Aides et Dépendances, pour commander en l'absence du Maréchal de Roquelaure, Lieutenant Général du Roi en Guyènne, par Lettres données à Bordeaux, le 27ᵉ de Novembre 1615. (Reg. 14, f° 278.)

II. Jean-Antoine de Pardeilhan, sieur de Gondrin, Marquis de Montespan. 1625.

Nommé Lieutenant du Roi, pour succéder au sieur de Gondrin, son père, décédé, ès pays dénommés en l'article précédent, en l'absence et sous l'autorité du Duc d'Épernon, Gouverneur de Guyenne, et du Maréchal de Thémines, Lieutenant Général, par Lettres données à Fontainebleau, le 22e de Juin 1625. (Reg. 16, f° 216.)

III. Esparbès de Lussan d'Aubeterre. 1678.

Nommé Lieutenant Général dans les Sénéchaussées d'Armagnac, Bigorre, Gaure, Lomagne, Nebouzan, Quatre-Vallées, Rivière-Basse, Astarac, Bazadais, Albret, Cominge et Rivière-Verdun; par Lettres données à Lille, le 28e de Mars 1678. (Reg. B. 1025, f° 195.)

V

Les Lieutenans Vice-Sénéchaux

I. Gaspard Blanc de Sauveterre. Avant 1610.

Fut Lieutenant Vice-Sénéchal d'Armagnac, Rivière-Verdun, Cominge et Bigorre. (*Voir le suivant.*)

II. Guilhèm d'Arros. 1610.

Nommé Lieutenant Vice-Sénéchal d'Armagnac, Rivière-Verdun, Cominge et Bigorre; pour succéder à Gaspard Blanc de Sauveterre, démissionnaire en sa faveur, par Lettres données à Paris, le 11e de Janvier 1610. (Reg. 13, f° 194.)

III. Moïse d'Esparbès.

Au mois d'Avril 1612, le Parlement de Toulouse rendit un arrêt ordonnant l'enregistrement des Lettres patentes du 26e d'Août 1611, approuvant l'acte par lequel Moïse d'Esparbès, Vice-Sénéchal d'Armagnac, Bigorre, Cominge, Rivière-Verdun, Quatre-Vallées, Gaure, Astarac et Nébouzan, délègue Filipe de Saux, de Toulouse, pour son Lieutenant aux pays susdits. (Reg. B. 306, f°....)

VI

Les Intendans

Les Intendans étaient placés à la tête de ce qu'on appelait une Généralité. Froidour nous dit, page 3, que la Bigorre, pays d'Etats, dépendait pour les Finances, de l'Intendant de Guyènne, qui résidait à Bordeaux; et cela dura jusqu'en 1716. En cette année, un édit du Conseil de Régence forma la Généralité d'Auch aux dépens de celles de Bordeaux et de Montauban, et lui donna pour ressort les Elections d'Armagnac, Astarac, Cominge, Lomagne, Rivière-Verdun et Lanne (ou Landes); les pays de Bigorre, Béarn, Basse-Navarre, Soule, Labourd, Tursan, Gabardan, Marsan, Nébouzan et Quatre-Vallées; enfin les villes de Bayonne, Dax, Mont-de-Marsan et Lectoure. Un Intendant fut placé à la tête de la nouvelle Généralité. Il portait le titre d'Intendant de Police, Justice et Finances de Béarn, Basse-Navarre et Généralité d'Auch.

A. *Intendans de Guyènne*

I. Hotman. De 1658 à 1663.
II. Le Geay. De 1663 à 1664.

III. Claude Pellot. De 1664 à Août 1669.

IV. Henri d'Aguesseau. De Août 1669 à Septembre 1672.

V. Guillaume de Sève. De Septembre 1672 à 1676.

VI. Faucon de Ris. De 1676 à 1682. Appelé dans quelques titres Ris de Faucon.

VII. De La Bourdonnaye. De 1700 à 1709.

VIII. De Lamoignon de Courson. De 1710 à 1716.

B. *Intendans de la Généralité d'Auch*
depuis 1716

I. Gaspard-François Legendre. 1716.

II. Charles-Nicolas Leclerc de Lesseville. 1718.

III. Michel-Gervais-Robert de Pomereu. 1731.

IV. Paul Mailhard de Balosre. 1735.

V. Dominique de Barberie de St-Contest. 1737.

VI. Mégret de Sérilly (Jean-Nicolas). 1739.

VII. Gaspard-Henri Caze de la Bove. 1744.

VIII. Etienne-Jean-François-Marie d'Aligre. 1749.

IX. Antoine-Mégret d'Etigny, frère de Mégret de Sérilly. 1751.

X. Feydeau de Marville, Intendant intérimaire pendant la disgrâce momentanée d'Etigny. 1765.

XI. Antoine Mégret d'Etigny. 1766.

XII. Etienne-Louis Journet. 1767.

XIII. Gabriel-Izaac Douet de Laboulaye. 1776.

XIV. Charles-Gravier de Vergennes. 1782.

XV. Jean-Jacques Fournier de la Chapelle. 1783.

XVI. Claude-François-Bertrand de Boucheporn. De 1787 au 6 Octobre 1790.

CINQUIÈME ET DERNIER COMPLÉMENT

L'ANCIEN DIOCÈSE DE TARBE

I

Le Mémoire de Froidour ne disant rien de l'organisation ecclésiastique de la Bigorre, on croit utile d'en donner une idée, en présentant aux lecteurs un Tableau de l'ancien Diocèse de Tarbe.

Nos plus anciens Évêques prenaient le titre d'*Évêques de Bigorre*, et leur Diocèse embrassait tout le pays alors occupé par les Bigourdans. Saint Justin, le premier de tous, fût établi par saint Sernin (ou Saturnin), disciple de l'apôtre saint Pierre, et premier Évêque de Toulouse ; en sorte que le Diocèse de Bigorre remonte au premier siècle de notre ère.

Le cours des siècles ne changea rien à ses limites, de sorte que, au moment de sa suppression, sous la Révolution, il était encore ce qu'il était à son origine, bien que la Bigorre eût subi des pertes considérables de territoire, soit par le sort des armes, soit par des mariages, soit autrement : c'est ainsi que le Montanérès, la Vicomté de Labarte, la Châtellenie de Mauvézin, le Pays des Fites ou Affites, une partie du Comté de Pardiac, et le Pays de Rivière-Basse avaient été successivement détachés de la province de Bigorre, bien avant le temps de Froidour (1680); mais si le lien politique avait été tranché, le lien religieux était demeuré intact, et ces portions démembrées ne cessèrent point d'être unies au Diocèse de Bigorre ou de Tarbe.

Le Diocèse était trop vaste et les paroisses trop nombreuses pour que l'Évêque seul pût veiller efficacement au maintien de la bonne discipline parmi le Clergé inférieur et les Fidèles. De très bonne heure, il dut s'adjoindre des *Archidiacres* à chacun desquels fut confiée une portion du Diocèse. Et, pour le même motif, il fallut soulager les Archidiacres, en établissant, sous chacun d'eux, des *Archiprêtres* ayant chacun juridiction sur un certain nombre de parroisses.

C'est ainsi que les Évêques furent amenés à diviser le Diocèse en *Archidiaconés*, et ceux-ci en *Archiprêtrés*. Cette division remonte à une date très ancienne qu'on ne saurait assigner. D'une charte de 1280, conservée aux Archives des Hautes-Pirénées (série G, 1166), il résulte que la Montagne, ou pays du Labédà, comptait, à cette époque, deux Archiprêtrés : celui du *Labédà propre*, et celui de *Sère-en-Barège*.

Les historiens Duco et Davézac font donc erreur quand ils disent que les Archiprêtres furent institués en 1312, seulement (1). En cette année, Pierre de Montbrun, Évêque de Tarbe, estimant que la plupart

---

(1) Duco, livre II, ch. II; Davézac, *Essais*, t. II, p. 87.

des Archiprêtrés établis par ses prédécesseurs comprenaient un trop grand nombre de parroisses, pour que les Archiprêtres pussent exercer sur leurs suffragans un contrôle effectif, l'Évêque, disons-nous, de l'avis des Archidiacres et des Chanoines du Chapitre cathédral, établit un nouveau groupement des parroisses de chaque Archidiaconé, et forma des Archiprêtrés moins grands et plus nombreux que ceux établis avant lui. Il y eut ainsi, depuis 1342, vingt-six Archiprêtrés dans le Diocèse.

Quant aux Archidiaconés, l'Évêque les maintint au nombre de *huit*, ainsi qu'il les avait trouvés à son avènement.

Si, depuis 1342 jusqu'en 1789, le nombre des Archidiaconés et des Archiprêtrés ne fut pas changé, il n'en fut pas de même des *parroisses*, car, suivant les temps et les circonstances, certaines furent supprimées, et d'autres furent instituées.

Dans le tableau qui va suivre, le lecteur trouvera l'État du Diocèse tel qu'il était au temps de Froidour (vers 1680), c'est-à-dire, les Archidiaconés, les Archiprêtrés et les Cures ou Parroisses. Il y trouvera aussi les annexes des Cures, qui étaient des hameaux ou petits villages, qui ne pouvaient constituer seuls le revenu suffisant mais nécessaire à l'entretien d'un Curé; ces annexes, pour la plupart, étaient pourvues d'une petite Église ou Chapelle.

Mais, avant de donner ce tableau des Cures du Diocèse, il semble à propos de dire comment les Curés étaient nommés et comment ils étaient payés.

Les Curés étaient nommés *à vie*, les uns par l'Évêque, directement et en toute liberté de choix, et les autres encore par l'Evêque, mais sur la présentation d'un patron laïque ou d'un patron religieux.

Le patron qui présentait avait quatre mois pour exercer ce droit à compter de la vacance de la Cure. Après ce délai, le droit de nommer passait à l'Évêque pendant six mois, puis successivement au Métropolitain pendant six mois, et au Pape pendant six mois. Après ces vingt-six mois écoulés, le droit revenait au Patron pour quatre mois, puis encore à l'Évêque, etc.

Quelquefois il y avait deux Patrons pour la même Cure; et alors ils s'entendaient pour présenter un même candidat, ou bien ils exerçaient leur droit alternativement.

On donnait le nom d'*Abbés lays* aux Patrons laïques.

Comment les Curés étaient-ils payés? Au commencement, les Curés vécurent des aumônes des fidèles pour lesquels ils se dépensaient. Puis vinrent les dons et legs pieux, soit en argent, soit en terres, qui, avec le laps du temps, constituèrent des revenus plus ou moins importans. Enfin, le concile de Mâcon, tenu en 585, et auquel souscrivit l'Évêque de Bigorre, décréta le rétablissement de la dîme, à l'exemple de ce qui s'était pratiqué dans les temps apostoliques, pour venir en supplément aux offrandes et dons volontaires. Par ces moyens réunis, presque tous les villages de la Bigorre, et même ceux du Labédà, qui en étaient la partie la plus pauvre, étaient pourvus de Curés qui, loin de coûter quelque chose aux Gouvernemens passés, leur venaient souvent en aide par de larges offrandes, ainsi que tous les autres membres du Clergé.

On sait que l'Assemblée Nationale de 1789 s'empara, pour les vendre au profit de l'État, de tous les biens du Clergé, en s'obligeant de servir aux Ecclésiastiques dépouillés : Évêques, Curés, Religieux, etc., une rente, revenu ou honoraire convenable, et que cette obligation fut de rechef prise par le Gouvernement français, dans le Concordat avec le Pape, signé en 1801. Et cette obligation n'a pas cessé d'exister.

Par où l'on voit que les Évêques et Curés ne sont nullement ni fonctionnaires du gouvernement, ni salariés comme tels, quoi qu'en disent des gens ignorans ou de mauvaise foi.

II

TABLEAU

des Archidiaconés et Archiprêtrés

La *Montagne* formait un seul Archidiaconé : celui de *Labédà*.

Les *Côteaux* en formaient deux : celui de *La Barte* et celui du *Rustan*.

Enfin, la *Plaine* en formait cinq : ceux des *Angles*, du *Bazillagués*, du *Montanérès*, de *Rivière-Basse* et de *Rivière-Haute*.

En voici le tableau :

I. ARCHIDIACONÉ DU LABÉDA
avec 5 Archiprêtrés

1. Aoucun-en-Azû. 2. Juncalas. 3. Préchac-en-Dabant-Ayga. 4. Sales-en-Labédà. 5. Sère-en-Barège.

II. ARCHIDIACONÉ DE LA BARTE
avec 3 Archiprêtrés

6. Bagnères. 7. Banios. 8. Bourg.

III. ARCHIDIACONÉ DU RUSTAN
avec 5 Archiprêtrés

9. Campistrous. 10. Chèle-Débat. 11. Ciéoutat. 12. Lubi. 13. Tournay.

IV. ARCHIDIACONÉ DES ANGLES
avec 4 Archiprêtrés

14. Adé. 15. Les Angles. 16. Ibos. 17. Pontac.

V. ARCHIDIACONÉ DE BAZILLAGUÉS
avec 3 Archiprêtrés

18. Andrest. 19. Laguian. 20. Montfaucon.

VI. ARCHIDIACONÉ DE MONTANÉRÉS
avec 2 Archiprêtrés

21. Cachou ou Caixon. 22. Montanè.

VII. ARCHIDIACONÉ DE RIVIÈRE-BASSE
avec 2 Archiprêtrés

23. Castèt-Naou. 24. La Debéza.

VIII. ARCHIDIACONÉ DE RIVIÈRE-HAUTE
avec 2 Archiprêtrés

25. Ourléch. 26. La Sède de Tarbe.

III

TABLEAU

des Cures et Annexes par Archiprêtrés

VERS 1680

Il est presque inutile de dire au lecteur que l'Archiprêtre était le Curé de la paroisse qui donnait son nom à l'Archiprêtré.

Dans chaque Archiprêtré on a nommé les Cures suivant l'ordre alfabétique. Les noms entre parentèses et en italique, placés après une Cure ou paroisse, en indiquent les annexes.

L'État du Diocèse varia à peine de 1680 à 1789.

I. ARCHIDIACONÉ DU LABÉDA

1. *Archiprêtré d'Aoucun*

Comprenant toutes les paroisses de la vallée d'Azù, au nombre de huit, savoir :

Arcizàs-Soubirou, Aoucun *(Herrèra)*, Arras, Arréns, Bun, Galhagos, Marsous et Sirèch.

Nota. Outre *Herrèra*, annexe d'Aoucun, il y avait une autre annexe : celle de *Arbéost*, qui dépendait à la fois d'Arréns et de Marsous; elle fut érigée en paroisse séparée, en 1743.

2. *Archiprêtré de Juncalas*

Comprenant toutes les paroisses de l'Estréma de Castèt-lou-Bou au nombre de dix (sauf celle de Nulh, placée dans l'Archiprêtré des Angles), savoir :

Berbérus, Cot-d'Oussan (*Gèrms* et *Ourdis*), Gazos, Géou, Juncalas *(Chèous)*, Lias, Lugagnà *(Gèr)*, Ourdou, Ousté, Sén-Créac *(Antalos* et *Justous)*.

3. Archiprêtré de Préchac-en-Labédà

Composé des parroisses de Dabant-Ayga et de celles de la Ribèra de Sén-Sabi, au nombre de vingt, savoir :

1° Douze En Dabant-Ayga, qui étaient : Arbouch *(Couhita)*, Artaléns *(Sént-Andrèy* et *Ourtiac)*, Ayros *(Coutùra-Bàga)*, Béoucén *(Biéla* et *Noulhà)*, Biélalounca, Bièr *(Cagots)*, Préchac *(Aréyt)*, Sén-Germè *(Sénta-Maria de Labédà)*, Sén-Pastous, Silhén *(Asmés* et *Boo)*, Soui *(Bordas-en-Labédà)*;

2° Et huit En la Ribèra de Sén-Sabi, qui étaient : Adas, Arcizàs-Daban, Caoutarés, Laou, Nestalas *(Alhèou)*, Sén-Sabi *(Balagnas* et *Malhoc)*, Souloin et Us.

Nota. L'Abbaye de Sén-Sabi et le Prieuré de Sént-Ouréns étaient dans l'Archiprêtré de Préchac.

4. Archiprêtré de Sales-en-Labédà

Comprenant les parroisses de l'Estréma de Sales et de la Bat-Souriguère, au nombre de quatorze, savoir :

1° Neuf en l'Estréma, qui étaient : Agos, Ayzac, Biéouzac, Gès-en-Labédà, Os *(Bidalos)*, Ourout-Argelès *(Aouzeilh)*, Ouzous, Sales-en-Labédà et Sère-en-Labédà;

2° Et cinq en la Bat-Souriguère, qui étaient : Aouméts *(Èch)*, Aoussén, Aspi, Biyér et Ségus *(Ayzina)*.

5. *Archiprêtré de Sère-en-Barège*

Comprenant toutes les paroisses de la vallée de Barège, au nombre de treize, savoir :

Bèt-pouéy, Biéla, Biélanaba, Biéy *(Sèn-Marti)*, Chèza *(Biscos)*, Esquiéza *(Estèrra)*, Grus, Lus *(Gabarnie et Gèdre)*, Saligos, Sassis *(Bizos)*, Sazos, Sèra-en-Barège et Sèrs.

II. ARCHIDIACONÉ DE LA BARTE

6. *Archiprêtré de Bagnères*

Comprenant onze paroisses, toutes du quarteron de Bagnères en Bigorre, savoir :

Astè, Bagnères *(Lespouna)*, Baudéan, Campan *(Sainte-Marie de Grip)*, Gérde, Labassère, Merlhéou, Montgaillard, Ourdizan *(Antist)*, Pouzac et Trébons.

7. *Archiprêtré de Banios*

Formé de sept paroisses situées en la Châtellenie de Mauvézin, en Nebouzan, savoir :

Argelès *(Uzèr)*, Banios *(Asque et Bulan)*, Escots, Escounéts *(Fréchéndéts)*, Espieilh, Lies *(Cazareilh)* et Marsàs.

8. *Archiprêtré de Bourg*

Comprenant sept paroisses situées en la Châtellenie de Maoubézi, ou Mauvézin, en Nebouzan, savoir :

Avézac *(Fille et Prat)*, Batsèra *(Espèch)*, Benqué

(Tilhouze), Bounamazou *(Moulèra)*, Bourg *(Sarlabous)*, Esparros *(La Bastide)* et Lomné *(Laborde)*.

III. ARCHIDIACONÉ DE RUSTAN

(ou pays de l'Arros)

9. *Archiprêtré de Campistrous*

Composé de neuf paroisses, dont deux étaient de Bigorre, une de Cominge, trois de Nébouzan, et deux de Rivière-Verdun, savoir :

1° Deux de Bigorre : Castèt-Bayac *(Burg)* et Mont-Astruc ;

2° Une de Cominge : Campistrous ;

3° Trois de Nébouzan : Bégole *(Sarrabeyrouse)*, Lannemezà et Lutilhous *(Lagrange)* ;

4° Et trois de Rivière-Verdun : Bourepos, Claréns et Galès.

10. *Archiprêtré de Chèla-Débat*

Comprenant neuf paroisses, dont sept de Bigorre et deux du pays des Affites. C'étaient :

1° celles de Bigorre : Aoubaréda, Cabanac, Castèt-Bieilh, Marcarie *(Coussan)*, Marseillan *(Bouilh-Darrè, Jaque et Perulh)*, Peyrun *(Mansan)* et Trouley *(La Barte)* ;

2° Et celles des Affites : Chèle-Débat *(Pouéy)* et Sén-Sebé *(Laméac)*.

Nota. L'Abbaye de Bénédictins de Sén-Sebé était dans la paroisse de Sén-Sebé.

11. Archiprêtré de Ciéoutat

Comprenant dix paroisses, dont sept dans la Châtellenie de Maoubézi, en Nébouzan, et trois en Bigorre, savoir :

1° Celles en Nébouzan : Artigami, Capbèr, Castillou *(Bétas)*, Chéla-Déssus *(Spou)*, Ciéoutat, Maoubezi ou Mauvézin et Poumarous ;

2° Et celles en Bigorre : Aoueilhous *(Oléac-Déssus)*, Luc et Orignac *(Hita)*.

Nota. L'Abbaye de l'Escala-Diéou était dans cet Archiprêtré.

12. Archiprêtré de Lubi

Comprenant dix paroisses, dont huit étaient de Bigorre et deux du pays des Affites, savoir :

1° Les huit de Bigorre : Bouilh-Daban, Bugar, Lubi *(Villambits)*, Mazérolas *(Anti)*, Mun *(Belmount)*, Osmés, Sén-Luc *(Lubret)* et Séra-de-Rustan *(Lamarque-de-Rustan)* ;

2° Et les deux du pays des Affites : Estampures *(Fréchéde)* et Moumoulous ou Mount-Moulous.

13. Archiprêtré de Tournay

Comprenant dix paroisses, savoir :

1° Sept de Bigorre : Bernadéts-Déssus *(Ouriéous)*, Bordes, près Tournay, Clarac *(Peyraouba)*, Goudou *(Peyriguéra)*, Moulédous *(Gounès)*, Ouzoun et Sinzos *(Lhés)*.

2° Deux du pays des Affittes : Lanespède *(Ricaou)* et Tournay ;

3° Une du Nébouzan : Gourgue *(Pérè).*

IV. ARCHIDIACONÉ DES ANGLES

14. *Archiprêtré d'Adé*

Composé de dix parroisses, toutes du quarteron de Lourde, en Bigorre, savoir :

Adé *(Sáous)*, Anclades *(Sarsau)*, Bartrés, Loubayac, Layrisse *(Abéran)*, Lourde, Orincles, Peyrouze, Poueyherré *(Angosse)* et Sém-Pé.

Nota. Il y avait dans la parroisse de Sém-Pé une Abbaye de Bénédictins.

15. *Archiprêtré des Angles*

Composé de treize parroisses, toutes du quarteron de Lourde (sauf Nulh qui était de Castèt-lou-Bou) :

Les Angles *(Bourréac* et *Rocahort)*, Arcizac-des-Angles *(Lansoo)*, Arrayou, Arroudet, Astugue, Aynè *(Jarrèt)*, Escoubès *(Gez-ès-Angles* et *Pouts)*, Julos *(Paréac)*, Lahitta, Lérèt *(Louzourm)*, Lézignaa, Nulh *(Aoussudetz-Angles)* et Sère-ez-Angles *(Artigue* et *Crast).*

16. *Archiprêtré d'Ibos*

Composé de dix parroisses, situées dans le quarteron de Tarbe, savoir :

Azéréch, Bordères *(Pintat)*, Bénac, Gayan, Ibos, Juillan, Lomné, Louéy *(Hibarètte)*, Aoussù, Oursbellile.

Nota. Il y avait à Bordères une Commanderie de l'ordre du Temple.

17. *Archiprêtré de Pontac*

Comprenant neuf parroisses, dont six de la Bigorre et trois de Béarn, savoir :
1° Les six de Bigorre : Barlest, Gardères, Gèr-de-Béarn, Lamarque près Pontac, Luquet et Séron.
2° Et les trois de Béarn : Ast, Pontac et Saoubola.

V. ARCHIDIACONÉ DU BAZILHAGUÉS

18. *Archiprêtré d'Andrést*

Comprenant neuf parroisses, toutes en Bigorre, savoir :

Andrést, Aourensà, Artagnà, Bazilhac, Marsac, Pujo *(Camalès)*, Sarniguet, Toustat *(Biélanàba)* et Vic-Bigorre.

19. *Archiprêtré de Laguian*

Comprenant sept parroisses, toutes dans le Comté de Pardiac, sauf celle de Sénac qui était au Pays des Affites. En voici les noms :

Belplan, Biéla-Coundàou, en français Ville-Comtal, *(Sailhères)*, Castèt-Jelous ou Mingot, Estampes, Laguian *(Castèt-Franc* et *Mazous)*, Mont-Agut et Sénac *(Fitaou)*.

20. *Archiprêtré de Montfaucon*

Composé de dix paroisses, toutes en la Bigorre, savoir :

Buzon *(Bécans)*, Génsac *(Ansost)*, Hagét *(Barbachen)*, La Cassagne, La Fitole *(Bordun)*, Lescurri, Liac *(Balloc)*, Montfaucon, Rabastens *(Éds Coundàous)* et Sarriac *(Gleyza-Bieilha)*.

VI. ARCHIDIACONÉ DU MONTANÉRÈS

21. *Archiprêtré de Cachou*

Comprenant onze paroisses, dont six en Bigorre et cinq en Rivière-Basse, savoir :

1° Les six de Bigorre : Cachou *(Noilhan)*, La Réoula *(Parabère)*, Le Luc *(Armaou, Arriagosse* et *Séré)*, Saint-Lézé, Sanous et Siarrouy *(Talazac)*.

Nota. A la Réoula était une Abbaye dite de Saint-Oréns de La Réoula.

2° Et les cinq de Rivière-Basse : Hagédét *(Hichac)*, Lahitte-Toupière, Las Cazères, Sombrun et Vidouze.

22. *Archiprêtré de Montané*

Comprenant vingt paroisses, dont dix-sept du Béarn, et trois de la Bigorre, c'étaient :

1° Les dix-sept du Béarn : Abédeille, Abos, Aïnx *(Ourbères)*, Bentajou *(Labatut-Séré)*, Biélapinta *(Pon-*

teac), Castéyde *(Doat)*, Labatut-Higuèra, La Majou *(Moungastou)*, Le Castéra *(Loubich)*, Lucarré, La Sèrra, Maur *(Biélo-Naba)*, Momi, Montanè, Montségur, Peyraouba *(Samounsét)*, Ponson-Débat *(Le Pouts)* et Ponson-Déssus;

2° Les trois de Bigorre : Escaounéts, Ourouch et Tarastèch.

VII. ARCHIDIACONÉ DE RIVIÈRE-BASSE

23. *Archiprêtré de Castèt-Naou*

Comprenant dix parroisses, dépendant du Bas-Armagnac. C'étaient :

Cahuzac, Canet, Castèt-Naou *(Mazéros)*, Caoussade, Gouts, Hères, Madirà, Montus, Sén-Lana et Soubs-la-Caouza.

24. *Archiprêtré de La Débéza*

Comprenant seize parroisses, situées, toutes, en Rivière-Basse, savoir :

Armentiéou, Aouriabat, Belloc, Estirac *(Bilafranca)*, Galiax, Ju *(Baoulat)*, Labatut-de-Rivière, La Débéza, Maoubourguet, Plazénsa, Préchac, Sént-Andrèou de La Débéza *(La Madélèna de La Débéza)*, Sént-Aounis, Saoubatèrra, Tasque et Tiesto *(Tèous)*.

VIII. ARCHIDIACONÉ DE RIVIÈRE-HAUTE

25. *Archiprêtré de la Séde de Tarbe*

Composé de dix-huit parroisses, toutes en Bigorre, savoir :

Aoudos *(La Loubèra)*, Arcizac-Adour, Barbazà-Débat, Barbazà-Déssus *(Fréchet* et *Fréchou)*, Bernat-Débat, Bernat-Déssus, Biéla-Adour *(Hiis)*, Horgues, Lespouéy *(Calabantè)*, Mascaras *(Biéla-Naba)*, Mouneras, Mountignac *(Angos)*, Salas-Adour *(Alièr)*, Seméac, Sén-Marti *(Bisquèr* et *Loucrup)*, Soùas, Tarba (La Sèda), et Tarba (Sén-Jan).

26. *Archiprêtré d'Ourléch*

Composé de treize parroisses, toutes en Bigorre, savoir :

Aourélhà *(Surroulhas)*, Bazèt, Bours, Castéra *(Fita* et *Soréac)*, Chiis *(Ugnouas)*, Dours, Lansac, Louit *(Collongues)*, Oléac-Debat *(Lizos)*, Ourléch, Pouy-Astruc *(Hourc)*, Sabalos et Souyèous *(Bouli* et *Las Ladas)*.

CORRECTIONS & ADDITIONS

1. Corrections et Rectifications à faire.

Page 2, Fin de la Note.
Le travail sur l'*Origine du Département des Hautes-Pirénées*, annoncé comme *Complément* au *Mémoire* de Froidour, sera publié à part.

Page 11, Note (5).
Au lieu de *Astugue*, il faut *Artigue*.

Page 27. Nom botanique de la *Mouzéna*.
Depuis l'impression de la Note relative à la *Mouzéna*, j'ai reçu de beaux échantillons de cette plante, qui m'ont été envoyés par M. Balencie, instituteur à Pinas, et j'ai pu m'assurer que c'est, non le *Panicum viride* L. (ou *Setaria viridis* P. B.), mais son congénère le *Panicum italicum* L (ou *Setaria italica* P. B.), appelé en français *Queue-de-Renard*, et en gascon *Coua-Boup*, à cause de ses beaux épis, longs et à longs poils.

Page 57, Note.
La date indiquée est trop précise. Le Mémoire fut écrit entre 1675 et 1685. On ne peut dire davantage.

Page 127, Note.
Corriger ainsi : ..... puis, au décès de celui-ci, il remplit les fonctions de Gouverneur.....

Page 121.

Rectifiez ainsi le titre du livre de MM. Durier et de Carsalado : *Les Huguenots en Bigorre.*

Page 130.

Complétez ou modifiez ce que dit l'auteur du Présidial de Tarbe, par ce qui en est dit page 253.

Page 156, Note (2).

Au lieu de 1693, il faut 1669, comme on peut le voir, p. 183, Note (1).

Page 157, ligne 4.

Dans cette ligne il faut corriger *Béoucen* en *Barbazá* [*-Débat*], suivant Larcher.

Page 167.

Supprimez toute la partie D de la Note.

Page 181, ligne 16.

Au lieu de 1374 livres, chiffre donné par l'auteur, il faut 1674 livres. (Voyez *Les Annales du Labédá*, par Jean Bourdette, au millésime 1522-1532.)

Page 197.

Dans la 5e ligne en remontant et partant de la fin de la Note, au bas de la page, il faut corriger page 10 et lire page 11.

Page 287, ligne 16.

Au lieu de 1664, il faut 1654.

2. Le nom *Bigorre* est du genre féminin.

Froidour, quand il emploie le nom *Bigorre*, le met toujours au genre féminin. Et il a raison. En un tel sujet, l'usage traditionnel et immémorial de notre province, et cet usage seul, fait la loi. C'est incontestable.

Tous les idiomes gascons, et spécialement le bigourdan, ont toujours fait ce nom du genre féminin.

Tous les documens connus, livres imprimés, chartes manuscrites, soit en gascon, soit en français, soit en latin, en remontant depuis 1789 jusqu'aux premiers temps historiques, l'ont fait aussi du genre féminin, conformément au langage parlé. Cette affirmation est un peu trop absolue quant aux livres en langue française. Quelques auteurs, tels que les géografes Sanson et Baudrand, tous étrangers à la race et la langue gasconnes, ont fait *Bigorre* du masculin ; mais leur exemple, qui viole la loi de l'usage, est injustifiable, et ne compte pas.

Ajoutons qu'étant terminé en français et en gascon par une sillabe brève, il devait être, et est effectivement du genre féminin, conformément à une règle générale des Grammaires française et gasconne qui veut que les noms ainsi terminés soient du genre féminin.

Il n'y a pas que les sots qui fassent des sottises, et quand les gens d'esprit s'en mêlent, c'est eux qui font les plus grosses.

Nos historiens Mauran, en 1614, Marca, en 1640, et Duco, en 1730, avaient tout naturellement laissé son genre féminin au nom *Bigorre*. Cependant, Davézac-Macaya, tandis qu'il écrivait l'histoire qu'il publia en 1823, eut l'incroyable idée de se demander s'il ferait ce même nom du masculin ou du féminin, absolument comme s'il eût ignoré Mauran, Marca et Duco, et comme si l'usage parlé du pays, et l'usage écrit, vieux de quinze siècles et plus, avaient pu lui laisser le moindre doute à cet égard. Une telle question dans la bouche d'un savant né à Bagnères-de-Bigorre, et élevé en Bigorre, est stupéfiante ; et la réponse qu'il y fit l'est davantage si possible. Après réflexion, il se décida, contre l'usage plus que millénaire, et contre la Grammaire, et choisit le masculin. Et voulez-vous savoir pourquoi? Lui-même va le dire : parce que Bertrand Barère, le futur régicide, envoyé à l'Assemblée Nationale de 1789, se disait *Député du Bigorre*, et parce que dans un décret de l'année 1790, rendu sur sa proposition ou son inspiration, cette Assemblée employa le nom *Bigorre* au masculin.

L'exemple de l'affreux Barère, débutant dans sa vie politique par un outrage à sa province, et celui d'une Assemblée sans compétence en la question, devaient être flétris, loin d'être imités. Vainement Davézac rappelle, comme pour s'en couvrir, le précédent des géografes Sanson et Baudrand qui avaient employé le masculin avant lui et Barère. Qu'importait cela, puisque le masculin était et restait injustifiable? (Voir *Essais*, t. 1er, p. 6, note).

Cette forte sottise de Davézac, le libéral de 1823, en nous révélant ses simpaties secrètes pour un révolutionnaire souillé de tant d'atrocités, n'est pas sans jeter beaucoup de discrédit sur la plupart de ses jugemens historiques.

On doit reprocher encore à Davézac-Macaya l'emploi exclusif du nom de *Bigorrais* au lieu de *Bigourdan*, dans tout le cours de son Histoire. Nos pères, qui aimaient l'eufonie dans le langage, n'avaient pas

voulu du nom de *Bigorrais*, très dur et désagréable à
l'oreille, et s'étaient toujours dits *Bigourdans*; c'est
ainsi que leurs voisins de Béarn, d'Armagnac, d'Astarac et de Cominge, les appelaient et nous appellent
encore. On trouve hors de la vieille Bigorre, des
familles qui portent le nom de *Bigourdan*, marque
certaine de leur origine. Ce nom, choisi par nos
pères, et consacré par un usage plus que millénaire,
avait droit à tout le respect d'un historien du pays,
enfant du pays. On ne peut lui pardonner quand on
voit ses deux mauvais exemples suivis par les étrangers, et même des Bigourdans, qui disent : *le Bigorre*
et *les Bigorrais*.

3. Les trois noms Tarbe, Lourde et Barége doivent s'écrire sans s final.

Froidour écrit ces trois noms sans *s* final. C'est la
seule bonne ortografe, comme il est prouvé par les faits
suivans :

Parlons d'abord de *Tarbe* et *Lourde*.

1° Bigourdans de la Plaine et de la Montagne,
Béarnais et Gascons, Comingeois et Languedociens,
tant ceux du temps passé que du temps d'aujour-
d'hui, *ont prononcé et prononcent* : *Tarba, Lourda*, sans
faire siller un *s* au bout, en faisant brève la dernière
sillabe, et longue la précédente;

2° Et parce que ces noms parlés sont dépourvus d's
final, nos pères les écrivaient aussi sans *s* final,
savoir : *Tarba* et *Lourda*, dans les documens écrits en
notre langue vulgaire de Bigorre, *Tarbe* et *Lourde*, dans
ceux en langue française. Et ces noms *écrits* étaient la

parfaite représentation des noms *parlés*, ils en étaient donc la parfaite ortografe.

Remarquons tout spécialement que ces noms *parlés* manquant de l's final qui se trouve dans d'autres comme partie constituante (dans *Sèrs, Agos*, par ex.), ou comme marque du pluriel (dans *Bagnères, Sarrouilles*, par ex.), il n'y a aucune raison de le mettre dans leur ortografe, et d'écrire *Tarbas* et *Lourdas*, en gascon, ou *Tarbes* et *Lourdes*, en français.

Cependant, à l'époque tristement fameuse de la Révolution, on s'avisa d'écrire *Tarbes* et *Lourdes*, et cette mauvaise ortografe qu'on trouve dans les documens émanés des Assemblées révolutionnaires et de l'Administration centrale siégeant à Paris, se retrouve dans ceux de notre Administration départementale de l'époque.

Pourquoi cet *s* final, en 1789, puisque les noms *Tarba* et *Lourda* continuaient d'être prononcés dans le pays, tout comme avant? Aucun changement n'étant survenu dans ces noms *parlés*, aucun changement n'était à faire dans ces noms *écrits*. L'addition de l's n'avait aucune raison d'être et les Bigourdans le savaient mieux que personne; pourtant, eux qui, par amour de leur pays, de sa langue et de ses traditions, auraient dû repousser cette innovation idiote, ils l'acceptèrent, et, en l'acceptant, lui donnèrent une sorte de consécration. Leur erreur, que je ne puis m'expliquer que par l'influence du mauvais exemple venu des hautes régions administratives, est actuellement séculaire, mais elle ne saurait prescrire contre la raison et l'antique usage, auquel, je veux l'espérer, on reviendra tôt ou tard.

Ce que j'ai dit des noms *Tarbe* et *Lourde*, s'applique

aussi au nom *Barege*, qui ne veut pas non plus l'é final : Dussault, un étranger, publiant en 1796 son voyage dans cette vallée, l'intitulait, comme de raison : *Voyage à Barège*. Continuerons-nous à être moins sensés que lui ?

4. Sur Cazaléy, page 6, Note.

Ce lieu, actuellement détruit et tout à fait oublié, est mentionné dans une Sentence arbitrale du Sénéchal de Bigorre, en date du 20 Septembre 1657. Le Sénéchal lui attribue une part de 1699 livres dans la somme de 336.410 à distribuer pour indemnité des dépenses du quartier d'hiver en l'année 1654. Le surplus de la somme était réparti entre 44 autres Villes ou Villages de la Plaine et des Côtes. (*Archives des Hautes-Pirénées*, G. 231.)

5. Sur le Quarteron de Bagnères.

Les 23-24 Novembre 1665, il fut tenu à Bagnères une assemblée générale du Quarteronnage ainsi composé : Bagnères, Campan, Bauléan, Asté, Gérde, Pouzac, Trébons, Merlhieu, Ourdizan, Argelès, Escots Bonnamazou et Labassère.

(*Arch. de Bagnères, Reg. Consulaire*, G. f° 351.)

6. Sur Nulh, p. 11.

C'est par erreur que Froidour a placé Nulh dans le quarteron de Lourde. Cette communauté faisait partie de l'Estréme de Castét-lou-Bou ; aujourd'hui encore elle fait partie du Sindicat de Castèt-lou-Bou, qui est la même chose que l'ancienne communauté de l'Estrême. Toutefois, il faut remarquer que, géografiquement parlant, Nulh est à la lisière et en dehors de la vallée de *l'Estrême*.

7. Sur les Bics de Dabant-Ayga.

La Ribéra de Dabant-Ayga se partageait en 5 Bics ou cantons, savoir :

Le *Bic de Biélalounca*, comprenant ce lieu avec Ourtiac et Sént-Ouréns ;

Le *Bic de Béoucén*, comprenant ce lieu avec Biéla, Nouilhà, Artaléns, Sént-Andréy et Soui ;

Le *Bic de Préchac*, composé de Préchac, Aréyt, Ayros, Arbouch, Bier, Cagos et Bordes ;

Le *Bic dét Plà*, comprenant Boo, Silhén, Asnés, Courèt et Cabanac ;

Et le *Bic de Sén-Pastous*, composé de Sén-Pastous, Sén-Germè, Sénta-Maria, Castérou et Bayès.

8. Sur le nom *Gabe* ou *Gave*, p. 19.

Les Labédanais disent *Gabe* et non *Gave*. Marca rapporte, en parlant de cette rivière principale du « Labédà, que Téodulfe, Evêque d'Orléans, écrivant « du temps de Louis le Débonnaire, la nomme *Gabarrus.* » (*Histoire de Béarn*, p. 252.)

9. Sur le *Maïs*, p. 27.

Au temps de Froidour, le *maïs* était inconnu dans la Bigorre, quoique déjà cultivé dans le Béarn, où il avait été introduit avant 1550, par des cultivateurs venus du Poitou. La tradition enseigne que l'Evêque François de Pouléns, originaire de la Chalosse, le fit connaître aux Bigourdans, aux environs de 1700. La culture fut lente à s'en répandre. Vers 1740 à 1750, des Curés de la Plaine de Bigorre plaidaient devant le Sénéchal contre leurs parroissiens, qui leur refusaient la dîme du *maïs*, par la raison que cette céréale étant nouvelle, la dîme ne pouvait l'atteindre : je dois la connaissance de ce dernier fait à M. le Dr Fontan, de Tarbe.

Aujourd'hui, après environ 150 ans, personne ne se souvient plus de l'introduction du maïs en Bigorre, et les cultivateurs, et même des gens plus ou moins instruits, croient qu'on l'y cultive de tout temps.

10. Bétail conduit en hiver dans la Plaine de Bigorre, p. 32.

L'auteur parlant des Labédanais dit : « Il faut observer qu'on n'est pas obligé de faire descendre le bétail dans les plaines pendant l'hiver. »

C'est une erreur; aujourd'hui encore, comme au temps de Froidour et avant, les Labédanais conduisent une bonne partie de leurs bêtes dans la Plaine de Bigorre, où elles passent tout l'hiver, dans des prés qu'ils louent. Cette pratique est très ancienne.

11. Sur la Gabelle du Sel, p. 33.

L'auteur ne fait pas ressortir suffisamment la différence qu'il y avait entre la Montagne et le reste de la

Bigorre, quant à la Gabelle du Sel. La Montagne en était *exinée*, c'est-à-dire que de temps immémorial elle jouissait de la liberté de se pourvoir de sel, librement et comme il lui convenait, sans jamais avoir payé aucun impôt au Comte, tandis que le reste de la Bigorre s'était *rédimée* ou *rachetée* de cet impôt, moyennant une somme une fois payée. Voyez, pour détails, l'article *Les Labédanais et la Gabelle*, p. 272, dans le livre intitulé *Le Labédà*, par Jean BOURDETTE.

12. Sur le nom d'Audijaus, p. 35.

Ce nom doit s'écrire *Audijos* et non *Audijaus*, ni *Odigeos*, ni autrement.

Les pays des Landes, de Chalosse et de Béarn, étaient, comme le Labédà, *exinés* de la Gabelle. C'est donc contre toute justice que Colbert voulait les y soumettre, et Audijos ne fit que défendre un privilège que Colbert violait; le bon droit était donc de son côté.

Froidour est mal informé quand il dit qu'Audijos souleva le Labédà. Audijos y alla, à plusieurs reprises, et sans y séjourner; on peut croire qu'il encouragea les Labédanais à la résistance; mais ils n'en avaient guère besoin, ayant toujours su défendre leurs privilèges, dont ils étaient très jaloux.

13. Sur les Ports de Gabarnie et d'Arréns, p. 46.

Nos pères appelaient l'un et l'autre de ces ports : *eras Peyras de Sén-Marti*, c'est-à-dire *les Rochers de Saint-Martin*. D'où il suit que lorsqu'on emploie le nom de

Pierres ou *Rochers de Saint-Martin*, il faut y ajouter un complément tel que : *de Gabarnie* ou *d'Azà*, si on veut éviter une équivoque. Ce détail semble ignoré même des auteurs qui nous ont donné les meilleures cartes qu'on ait faites des montagnes qui séparent le Labédà de l'Aragon.

14. Sur le mot Bèdat, p. 85.

En gascon, le verbe *bédà* veut dire *défendre* ou *prohiber l'entrée de*, en parlant des bois et forêts, des prés, pâturages et montagnes. *Bedàt*, *bedàta* en est le participe passé ; et *bèda* désigne le lieu *bèdat* ou prohibé aux bestiaux, aussi bien que l'acte par lequel on le prohibe.

15. Voyage à Barège du Duc du Maine avec sa Gouvernante Mme de Maintenon, p. 92.

Pour détails, lisez l'article *Madame de Maintenon à Barège*, page 41, dans mon livre *Le Labédà*.

16. Sur la Rue Jeanne-d'Albret à Tarbe, p. 122.

« Par arrêté de M. Molard, Maire de la Ville de Tarbe, en date du 27 Juillet 1878, approuvé par décret de M. le Président de la République Française, le 21 Février 1879, le nom de *Rue Jeanne-d'Albret* a été donné à une nouvelle rue reliant la *Rue de Gonès* et la *Rue Voltaire.* » (*Renseignement reçu de la Mairie de Tarbe, le 13 février* 1890.)

Voilà un arrêté qui, seul, suffirait à me dégoûter du suffrage universel, dont le maire Molard, béarnais et protestant, était le pur produit dans une ville essentiellement bigourdane et catolique.

17. Cours de justice du Labédà, p. 124.

Pour compléter la Note de la page 124, il faut y ajouter :

La Cour majeure de Labédà, qui siégeait à Argelès;
La Cour de Préchac, ou Dabant-Ayga;
La Cour d'Azù, qui siégeait à Aucun ;
La Cour d'Arras, siégeant aud. lieu;
Et la Cour de Barège, siégeant à Lus.

Il y avait encore la Cour de Castèt-lou-Bou, siégeant à Juncalas, et rendant la justice au nom du Vicomte de Labédà.

Toutes ces Cours étaient de première instance, et de leurs jugements on pouvait appeler à la Cour du Sénéchal.

18. Sur le Seigneur de Clarac et celui de Mun et Clarac, pp. 162 et 164, et la partie D de la Note, p. 167.

La partie D de la Note, p. 167, est relative à la difficulté de concilier les deux lignes suivantes du Rôle des gentilshommes :

15. *Lo Seignor de Clarac* (p. 162).
47. *Lo Seignor de Mun è Clarac* (p. 164).

Larcher donne de cette difficulté l'explication suivante : il n'y avait pas deux Clarac, en Bigorre, mais il y avait à Clarac une *Abbaye laye* avec fief, et la *Seigneurie directe*, toutes les deux donnant entrée aux Etats et possédées par des Seigneurs distincts. (*Glanage*, IX, p. 6.)

10. Sur Montblanc, p. 165.

La maison noble de Montblanc n'existe plus ; son donjon sert de clocher à l'église actuelle d'Esquièze, près Lus, *en Barège*.

20. Un Lieutenant-Général à placer avant Jean, Comte de Foix, p. 335.

Au mois de février 1406, Jean, fils du Roi de France, Duc de Berry et d'Auvergne, Comte de Poitou, d'Estampes, de Boulogne et d'Auvergne, était *Lieutenant du Roi en ses pays de Languedoc et Duché de Guyenne.* (Voir *Confirmation des Privilèges de la ville de Lourde*, dans LAGRÈZE, *Chronique de la ville et du château de Lourde*, p. 191.)

TABLE DES MATIÈRES

                                                   pages

Introduction   v

PREMIÈRE PARTIE

Description du pays   1
Ch. I. Bornes, figure, dimensions et ressorts de la Bigorre   1
Ch. II. Les cinq Quarterons et les sept Vallées   5
    Quarteron de Tarbe   5
    Quarteron de Bagnères   7
    Quarteron de Vic   8
    Quarteron de Rabastens   9
    Quarteron de Lourde   10
    Vallée d'Azû   13
    Estrème de Sales   13
    Ribèra de Sén-Sabi   14
    Ribèra de Dabant-Ayga   14
    Estrème de Castèt-lou-Bou   15
    Bat Surguère   15
    Vallée de Barège   16
Ch. III. Rivières de la Bigorre   17
    L'Adour   17
    L'Arros   18
    L'Echéz   18
    Le Grand Gave   18
    Les rivières de Béarn   19
    Ces rivières ne sont que flottables   20
    Comment les Bigourdans savent les utiliser à tous les usages   21
    Bains d'eaux chaudes   21

	pages
Cn. IV. Les Bâtimens de la Bigorre.	23
Ch. V. La Montagne. Culture des Prés; Pacage et Nourrissage du Bétail.	25
Division de la Bigorre en trois parties : la Montagne, les Côteaux et la Plaine.	25
Description de la Montagne	25
Production	27
Pacages et prés.	30
Nourrissage des bestiaux	32
Nécessité du sel pour les bestiaux; les Montagnards l'achètent librement	33
Ch. VI. Suite de la Montagne. Audijos et la Gabelle . .	35
Qui était Audijos.	35
Sa guerre contre les gabeleurs.	35
Il excite les Vallées à prendre les armes.	36
Il se retire en Espagne	37
Opinion de l'auteur sur l'impôt de la gabelle. . .	38
Les paysans du Cominge ennemis de la gabelle .	39
Ch. VII. Suite de la Montagne. Culture des terres labourables.	41
Ch. VIII. Fin de la Montagne. Produits de vente. Ports et Cols de communication.	43
Beurre et fromage	43
Nourriture des montagnards.	44
Vente du bétail.	45
Les chevaux du Labédà.	45
Ports et Cols.	46
Ch. IX. La Plaine. Climat, Bâtimens, Hautins, Produits, Commerce.	47
Comment on établit les hautins	47
Vins clairets et blancs, et grains cultivés	48
Assolemens et culture.	49
Ch. X. Les Côtes ou Côteaux. Produits, commerce entre la Montagne, la Plaine et les Côtes; Commerce de la Bigorre	50
Objets de vente.	52
Dettes contractées en 1655	52
Ch. XI. Les Villes. Tarbe, capitale de la Bigorre. . . .	53
Rue Longue ou *Carrèra-Lounca*; l'Église de la Sède	53

		pages
	Bourg-Vieux ou *Bourg-Bieilh*; château des Comtes	53
	Bourg-Neuf ou *Bourg-Naou*; Pourtàou-Daban, Couvent des Carmes.	53
	Couvent des Cordeliers, des Capucins et des Pères de la Doctrine	54
	La Cathédrale; le Palais épiscopal	54
	Revenus de l'Évêché..	54
	Le Chapitre; les Archidiaconés; les prébendes. .	54
	Commerce, marchés	55
Ch. XII.	Suite des Villes. Bagnères et ses Eaux Chaudes.	57
	Fontaine de Muni.	58
	Grand Bain, Petit Bain et Bain de Laforgue . . .	60
	Bain des Chevaux	61
	Bain des Pauvres, Bain de Théas et Bain de la Reine.	62
	Bain des Hommes, Bain de Saint-Roch et Bain de la Goutte.	63
	Fontaine de Lanes et Fontaine de Salut.	64
	Le médecin de Bagnères.	64
Ch. XIII.	Suite des Villes. Fin de Bagnères	65
	Bâtimens	65
	Bains (maisons des).	65
	Couvent des Jacobins.	66
	Eglise de Saint-Vincent.	66
	Hôpital et Prieuré de Saint-Bartélémi.	66
	Promenades.	66
	Couvent des Capucins de Médous; belle fontaine.	66
	Inscriptions.	68
	Tremblement de terre de 1660.	69
	Couleuvres des eaux	70
	Compagnie pendant la saison des Bains.	70
	Les Béarnais de toutes conditions; Variété de leurs habillemens et coiffure suivant leur condition; leur vanité et ivrognerie.	70
Ch. XIV.	Fin des Villes.	75
	Lourde, son marché, son château	75
	Rabastens	76
	Vic-de-Bigorre.	76
	Ibos	76
	Saint-Pé; son Abbaye.	76

	pages
Ch. XV. Campan et sa Vallée	77
La Vallée	77
Bourg-de-Campan	78
Pâturages abondans	79
Aisance des habitans	80
Marbrières de Campan	81
Mœurs douces et lois des habitans	81
Bois de hêtres	85
Communication de la Vallée avec les Vallées voisines	86
Ch. XVI. Chefs-lieux des Vallées et Bains de Labédâ	89
Chefs-lieux	89
Bains de Barège, leurs merveilles, manière d'en user	90
Autres sources de Barège	91
Voyage du Duc du Maine à Barège	92
Misère du lieu, vœux de l'auteur	92
Bain de Saint-Sauveur	93
Bains de Caoutarés; insuffisance du lieu	94
Ch. XVII. Production des Montagnes; Plantes et Animaux	95
Ch. XVIII. Château et Jardins de Séméac	105

SECONDE PARTIE

Ch. I. Les Nobles	111
Ch. II. Le Peuple	113
Bourgeois	113
Montagnards; leurs occupations pendant l'hiver	113
Leur commerce avec les Espagnols	114
Sont durs aux fatigues	114
Leur goût pour le vin	115
Effets singuliers de l'air des montagnes	115
Les femmes du Labédâ; leurs vêtemens	116
Ch. III. Religion	119
Ch. IV. Administration de la Justice	123
Les Bigourdans se gouvernent par le Droit écrit	123
Le Sénéchal et sa Cour	123
Juges de Bagnères, Rabasténs, Vic et Goudon	124

	pages
Ch. V. Démêlés du Sénéchal Comte de Toulonjon, avec les Gouverneurs de Guyènne et l'Évêque de Tarbe.	127
Querelle avec le Marquis de Saint-Luc	127
Querelle avec le Maréchal d'Albret.	129
Intervention de l'Évêque.	129
Le Sénéchal obligé de se démettre	130
Le Présidial et le Prévôt repoussés par le pays	130
Ch. VI. Le Maître des Ports.	133
Ch. VII. Eaux et Forêts. Maîtrise particulière de Tarbe.	137
Ch. III. Les États de Bigorre. Leur origine.	143
Ch. IX. Suite des États de Bigorre : Composition des États : l'Église.	149
Ch. X. Suite des États : les Barons.	157
Ch. XI. Suite des États : les Gentilshommes.	161
Ch. XII. Suite des États : les Villes et les Vallées.	171
Ch. XIII. Suite des États : les Officiers.	173
Ch. XIV. Suite des États : Convocation et ouverture.	175
Ch. XV. Suite des États : Délibérations et travaux.	181
Ch. XVI. Fin des États : Commission de la Direction; Taxe des Membres et des Officiers	187
Ch. XVII. État des Droits du Domaine de Bigorre sur le pied courant.	191
Ch. XVIII. Rôle des Communautés du pays de Bigorre et des Feux de Taille qu'elles portent.	193
Bureau de Tarbe.	193
Bureau de Lourde	196
Vallée d'Azù.	197
Estréme de Sales.	197
Ribèra de Sén-Sabt.	197
Ribèra de Dabant-Ayga	197
Estréme de Castét-lou-Bou.	198
Vallée de Surguèra.	198
Vallée de Barège.	198
Premier Complément. — Règlement des Forêts du pays et Comté de Bigorre.	203
Deuxième Complément. — Maîtrise particulière de Tarbe.	239

	pages
I. Arrêt de création	239
II. Ressort de la Maîtrise	242
Comté de Bigorre	243
Châtellenie de Marciac, Beaumarchais et Trie	244
Pays des Fittes	245
Pays de Rivière-Basse	246
Comté de Pardiac	247
Bas-Armagnac	247

Troisième Complément. — La Sénéchaussée de Bigorre............ 251
    Les Sénéchaux............ 253
    Les Juges-Mages............ 310
    Les Lieutenans Principaux............ 314
    Les Lieutenans Particuliers............ 315
    Les Lieutenans Criminels............ 317
    Les Conseillers............ 319
    Les Procureurs Comtaux et Royaux............ 321
    Les Avocats Comtaux et Royaux............ 324
    Les Lieutenans de robe courte............ 326
    Les Officiers de l'ancienne Cour du Sénéchal............ 327
    Juges Ordinaires de Bigorre............ 328
    Juges des Appeaux............ 329
    Lieutenans de robe longue............ 330
    Officiers inqualifiés............ 330

Quatrième Complément. — Les Gouverneurs de Guyenne et leurs Officiers............ 333
    Les Gouverneurs Lieutenans Généraux............ 335
    Les Lieutenans Généraux............ 341
    Les Commandans en Chef............ 345
    Les Lieutenans du Roi............ 346
    Les Lieutenans Vice-Sénéchaux............ 347
    Les Intendans de Guyenne............ 348
    Les Intendans d'Auch............ 349

Cinquième et Dernier Complément. — L'ancien Diocèse de Tarbe............ 351
    Diocèse de Bigorre, origine et limites............ 351

	pages
Nécessité de diviser le Diocèse en Archidiaconés et ceux-ci en Archiprêtrés. *Leur nombre*	352
Comment les Curés étaient nommés.	353
Comment les Curés étaient payés.	354
Les Curés n'ont jamais été et ne sont pas aujourd'hui des fonctionnaires ou salariés du Gouvernement	354
Tableau des Archidiaconés et Archiprêtrés	355
Tableau des Cures et Annexes par Archiprêtrés	357
Archiprêtré d'Aoucun.	357
— de Juncalas.	357
— de Préchac-en-Labédà.	358
— de Sales-en-Labédà	358
— de Sère-en-Barège.	359
— de Bagnères.	359
— de Banios.	359
— de Bourg.	359
— de Campistrous.	360
— de Chéla-Débat.	360
— de Ciéoutat.	361
— de Lubi	361
— de Tournay.	361
— d'Adé.	362
— des Angles	362
— d'Ibos.	362
— de Pontacq.	363
— d'Andrést.	363
— de Laguian.	363
— de Monfaucon.	364
— de Cachou	364
— de Montanè.	364
— de Castèt-Naou.	365
— de La Débéza.	365
— de La Sède de Tarbe.	365
— d'Ourléch.	366

TABLE

DES NOTES LES PLUS IMPORTANTES

                                                   pages

Sur la Bigorre et le département des Hautes-Pirénées. .   2
Sur les *Côtés cardinaux*.   5
Sur les Bics de Barège 16
Sur le fleuve Adour. 17
Sur le Grand-Gave 19
Sur le Pic du Midi de Bigorre. 20
Sur Juncalas. 23
Sur la manière d'apprécier les montagnes. 26
Sur les fruits du Labédà. 26
Sur la Mouzèna. 27
Sur Audijos. 38
Sur Froidour. 44
Dépense des troupes en quartier d'hiver en 1651. . . . 52
Les huit Archidiaconés de Bigorre. 54
Sur les voyages de Froidour. 57
Sur le nom *pèch, pouch*, etc. 58
Sur une inscription à Bagnères. 59
Comment les anciens médecins désignaient la température des Eaux chaudes minérales. 60
Sur la fontaine et le châtaignier de Médous. 67
Sur une inscription du Musée de Bagnères 68
Sur le beurre de Campan 77
Sur la Marbrière de Campan. 81
Sur le caractère des Labédanais 82
Sur Aucun et Arréns. 89
Sur la route de Lourde à Barège. 93
Sur les Eaux de Saint-Sauveur. 93
Sur les étrangers de distinction venus à Cauterés. . . 94
Sur la Chicorée sauvage et le Sarrou. 95

	pages
Sur les Plantes et Animaux de la Montagne	96
Sur le Petit Versailles de Séméac	103
Sur la persévérance des Labédanais à garder leurs mœurs et coutumes	115
Sur les montagnardes du Labédà	117
Sur la Reine Jeanne d'Albret	119
Sur les Sénéchaux	123
Sur les Justices Seigneuriales (Voir aussi les Cours du Labédà, p. 377.)	124
Sur la Coutume du Labédà	125
Sur le Sénéchal Comte de Toulonjon	131
Sur le Maître des Ports et Chemins	135
Sur la Maîtrise Particulière des Eaux et Forêts	137
Sur l'Origine des Etats de Bigorre	145
Sur l'Evêque de Tarbe, Président des Etats	150
Sur les Abbés claustraux et Commendataires	151
Sur le Siège épiscopal de Tarbe, depuis 1675 jusqu'en 1716	152
Sur l'Abbaye de l'Escaladieu	154
Sur le Prieuré de Saint-Oréns en Labédà	155
Sur les baronies de Luc, de Barbazan-Débat et de Castèt-Bieilh	158
Sur le droit d'*aoulhada*	191
Sur le droit de *moujada*	192
Sur le mot *feu de taille*	193
Sur la Vicomté de Brouilhois ou Brulhois	241
Sur le genre du nom *Bigorre*	368
Sur les trois noms Tarbe, Lourde et Barège, sans *s* final	371
Sur les Bics de Dabant-Ayga	374
Sur le *Maïs*	374
Sur la Gabelle du sel	375
Sur Audijos et son nom	376
Sur les ports de Gabarnie et d'Arréns	376

Tarbes. — Imp. C. LARRIEU.

www.ingramcontent.com/pod-product-compliance
Lightning Source LLC
Chambersburg PA
CBHW052138230426
43671CB00009B/1298